D1719527

LE BONHEUR N'A PAS DE RIDES

Anne-Gaëlle Huon a une passion pour les listes et une tendresse particulière pour les vieilles dames. Après quelques années passées à New York, elle vit désormais à Paris où elle écrit des romans.

ANNE-GAËLLE HUON

Le bonheur n'a pas de rides

CITY ÉDITIONS

© City Éditions, 2017.
ISBN : 978-2-253-90680-3 – 1ʳᵉ publication LGF

À mon père.

« Nous ne serons jamais trop vieux pour nous réinventer. »

Marion PRIGENT

« Gardez-vous un amour pour vos jours de vieillesse. »

Victor HUGO

« Vous au moins vous ne risquez pas d'être un légume, puisque même un artichaut a du cœur ! »

Amélie Poulain dans
Le Fabuleux Destin d'Amélie Poulain
de Jean-Pierre JEUNET

1

Sylviane détestait être en retard les jours de marché. Après il faisait chaud et c'était impossible de se garer. Elle jeta un œil à l'horloge sur le tableau de bord et accéléra dans la descente. Dans le poste, un animateur enthousiaste annonçait le programme des festivités du 14 Juillet. Sylviane éteignit la radio. La cohue, les pétards et les odeurs de merguez lui donnaient déjà la migraine. Devant elle, une vieille Polo semblait profiter du paysage.

— Mais avance, bon Dieu ! s'égosilla Sylviane.

Elle passa la seconde brusquement et déboîta sur la file de gauche pour doubler. Arrivée au niveau du conducteur – un vieux monsieur aux verres épais, le nez collé sur le volant – elle klaxonna.

— C'est pas un sentier de randonnée ! cracha-t-elle à travers la fenêtre.

Ragaillardie par cette mise au point, Sylviane ajouta trois belles pêches à sa liste de courses. Cent grammes d'olives vertes, deux courgettes, une baguette pas trop cuite. Ce qu'il pouvait faire chaud ! Elle manipula le bouton de l'air conditionné en songeant à tout ce qu'il lui restait à faire. « Tu es trop gentille, ma vieille », pensa-t-elle. Elle demandait pas grand-chose pourtant ! Juste que la Paulette soit à l'heure. C'était quand même pas comme si elle réclamait la paix dans le monde, non ? Et puis elle devait avoir une sorte de crédit auprès du vieux barbu, là-haut, avec tout ce qu'elle faisait pour les autres ! Le ménage chez madame Méli, les comptes du vieux Gaston et puis le marché avec la Paulette. C'était pas pour ce qu'on la payait hein !

Tout en prêchant pour sa paroisse, Sylviane s'engagea dans le chemin des Mésanges. Elle plissa les yeux ; au loin se dessinait la petite maison et son portail recouvert de glycine.

Et devant, aucun signe de Paulette.

Sylviane jura. C'était pas faute de le lui avoir répété pourtant ! Il fallait que la Paulette se tienne prête devant le portillon à huit heures trente précises pour qu'elles puissent repartir aussitôt et se garer près de l'église. Là, le parking était gratuit et il n'y avait pas beaucoup à marcher. Et puis plus on arrivait tôt, moins les fruits étaient abîmés. Sylviane n'aimait pas l'idée que ce qu'elle mange ait été tripoté par des dizaines de badauds. Surtout en cette saison.

Pourtant, chaque mardi matin, invariablement, Paulette était en retard. Il fallait encore qu'elle passe aux toilettes. Qu'elle glisse une lettre dans une enveloppe. Qu'elle mette la main sur son porte-monnaie. Dieu sait quoi encore ! À se demander si elle ne le faisait pas exprès.

Sylviane ramassa à la hâte le courrier qui traînait sur le seuil, entra et claqua la porte derrière elle. Elle s'essuya la lèvre supérieure du revers de la main et s'éventa avec un prospectus en maugréant. Là, c'était sûr, elles allaient devoir se garer au parking du centre commercial. Si elles trouvaient de la place !

— Madame Paulette ? Madame Paulette, il faut y aller ! lança-t-elle depuis l'entrée.

Une odeur de brûlé lui sauta à la gorge. Elle se dirigea vers la cuisine, lâcha un juron et s'empressa d'éteindre le four. À l'intérieur, un gratin de pâtes partait en fumée. Elle ouvrit la fenêtre et agita le torchon pour aérer.

— Madame Paulette ?

Elle frappa à la porte de la salle de bains, guettant un signe de la vieille dame. Pas de réponse. Elle se dirigea vers le bureau. Une bouffée d'air chaud s'engouffra dans la pièce quand Sylviane ouvrit les volets. Par la fenêtre, elle avisa Paulette. Debout au fond du jardin, celle-ci semblait chercher quelque chose des yeux. Sylviane cria :

— Madame Paulette ! Je suis là ! Vous êtes prête ?

Puis plus fort :

— Madame Paulette ! Il faut y aller !

Elle leva les yeux au ciel. Il y avait des jours comme ça où mieux valait rester couché. Elle pensa aux bouchons qui étaient en train de se former place de l'Église et aux doigts sales qui tâtaient les pêches. Elle grinça des dents et se hâta de rejoindre le jardin bien entretenu. Son regard balaya les massifs de fleurs et les arbustes à la recherche de la vieille dame.

Elle fit le tour du petit bassin, dépassa l'abri à bois. Aucune trace de Paulette. Un mauvais pressentiment la saisit. Elle s'élança vers la cabane à outils aussi vite que ses jambes courtes le permettaient. Le matériel de jardin ! Son cœur s'accéléra. Doux Jésus ! Pourvu que…

— Bouh !

Sylviane fit un bond, une main sur le cœur. Accroupie derrière les agapanthes, Paulette éclata de rire.

— Oh ! Vous auriez dû voir votre tête !

Debout au milieu du jardin, vêtue d'un manteau de vison et de bottes de neige, Paulette la tenait en joue avec un tuyau d'arrosage. Sylviane resta interdite.

— Mais enfin madame Paulette, qu'est-ce que… balbutia Sylviane. Enlevez-moi donc ce manteau ! Vous allez tomber de chaleur !

— Regardez ce petit moineau ! On dirait qu'il me parle ! répondit Paulette en désignant la branche d'un marronnier.

Elle marqua une pause puis, tel un chef d'orchestre, se mit à diriger l'oiseau d'une baguette imaginaire.

— Mais qu'est-ce que vous attendez ? Il faut qu'on y aille ! la gronda Sylviane.

La vieille dame la fit taire d'un doigt sur la bouche avant de saluer cérémonieusement son public.

En d'autres occasions, Sylviane aurait pu croire à une caméra cachée. Mais l'heure n'était pas à la rigolade. Elle attrapa le bras de Paulette qui à présent se cachait derrière un tronc d'arbre.

— Dites donc ! On ne vous a jamais appris qu'il fallait compter jusqu'à dix ? Tricheuse, va !

Paulette, hilare, se laissa entraîner dans la maison. Sylviane secoua la tête, exaspérée. La journée commençait bien, tiens ! Ça lui apprendrait à être aussi gentille. Déjà qu'elle faisait un détour, avec le prix de l'essence et tout, voilà maintenant que la vieille se mettait à perdre la boule. Sylviane la débarrassa de son manteau de fourrure et ferma à clef la maison tandis que la vieille dame continuait son bavardage sans queue ni tête. Elle la prit par le bras et la conduisit d'un pas vif vers la voiture. Philippe et elle allaient avoir une sérieuse conversation. Elle voulait bien rendre service, mais il y avait des limites ! Ce cirque ne pouvait plus durer !

2

Paulette reposa sa fourchette.

Le vin était chaud et la viande pleine de nerfs. Non pas que ça la surprenne. C'était juste un peu lassant.

— Au fait Maman, tu te souviens que nous partons en vacances la semaine prochaine… lança Philippe.

Paulette remercia le ciel pour les congés payés. Cela lui épargnerait la cuisine de sa belle-fille durant les trois prochaines semaines. Corinne s'anima à son tour :

— On va en profiter pour fêter la promotion de Philippe. Hein, Philippe, tu l'as dit à ta maman ?

Philippe affecta un air faussement modeste. La cinquantaine, le visage rond et plutôt bonhomme, il était avocat dans un cabinet d'affaires. À ce que Paulette en avait compris, il défendait des assureurs contre des arnaques à la carte bancaire – la version édulcorée et ennuyeuse des magistrats pleins de verve qu'on voyait parfois à la télévision.

— Une promotion ? l'encouragea Paulette.

Voilà qui tombait à pic.

De l'autre côté du salon, affalés au pied du canapé, Théo et Alexis se disputaient la manette du jeu vidéo.

Comme chaque dimanche, Paulette tâcha de se rappeler leur âge – en vain. Quatorze ? Treize ? Les mèches grasses qui leur dégoulinaient sur le visage rendaient vaine toute tentative de datation. Ils ressemblaient à s'y méprendre à leur mère, ce qui n'aidait pas Paulette lorsqu'elle fouillait en elle-même à la recherche de quelque sentiment qui puisse ressembler à de l'amour grand-maternel.

— Alexis ! Laisse ton frère jouer un peu ! ordonna Corinne avant de se lever pour chercher la suite.

Alexis lâcha un rot sonore. Philippe, le nez sur l'écran de son téléphone, ne releva pas. Paulette lui trouva un air soucieux. Cela avait-il à voir avec elle ? Se faisait-il du mouron pour sa pauvre mère qui, à ce qu'on lui avait rapporté, semblait avoir perdu le nord ? Paulette sourit en elle-même. Grand bien lui fasse ! Après tout, cela faisait partie du plan qu'elle échafaudait minutieusement depuis plusieurs semaines. Il fallait agir vite et bien. Et tant pis si Philippe en retirait quelques rides supplémentaires. Sans qu'il le sache, Paulette lui avait servi la solution sur un plateau d'argent. Pour elle, une retraite dorée dans le sud de la France, à l'abri des regards et des gigots trop cuits, pour Philippe, le sentiment réconfortant d'avoir mis sa mère entre de bonnes mains.

Paulette jeta un œil à l'horloge. Ce déjeuner n'en finissait plus. Allaient-ils enfin aborder le sujet ? Corinne revint quelques instants plus tard avec son traditionnel tiramisu dans les bras. Et comme chaque dimanche, Philippe la complimenta. Paulette réprima un haut-le-cœur à la vue du biscuit gorgé de café.

— Paulette, vous me donnez votre assiette ? dit Corinne.

Ce ton mielleux qu'affectait sa belle-fille en présence de son fils l'horripilait. Corinne minaudait comme une adolescente, boudinée dans des jupes trop courtes, ses chairs exposées dans des décolletés outrageux. De quoi vous dissuader de finir votre assiette si les talents culinaires de la maîtresse de maison ne vous avaient pas déjà coupé l'appétit. Corinne embrassait son mari à table et gloussait à chacune de ses plaisanteries. Ce qui aurait pu être perçu comme charmant chez de jeunes mariés frisait le ridicule chez ce couple de quinquas. Paulette n'était pas dupe : avec son œil de travers et ses bourrelets, Corinne pouvait se vanter d'avoir fait une belle affaire. Dieu sait comment elle avait réussi à attirer l'attention de son fils. Paulette avait à peine fait sa connaissance qu'ils se disaient oui devant monsieur le maire. Corinne avait tiré le gros lot et prenait du plaisir à jouer l'épouse formidable. En tout cas, devant son mari. En son absence, elle laissait tomber le masque, sans trop d'égards pour sa belle-mère. La vieille dame, quant à elle, chérissait les moments où elle et son fils se retrouvaient seuls, regrettant toutefois qu'ils se fissent de plus en plus rares.

Paulette tendit son assiette à Corinne et en profita pour renverser son verre d'un mouvement du coude. Le vin s'écoula sur la table, défigurant la nappe en lin blanc d'une vilaine tache sombre. Il fallait bien mettre un peu d'ambiance.

— Oh ! Quelle maladroite ! Pardonnez-moi !

Philippe lâcha son téléphone et se précipita pour éponger avec sa serviette. Corinne hurla :

— Philippe, arrête ! C'est pire quand tu fais ça !

Les lèvres pincées, elle partit sans un mot chercher du gros sel à la cuisine. Paulette gloussa intérieurement, réprimant avec peine le rire qui lui secouait le ventre. Avec un peu de chance, elle trouverait quelqu'un à asticoter dans ce qui serait bientôt sa nouvelle demeure. Les yeux rêveurs, elle tourna sa cuillère dans le dessert spongieux. Elle repensa avec ravissement à la photo du restaurant étoilé figurant sur la plaquette du Domaine des Hauts-de-Gassan. Celle-ci promettait des menus raffinés servis à l'assiette comme au restaurant, des petits déjeuners en chambre et des goûters gastronomiques. La première page invitait à une retraite enchanteresse dans un ancien manoir du sud de la France. Vingt-quatre chambres décorées avec soin accueillaient des pensionnaires dont l'âge avancé n'avait d'égal que le bon goût. Évocatrice des palais vénitiens, la façade aux tons roses surplombait des jardins manucurés. Les balcons quant à eux offraient une vue imprenable sur la baie. Dans la cour, un puits en marbre de Vérone agrémenté de bas-reliefs jouxtait une fontaine où siégeait une Vénus accroupie. Golf, piscine chauffée et cadre intérieur tout aussi prestigieux complétaient ce tableau idyllique à l'inspiration catalane. Paulette connaissait chaque détail du Domaine sans jamais y avoir mis les pieds : en fermant les yeux, elle pouvait sentir la fraîcheur du marbre, le velours des salons cossus, l'odeur de cire du mobilier d'époque, le soyeux des nappes blanches et le tintement cristallin des verres. C'est ainsi qu'elle s'était résolue à en devenir la nouvelle pensionnaire. Le Domaine des Hauts-de-Gassan et ses arbres centenaires occupait ses jours et ses nuits. Peu importait de savoir ce qui poussait Paulette à quitter sa maison au demeurant confortable pour un pensionnat médicalisé de luxe. Une chose était certaine néanmoins : la distance que ce déménagement mettrait entre elle et sa belle-fille n'était pas pour lui déplaire.

Paulette avait appelé sous un faux nom pour s'assurer qu'il leur restait de la place et en avait profité pour demander qu'une dizaine de plaquettes de présentation soit envoyée à Philippe. De quoi susciter sa curiosité. Entre-temps, Sylviane devait s'être chargée de communiquer à son fils son inquiétude sur la santé mentale de la vieille dame. Paulette avait ainsi préparé chacune des visites de Sylviane avec soin. Tantôt elle rangeait le beurre dans la bibliothèque et les livres dans le frigo, tantôt elle salait son thé et dispersait des pétales de blé soufflé dans son bain. Quand elle n'enfilait pas une robe de soirée et les palmes de son petit-fils, elle retapissait les murs avec sa collection de timbres. Il lui semblait qu'elle avait porté le coup de grâce le jour où elle avait étendu ses culottes sur le portail.

— Délicieux ce tiramisu, Corinne ! La vie de femme au foyer ne vous réussit pas trop mal finalement !

— Maman, Corinne n'est pas femme au foyer, elle est free-lance.

Philippe disait « frilance » comme il aurait pu dire frigide. Ce qui n'aurait pas vraiment surpris Paulette.

Il les invita à passer au salon. La vieille dame s'installa sur l'affreuse bergère que Corinne avait retapissée elle-même. Huit mois de travail, et autant à l'entendre relater par le menu combien c'était pénible, le ponçage, les agrafes, et puis le poids de la chose qu'il fallait transporter chaque fois à l'atelier ! Philippe la félicitait, avec ce petit air supérieur des hommes qui concèdent à leur épouse quelque passe-temps frivole.

Le bruit du téléviseur se fit plus présent. Un vacarme de moteurs et d'armes à feu. Corinne se recroquevilla sur le coin du canapé que lui abandonnèrent ses enfants. Elle tira sur sa jupe avant de verser de l'eau dans les trois tasses disposées sur la table basse.

— Et toi, Maman, tout va bien ? l'interrogea Philippe. Sylviane m'a dit que vous étiez allées au marché mardi…

Paulette trempa ses lèvres dans le thé brûlant. On passait aux choses sérieuses.

— Qui ça, tu dis ? Ah non, pas de marché, ça fait bien longtemps que je n'y vais plus…

— Mais si Maman, elle est passée te prendre mardi, tu te souviens ?

Paulette gloussa intérieurement.

Alexis renifla bruyamment avant de s'approprier l'assiette à biscuits qu'il emporta sur le tapis. Paulette se demanda si tous les jeunes d'aujourd'hui étaient comme ces deux-là : mal élevés et bêtes à manger du foin.

— Ah ? Peut-être oui, peut-être… dit-elle sans grande conviction.

Corinne et Philippe se regardèrent. Celle-ci encouragea son époux d'un hochement de tête discret.

Paulette les imagina un peu plus tôt, lui laçant ses chaussures cirées, elle rentrant le ventre pour fermer sa jupe. Il devait hésiter, c'était sa mère quand même, et puis n'était-ce pas normal à son âge de perdre un peu la tête ? Elle avait dû le rappeler à l'ordre : enfin Philippe ! En manteau de fourrure un 14 juillet ! Perdue dans son propre jardin ! Que lui fallait-il de plus ? Il s'était sûrement rangé à son avis. Et puis, apercevant la plaquette commerciale des Hauts-de-Gassan, il avait dû se dire que c'était un signe, avant de se promettre d'en parler à sa mère au déjeuner.

Philippe se racla la gorge :

— Maman, je m'inquiète un peu pour toi. Enfin, nous nous inquiétons. Tu vas avoir bientôt quatre-vingt-cinq ans et je me disais, enfin on se disait que peut-être…

— Oh non, mais tout va très bien, je t'assure ! Même le docteur Gaudet le dit…

Philippe baissa les yeux sur ses souliers vernis.

— Maman, le docteur Gaudet est décédé il y a bientôt dix ans…

— Comment ? Le docteur Gaudet ? s'indigna Paulette.

Corinne prit la main de la vieille dame, comme pour l'accompagner dans ce moment difficile. Mais le rictus au coin des lèvres de sa belle-fille n'échappa pas à Paulette. Corinne avait tout autant envie qu'elle de mettre un terme à ces déjeuners dominicaux qui n'amusaient personne. Tant mieux : sans le savoir, sa bru devenait sa meilleure alliée.

— Maman, la coupa Philippe, peut-être qu'il est temps pour toi d'aller dans un endroit, enfin… une maison où l'on pourrait prendre soin de toi au quotidien ? Sylviane est sympathique, mais elle ne peut pas tout…

Paulette repensa au parfum bon marché de Sylviane et à son air de fouine quand elle comparait le prix des carottes sur tous les stands avant de se décider pour des aubergines. Non, c'était certain, Sylviane ne pouvait pas grand-chose.

Paulette feignit de ne pas comprendre.

— On nous a parlé d'un endroit très bien, poursuivit Philippe. Les personnes âgées qui y résident semblent très heureuses. Tu aurais ta chambre bien sûr, et puis il y a un restaurant pour les repas. Pas un self, non, un vrai restaurant qui sert les gens à table, et pas seulement les résidents. C'est dans un petit village charmant, au calme…

Paulette sentit un frisson de plaisir lui parcourir l'échine. Elle s'y voyait déjà, savourant son thé dans le patio lumineux, regardant le parc paysager se noyer dans la mer.

— Peut-être que tu pourrais faire un essai un mois ou deux et voir si ça te convient ? Et puis, on viendrait te rendre visite, hein les garçons ?

Corinne hocha la tête en signe d'encouragement. Alexis se leva et vint s'asseoir près de sa grand-mère. Sans doute espérait-il en tirer un peu d'argent.

Paulette exultait. Elle n'aurait jamais cru que cela fût si facile. Sylviane avait su se montrer convaincante. Elle la soupçonna même d'en avoir rajouté un peu.

— Eh bien... je ne sais pas trop, dit-elle sans grande conviction.

Et puis, pour donner raison à son fils tout en célébrant sa liberté retrouvée, Paulette se concentra et détendit ses sphincters. L'image de sa mère ouvrant le robinet pour l'inciter à y aller – c'est ainsi qu'elle disait, *y aller* – s'imposa à elle. Elle ouvrit de grands yeux étonnés alors qu'un liquide chaud dévalait la bergère et inondait le parquet.

3

Paulette, accrochée à son sac à main, ne disait pas un mot.

La campagne défilait derrière la fenêtre. Villages déserts, granges délabrées et champs de colza se succédaient avec monotonie. La radio jouait de la musique d'ascenseur. Devant eux, une vieille Renault respectait scrupuleusement les limites de vitesse. Une mouche entra par la fenêtre. Elle vrombit contre le pare-brise. Philippe essaya de l'assommer du dos de la main. En vain. Il fit claquer sa langue, agacé. L'insecte bourdonnait par intermittence entre la vitre et le tableau de bord. On aurait dit du morse : la mouche lançait des SOS.

Paulette ne s'était pas opposée à ce que son déménagement ait lieu avant leur départ en vacances. C'était rapide, avait dit Philippe, mais ça les rassurait de la savoir entre de bonnes mains.

Si elle avait su !

Corinne, coincée entre les deux adolescents à l'arrière, s'extasiait devant chaque botte de foin.

— Oh ! Là-bas, regardez ! Des vaches ! Vous avez vu, les garçons ?

Les deux mollusques boutonneux, casque sur les oreilles, ne réagirent pas. Cela n'entama pas l'enthousiasme de Corinne :

— Quelle beauté ce coin ! Et à peine à une heure de Paris ! C'est champêtre ! Hein, Philippe ?

Ils traversèrent un village. Quelques maisons de pierre cohabitaient avec une église. Elle semblait fermée. Ils longèrent un petit cimetière. La route était parsemée de dos-d'âne ; il ne fallait pas déranger les morts. Philippe connaissait trop bien sa mère pour ne pas voir que quelque chose clochait. Mais pas assez bien non plus pour savoir quoi.

Après tout, elle s'était montrée plutôt coopérative pour préparer ses affaires. Son humeur avait changé quand ils étaient montés dans la voiture. Philippe programmait le GPS quand sa mère s'était mise à frapper le tableau de bord à grands coups de canne sous les hurlements de son fils.

— Mais enfin, Maman ! Arrête ! Arrête !

— Philippe ! cria-t-elle. Tu vas me conduire aux Hauts-de-Gassan immédiatement ou je descends de cette voiture !

Le monospace, lancé à cent trente sur l'autoroute, ne semblait pas faire grand cas des menaces de Paulette.

— Aux eaux de quoi ? demanda Philippe.

Paulette lui avait asséné un violent coup de canne sur le crâne.

— Maman ! Mais calme-toi, bon Dieu ! De quoi parles-tu ? Corinne t'a trouvé une superbe maison à la...

— Philippe ! Je te promets que j'ouvre la portière !

Quand la voiture avait pris la direction inverse de celle attendue, Paulette avait compris qu'elle avait été victime d'un énorme malentendu. D'un abominable et terrifiant malentendu. Elle avait commis une erreur impardonnable : elle avait sous-estimé l'ennemi. Son fils n'avait aucune intention de la conduire dans une maison de retraite de luxe aux jardins étagés. Non, à la place, ils étaient en route pour Dieu sait quel trou paumé en rase campagne recommandé par Corinne. Corinne qui avait plus qu'un tiramisu infâme dans son sac et qui avait savamment orienté son époux vers une maison gériatrique de son cru. Et il y avait fort à parier que le trou en question n'incluait ni golf, ni piscine chauffée, ni service sur nappe blanche. Bon Dieu de bois ! À l'idée de s'être fait manipuler aussi facilement, Paulette faillit perdre connaissance.

— Maman, fais-nous confiance. Tu te doutes bien que nous avons sélectionné ce qui nous semblait le mieux pour toi. Corinne a une collègue qui y avait sa mère...

— Une femme très bien ! ajouta Corinne. Elle dit qu'elle y a passé les plus belles années de sa vie...

Paulette, sentant ses forces l'abandonner, s'enferma dans un mutisme glacial.

Un quart d'heure plus tard, Philippe se garait devant une bâtisse en pierre aux volets colorés. Trois étages, posés dans la campagne. Une bicyclette paressait sur un muret, en compagnie de quelques arbres fruitiers ; ça sentait l'herbe coupée. Corinne s'enthousiasma pour les deux gros massifs d'hortensias roses qui encadraient l'entrée. Devant la porte, une ardoise annonçait le menu du jour.

Philippe éteignit le moteur. On n'entendit plus que le bavardage des pies depuis les branches d'un cyprès. Paulette leva les yeux au ciel.

— Ben voilà, on y est, lâcha Philippe.

— Comme c'est charmant ! insista Corinne en attrapant son sac à main.

Philippe jeta un regard en biais à sa mère qui l'ignora, le nez tourné vers la fenêtre.

— On peut descendre ? demanda Alexis. Faut qu'je pisse.

La portière s'ouvrit à la volée au moment où un géant en tablier sortait sur le pas de la porte. Le moustachu dégarni aux mains larges et aux sourcils épais les accueillit avec chaleur.

— Les toilettes ? demanda Alexis sans le saluer.

— Par ici, jeune homme ! indiqua monsieur Yvon d'une voix forte.

— Philippe Mercier, le salua Philippe en lui tendant sa main, petite en comparaison des battoirs du géant.

— Appelez-moi Yvon. Bienvenue à l'auberge !

Rien ne semblait pouvoir entamer l'entrain du patron dont les yeux rieurs et le ventre proéminent témoignaient d'un appétit sincère pour la vie et ses plaisirs.

Philippe, bientôt rejoint par Corinne, murmura quelques mots à voix basse. Monsieur Yvon hocha la tête en lançant un regard à la vieille dame immobile dans la voiture.

— Nous y sommes, Maman ! lança Philippe d'un ton jovial. L'auberge de monsieur Yvon ! C'est le patron que tu vois là. Ça a l'air charmant à l'intérieur, tu…

Paulette remonta la vitre électrique au nez de son fils.

— Allez, Maman, quoi… Viens au moins jeter un œil à l'intérieur !

Pour toute réponse, Paulette actionna les essuie-glaces. Un jet savonneux se répandit sur l'entrejambe de son fils.

Corinne fit un sourire gêné au quinqua en tablier qui les observait avec curiosité. Le visage de cet homme était étrange, comme désorganisé. Un Picasso à moustache, voilà à quoi cela lui faisait penser. Elle détourna le regard, de peur de le mettre mal à l'aise.

Monsieur Yvon, de son côté, ne savait pas bien ce qu'on attendait de lui. C'était le coup de feu du déjeuner, et on avait besoin de lui à l'intérieur. Après tout, si la dame ne voulait pas venir, on n'allait pas l'y forcer non plus… C'est qu'on n'était pas une maison de retraite ici… Les quelques chambres au-dessus du restaurant se louaient au mois. Par un hasard de circonstances, les pensionnaires étaient plutôt âgés. Mais en pleine forme ! Les locataires n'avaient besoin que d'un peu de compagnie, et c'était déjà beaucoup si on voulait son avis.

Corinne, sentant le vent tourner, rassura le patron.

— C'est moi que vous avez eue au téléphone. Comme je vous le disais, ma belle-mère est en très bonne santé. Elle a juste besoin d'un peu de pré-sence… Ça lui fera du bien d'être au vert et de voir du monde. Combien de locataires avez-vous en ce moment ?

— Eh bien… Attendez voir… Nous avons mon-sieur Georges – un homme charmant qui nous a rejoints il y a peu –, Marceline qui nous vient de Picardie, Hippolyte et la petite Juliette qui s'occupe du service : ça fait quatre. Il y a Nour à la cuisine, et puis moi. Ça fait six. Ah ! J'allais oublier Léon ! Sept ! Nous sommes sept !

Corinne l'interrogea du regard.

— Léon, c'est le chat de la cuisinière…

Corinne partit dans un rire sonore avant de signi-fier discrètement à Philippe qu'elle commençait à trouver le temps long. Alexis sortit de la maison-nette en s'essuyant les mains sur son pantalon.

— On peut rester manger, m'man ?

Corinne lui fit les gros yeux. Ils devaient encore rentrer faire les valises et elle ne voulait pas prendre le risque de se taper les bouchons. C'était déjà bien assez de perdre la moitié du week-end à faire le chauffeur pour madame.

Philippe, penché sur la portière, était désemparé. Corinne s'approcha, résolue à intervenir. Elle posa une main sur le bras de son mari.

— Laisse-moi faire.

Elle ouvrit la portière et s'accroupit au niveau de la vieille dame comme une mère qui cherche à bien se faire entendre de son enfant turbulent.

— Paulette, vous devriez venir jeter un œil à l'intérieur ; les assiettes ont l'air délicieuses. Monsieur Yvon va vous faire visiter votre chambre. Il vous a réservé la plus lumineuse, avec vue sur la campagne.

Le fait est que Corinne avait dit oui à toutes les suggestions de monsieur Yvon. À un tarif pareil, elle pouvait bien en rajouter un peu pour contenter Philippe. C'était toujours plus raisonnable que ces maisons de retraite de luxe qui coûtaient un bras.

Paulette, sortant soudain de son mutisme, hurla :

— Oh ça va, vous, hein ! N'en rajoutez pas non plus ! C'est une chose de ne pas savoir cuire un gigot, c'en est une autre de confondre une brasserie de province avec un manoir de standing ! Philippe, ramène-moi chez moi immédiatement !

— Mais enfin Maman… se lamenta Philippe à court d'arguments.

Corinne, vexée, leva la main en l'air en signe de renoncement.

— Qu'est-ce qu'on fait ? demanda Philippe. On peut pas la laisser comme ça… En plus, j'ai mis la maison des Mésanges en location…

Où allait-on bien pouvoir la caser ? Corinne serra les dents pour réprimer les idées scabreuses qui affluaient dans son esprit.

— Je ne vois qu'une seule solution, poursuivit Philippe, on l'emmène en vacances avec nous et puis on avise…

Corinne et Paulette tressaillirent à l'unisson.

— Où ça, au Kenya ? s'étrangla Corinne.

Paulette eut un flash : elle et sa belle-fille coincées pendant trois semaines sous une tente au milieu des gnous à partager les mêmes toilettes. Quel cauchemar ! À ce compte-là, mieux valait encore passer l'été chez les ploucs !

Paulette attrapa sa canne et sortit de la voiture aussi vite que le lui permettait sa hanche. Elle plongea ses yeux dans ceux de son fils et lui lança froidement :

— Tu te souviendras de ce jour comme celui où tu as enterré ta mère.

Monsieur Yvon proposa de prendre les valises ; Paulette le dépassa sans un mot. Les bras chargés, il suivit la vieille dame dans la salle de restaurant et lui indiqua l'escalier.

À son entrée, un silence se fit parmi les habitués. Les habitants de l'auberge, qui comptaient plus d'années que de dents, retinrent leur souffle. Une demi-douzaine de regards convergèrent vers le patron. C'est qu'on n'accueillait pas souvent de nouveaux pensionnaires. Les chambres étaient louées au mois mais, pour la plupart, les locataires vivaient ici depuis des années. De la cuisine, Nour leva les mains en signe d'interrogation. Monsieur Yvon, embarrassé, haussa les épaules et escorta la vieille dame dans les étages.

4

Du bout de sa canne, Paulette poussa la porte de son nouvel appartement. La chambre était haute de plafond, traversée par de larges poutres et éclairée par deux grandes fenêtres. De là, on avait vue sur les champs et le village. Monsieur Yvon déposa les bagages près de la penderie et entreprit de lui faire faire le tour du propriétaire.

— Laissez-moi, lâcha Paulette d'un ton sec.

Monsieur Yvon, à qui il en fallait davantage pour se formaliser, déposa la grosse clef à pompon sur la commode.

— Nous servons à déjeuner jusqu'à quatorze heures. Faites-moi signe si vous souhaitez que je vous apporte quelque chose.

En guise de réponse, la vieille dame se tourna vers la fenêtre. Un vent léger souleva doucement les rideaux. Monsieur Yvon referma la porte. Les mâchoires serrées, Paulette abattit sa canne d'un coup sec sur le sol. Puis, d'un mouvement du bras, elle renversa le soliflore qui décorait le bureau. La petite fleur des champs s'écrasa dans un fracas de verre sur le plancher de la chambre.

C'était bien un coup de Corinne, ça ! Elle jouait à l'épouse idéale, hein ? Une mère de famille sans scrupule, oui ! Qui pour se payer une liposuccion préfère caser sa belle-mère dans un mouroir qui empeste le fumier !

Paulette n'allait pas tenir trois jours. Des vaches, une brasserie et pas une once de savoir-vivre à l'horizon. Elle les avait bien vus, dans leurs bleus de travail, accoudés au comptoir comme des bovins en manque de grain. Un repaire d'alcooliques, oui ! Et les nappes à carreaux, les menus en plastique poisseux, les verres à moitié propres, elle voyait déjà le tableau ! Et les tableaux, tiens, parlons-en ! Des croûtes qui vous faisaient saigner les yeux, quand ce n'était pas l'odeur de friture qui vous agressait les narines ! Elle se sentit soudain partir. Elle attrapa le rebord de la fenêtre et s'assit lentement sur le lit.

Un moustique entra dans la pièce et bourdonna à son oreille avant de se poser sur le mur. Paulette se saisit de son éventail et écrasa l'insecte d'un coup sec. Une longue traînée de sang défigura la surface blanchie à la chaux. Ça leur ferait un souvenir de son passage !

Cet accès de violence la ragaillardit. Elle lissa sa jupe et s'éventa doucement. Elle n'allait pas en rester là. Bien sûr que non. De toute évidence, elle avait sous-estimé l'ennemi. Mais Philippe était son fils ; et si l'épouse était humaine, la mère était divine.

Elle ne se donnait pas une semaine avant que le propriétaire de cette maison de bouseux ordonne à Philippe de la reprendre. Et cette fois-ci, elle s'en faisait la promesse, Paulette prendrait un aller simple pour une retraite dorée dans le sud de la France. Corinne n'allait pas être déçue du voyage ! D'ailleurs, il n'était jamais trop tôt pour bien faire. La vieille dame ouvrit son sac à main et en sortit le petit prospectus corné. Un jet d'acide lui remonta dans l'œsophage à la vue du manoir posé au milieu des oliviers. « Venez nous visiter aujourd'hui ! » suggérait le dépliant. Paulette serra les dents.

Elle avisa le téléphone sur la table de chevet, juste en dessous de la trace rouge sombre laissée par le moustique. Sa main trembla légèrement lorsqu'elle composa le numéro. Elle s'agaça. Fichue vieillerie ! Vous passiez les plus belles années de votre vie sous l'autorité d'un père irascible, puis d'un mari inconséquent. Et quand enfin on vous rendait votre liberté, c'était pour que le corps vous abandonne !

La tonalité résonna plusieurs fois – une jeune femme à la voix chantante décrocha :

— Les Hauts-de-Gassan, bonjour !

Paulette demanda qu'un dossier d'inscription lui soit envoyé à l'auberge de monsieur Yvon. Elle épela lentement le nom du village que Philippe avait entré deux heures plus tôt dans le GPS.

— Bien sûr, madame, souhaitez-vous prendre rendez-vous ?

— Non, je suis déjà venue, mentit-elle. J'aimerais faire une réservation. Il vous reste toujours des chambres n'est-ce pas ?

— Il nous en reste une, la suite Azalée. Elle dispose d'un balcon avec vue sur la baie et les îles. Elle inclut la télévision par satellite à écran LCD, un lit king size médicalisable selon les besoins du pensionnaire, une baignoire à remous et l'accès à l'espace Snoezelen pour favoriser la stimulation sensorielle.

Paulette n'avait aucune idée de ce qu'était un espace Snoezelen. Mais ça devait valoir son pesant d'or et cela suffisait à le rendre désirable.

— Souhaitez-vous mettre une option sur la suite Azalée ?

— Évidemment !

Paulette épela son nom et promit de lui faire parvenir un chèque dès réception du dossier. On ne pouvait compter que sur soi-même ! Ne restait plus qu'à sortir de ce trou au plus vite et à s'assurer que Philippe reçoive la facture rapidement. Elle se chargeait quant à elle de s'engager par contrat à ce que son fils paie rubis sur l'ongle le Snoezelen et tout ce qui allait avec.

5

Un étage plus bas, les discussions allaient bon train.

Marceline, sexagénaire débonnaire qui aimait la bonne chère autant que les bons mots, savourait encore l'entrée mémorable de Paulette. C'est qu'on n'avait pas vu de nouveau visage depuis un moment.

— Et la tête du fils quand elle a insulté sa femme ! On aurait dit qu'il avait avalé son chapeau !

Elle pouffa de rire. Depuis la fenêtre, elle n'avait pas raté une miette de leurs échanges. Même Nour, qui n'aimait pas lui donner raison, devait bien admettre que la scène valait le détour. Un tablier noué autour de ses hanches généreuses, la cuisinière aux yeux sombres riait derrière ses fourneaux :

— J'ai cru que la jupe de la belle-fille allait craquer sous le choc !

— Allons, allons, les sermonna le patron depuis le bar. Cette dame mérite qu'on l'accueille comme il se doit. Elle a sûrement besoin de quelques jours pour s'habituer à son nouvel environnement…

Juliette, jeune pousse fraîche et lumineuse dans cette assemblée d'un autre âge, était occupée à débarrasser la numéro 4. Elle acquiesça. Elle l'avait trouvée plutôt élégante cette Paulette, avec son chemisier en soie et sa mise en plis impeccable. Elle eut une pensée émue pour Mamino, sa grand-mère maternelle partie beaucoup trop tôt.

— Elle a toute sa tête au moins ? demanda Marceline depuis la banquette, les joues rouges. Ça mettrait un peu d'animation, remarque…

Monsieur Georges, octogénaire discret et élégant, leva un œil de son journal et se gratta la gorge. Il n'aimait pas s'occuper des affaires des autres, soucieux qu'on ne s'occupe pas des siennes.

— La belle-fille m'a assuré qu'elle était en pleine forme, confirma monsieur Yvon de son visage étrange qui ne remuait qu'à moitié. On a d'autres chats à fouetter…

Léon, le matou gras et gros, leva une moustache circonspecte avant de filer à la cuisine.

— C'est bizarre quand même, s'interrogea Marceline à voix haute. Une femme comme elle, ici…

— Qu'est-ce que vous entendez par là, Marceline ? gronda monsieur Yvon. Je vous signale qu'*ici*, comme vous dites, les chambres ne restent jamais libres plus d'une semaine. Et j'ai même une liste d'attente pour la vôtre ! À bon entendeur…

— Vingt-cinq couverts aujourd'hui ! comptabilisa Juliette pour faire diversion. C'est pas mal pour un jour de semaine.

Le dernier client quitta le restaurant après avoir remercié chaleureusement monsieur Yvon de son accueil.

— Et la Paulette, faut-il lui faire porter quelque chose ? demanda Nour qui n'aimait pas les ventres vides.

La Paulette en question apparut au même instant dans l'escalier. Un silence s'abattit sur la salle. La vieille dame, droite comme un *i*, se dirigea vers la table près de la fenêtre et s'y installa sans permission. Petite silhouette gracile, elle arborait à son corsage une broche aussi bleue que ses yeux. Son visage fin entouré d'une chevelure de neige dégageait une aura puissante. De ces femmes qui pourraient, si l'Histoire leur permettait, soulever des armées et conquérir des royaumes. Juliette saisit un menu et s'empressa de le lui apporter avec une corbeille de pain.

— Vous êtes nouvelle, vous ! Je ne vous ai jamais vue avant ! croassa Paulette. Je prendrai comme d'habitude ! Et sans oignons !

Marceline haussa les sourcils et dressa l'oreille encore davantage, agréablement surprise de la tournure que prenaient les événements. Un sourire au coin des lèvres, elle interrogea silencieusement monsieur Yvon du regard. Celui-ci s'approcha poliment de la vieille dame en feignant de ne pas l'avoir entendue :

— Tenez, madame, voilà la carte. Les frites sont faites maison. Nous avons aussi un menu du jour, là-bas sur l'ardoise. Mais je crains qu'il ne reste plus de saumon.

— Mais vous êtes qui, vous ? Allez me chercher le patron ! Et une eau minérale !

Nour jeta un regard effaré à monsieur Yvon.

— Madame Paulette, je suis le patron. Je vous ai accueillie tout à l'heure, rappelez-vous. C'est moi qui vous ai montré votre chambre.

— Oh ! Une mouche ! s'extasia Paulette, soudain transformée.

Nour secoua la tête de droite à gauche et marmonna quelques phrases dans sa barbe avant de disparaître dans la cuisine. Les voilà bien, tiens ! D'autres chats à fouetter, qu'il disait…

Paulette regarda par la fenêtre en souriant. Elle salua un passant comme une ancienne connaissance avant de se tourner vers monsieur Georges.

— Il fait plutôt bon pour un mois de novembre, vous ne trouvez pas ?

Monsieur Georges, immobile dans son complet bleu, ouvrit de grands yeux inquiets. Il ne voulait surtout pas donner l'impression de se moquer de la vieille dame. Il posa son journal devant lui et bredouilla :

— Eh bien, c'est-à-dire que…

— Et attendez de voir la canicule qu'ils annoncent pour Noël ! s'exclama Marceline qui s'amusait follement.

Juliette déposa devant Paulette une coupelle d'olives et le cocktail de bienvenue du patron. La vieille dame abattit son poing sur la table, manquant de renverser le verre :

— Combien de fois faudra-t-il que je vous répète que je ne bois pas d'alcool !

Juliette sursauta. Désemparée, elle interrogea monsieur Yvon du regard. Las, ce dernier lui fit signe de faire au mieux. Il soupira et se passa une main sur le visage. Où avait-il mis le numéro de téléphone de ce Philippe déjà ?

6

— Alors Hippolyte, c'est pour aujourd'hui ou pour demain ? demanda monsieur Yvon.

Hippolyte sursauta.

— Euh… à monsieur Georges… le colonel Moutarde, dans le grand salon… avec le chandelier…

— Rien de tout ça, répondit monsieur Georges, un sourire au coin des lèvres.

— Tiens donc… lança Marceline en griffonnant quelques signes cabalistiques sur son papier.

Nour lui jeta un regard de travers, de ses yeux noisette qui pouvaient passer si facilement du rire au blâme.

Hippolyte quant à lui s'épongea le front – il n'aimait pas être au centre de l'attention. Ce jeu était bien trop compliqué. La vie même était compliquée. Faut dire aussi que quand on s'appelle Hippolyte, épeler son nom est déjà, en soi, très compliqué. Enfant dans un corps d'adulte, celui qu'on qualifiait de jeune homme était le protégé de la maisonnée. Le regard tendre et le cheveu aussi roux qu'hirsute, Hippolyte avait entre dix et quarante ans, question de point de vue. Son origine et son histoire restaient un mystère pour les habitants de l'auberge. Une chose en revanche était certaine : son sourire excusait tout, ses fantaisies autant que sa maladresse.

Juliette, lovée dans un pyjama à pois bleus, étudiait ses cartes avec attention.

— Vous avez réussi à joindre son fils ? demanda Nour à monsieur Yvon.

— Non, je tombe sans cesse sur la messagerie. Mais ce menteur a intérêt à me rappeler rapidement, c'est moi qui vous le dis !

— S'ils sont partis en vacances, on risque d'attendre un moment, glissa Marceline en cherchant du regard l'approbation de monsieur Georges.

Celui-ci resta concentré sur sa feuille, son gilet de laine méticuleusement boutonné jusqu'au cou. Une bourrasque s'abattit sur la maison, faisant claquer les volets. Un éclair zébra le ciel et le tonnerre gronda presque aussitôt. Les dieux semblaient s'acharner au-dessus de la petite auberge. Hippolyte rentra la tête dans les épaules et caressa la tête de Léon. Tous deux détestaient l'orage.

— J'accuse ! s'exclama monsieur Yvon de sa grosse voix, conquérant.

— Oh ! Monsieur Yvon, on vous connaît hein, rétorqua Marceline. Vous bluffez juste pour pouvoir aller vous coucher. Mais on ne peut pas accuser comme ça, à tort et à travers ! Vous avez des preuves de ce que vous avancez ?

— Bien sûr ! Regardez !

Monsieur Yvon brandit sous le nez de Marceline son papier quadrillé rempli de signes incongrus.

— Mais on n'y comprend rien, se lamenta Hippolyte, dévasté de voir la partie lui échapper à nouveau.

— Bien sûr que si ! On comprend que j'ai un esprit de déduction bien plus affûté que vous autres ! Alors j'accuse…

— Ah non, hein ! Ça commence à bien faire ! s'exclama Marceline en s'emparant de la petite pochette noire qui dissimulait le nom du coupable. De toute façon, c'est pas votre tour !

Les deux joueurs partirent en invectives, s'accusant mutuellement tantôt de tricherie, tantôt de dissimulation. Les cartes commençaient à voler quand une silhouette emmitouflée dans une robe de chambre apparut dans l'escalier.

— Monsieur Yvon !

Le silence s'abattit sur la table ronde.

— On ne s'entend plus dormir ici ! reprit une voix aiguë.

— Toutes nos excuses, madame Paulette, répondit monsieur Yvon.

Puis, avec un œil moqueur à l'intention de Marceline :

— Certains d'entre nous ont encore du mal à comprendre les subtilités du jeu…

Marceline le fusilla du regard. Paulette s'écria :

— Parce que ça commence à bien faire ! Quand ce ne sont pas les poubelles qui me réveillent à cinq heures du matin, c'est vous et vos cris de poissonniers ! Moi je vous le dis, monsieur Yvon, si ça continue comme ça, je rentre à Paris ! Et vous ne pourrez vous en prendre qu'à vous-même !

Marceline pointa un doigt sur sa tempe en prenant les autres à témoin. Ça ne tournait vraiment pas rond là-dedans.

— Allons, madame Paulette, venez, je vous raccompagne à votre chambre, proposa monsieur Yvon.

— Ah ! Et ne me dites pas ce que je dois faire ! Je sais encore où j'habite !

Paulette repartit d'un pas décidé, sa mise en plis d'un blanc de neige disparaissant dans un frou-frou satiné. Monsieur Yvon se rassit et, d'un regard, intima à Marceline de garder ses commentaires pour elle.

Puis il se racla la gorge et annonça à mi-voix :

— Le professeur Violet dans la bibliothèque avec le chandelier.

Ce disant, il se saisit de la petite enveloppe noire marquée d'un point d'interrogation et sourit.

— Sur ce, je vous souhaite une bonne nuit !

Marceline, vexée, jeta ses cartes sur la table et croisa les bras.

— Ah ça ! Vraiment ! Je ne sais pas comment il fait ! s'exclama Hippolyte, désarmé.

Nour claqua sa langue en secouant la tête de droite à gauche. Elle ramassa les pions d'un grand geste du bras avant de les faire tomber dans la boîte en carton usée du jeu de société. Les chaises raclèrent le sol et quelques pantoufles lasses se dirigèrent vers les étages.

Monsieur Yvon resta seul.

Il alluma sa pipe et laissa échapper quelques ronds de fumée. Dehors, la pluie d'été désaltérait son jardin. Il hésita à aller jeter un œil au potager pour s'assurer que la terre n'était pas trop ravinée. Mais la journée avait été longue. Vingt-cinq couverts, et puis la Paulette qu'on lui avait collée dans les jambes ! Quelle histoire encore !

Il renonça – à tort. Au même instant, à quelques mètres de là, une limace se frayait un chemin jusqu'à une laitue croquante, anéantissant ainsi six semaines de soins et de tendresse.

Monsieur Yvon se leva à demi, juste assez pour attraper l'enveloppe glissée dans la poche arrière de son pantalon. Il l'observa longuement, espérant y trouver un signe qui l'éclairerait sur son contenu. Il déplia la lettre et soupira bruyamment. C'était la troisième qu'il recevait ce mois-ci.

Qui pouvait bien lui envoyer de telles horreurs ? Il ne comprenait pas la moitié des sous-entendus glissés dans le message. Une chose était évidente en revanche : l'expéditeur attendait de l'argent en échange de son silence.

Monsieur Yvon fit un rapide calcul dans sa tête. Le restaurant marchait correctement et les chambres lui rapportaient suffisamment pour entretenir la maison. Mais de là à mettre de côté une telle somme ! Il n'avait pas le tiers de ce que ces gens lui demandaient !

Et puis il allait falloir chercher un nouveau locataire quand la Paulette serait partie. C'était encore de l'argent de perdu. Il tira longuement sur sa pipe. Si ce Philippe Mercier le prenait pour le gérant d'un établissement gériatrique, il allait le facturer comme tel ! Encore fallait-il que ce petit malin le rappelle… Il y avait fort à parier qu'il allait profiter de ses trois semaines de vacances sans se soucier de sa mère et de ses absences. Si c'était pas triste, la vie. Que deviendrait-il, lui, le jour où sa raison l'abandonnerait ? Est-ce que quelqu'un prendrait soin de lui ? Il eut une pensée pour son fils, qu'il chassa aussitôt. La pluie lui donnait toujours des idées moroses.

Il replia la lettre, la glissa dans l'enveloppe et se leva. Le miroir au-dessus de la cheminée lui renvoya l'image de son père. Ragaillardi, il serra les poings. Il ne céderait pas à ces menaces anonymes sans queue ni tête ! Depuis quand se laissait-on impressionner par des messages incompréhensibles et sans fondement ? Monsieur Yvon n'était pas de ces gens qu'on manipulait à loisir. Qu'ils viennent donc ! Il n'avait rien à cacher ! Et s'il fallait pour ça déclarer la guerre et les quelques cafés qu'il passait au noir de temps à autre, il le ferait ! On n'allait pas se laisser emmerder, non !

Pourtant, un détail dans la lettre le tourmentait. Son esprit y revenait sans cesse, comme une mouche cognant contre la vitre. Il éteignit la lumière et disparut dans sa chambre.

Deux étages plus haut, Nour, assise sur son lit, tirait les cartes. Que lui réservait cette nouvelle lune ?

Elle étala le jeu de tarot en demi-cercle devant elle. Elle se concentra sur sa question et battit les cartes lentement. Puis elle piocha une carte au hasard qu'elle déposa à gauche. Elle fit de même avec trois autres lames qu'elle posa successivement à droite, puis en haut et enfin en bas pour former une croix. La flamme de la bougie dansait dans la pénombre de la petite chambre. Nour ferma les yeux avant de retourner la dernière carte. En découvrant l'Empereur à barbe blanche, à moitié assis sur son trône, son sceptre à la main, Nour retint son souffle. Le tonnerre gronda à nouveau en écho à ses pensées. « Bien plus qu'un avis de tempête », songea-t-elle. Elle médita quelques minutes encore sur le tirage et pria intérieurement.

— Mon Dieu, donnez-moi la force, chuchota-t-elle.

7

Paulette fit le tour de la petite place.

Elle observa un instant le monument aux morts, richement fleuri. Un magasin d'alimentation générale jouxtait une auto-école abandonnée. Juste à côté, la devanture des pompes funèbres exhibait couronnes de fleurs et livres en marbre blanc.

Paulette contempla son reflet dans la vitrine. Elle ressemblait à un épouvantail. Où allait-elle trouver un salon de coiffure dans ce patelin ?

En trente-cinq ans de veuvage, il ne s'était pas passé une seule semaine sans qu'elle rendît visite à sa coiffeuse. Elle détestait quand ses cheveux échappaient à son contrôle. Les jours de grand vent, elle préférait rester chez elle. Soigner son apparence était encore la meilleure façon de se respecter soi-même. Elle ne pouvait d'ailleurs s'empêcher de grimacer quand elle voyait des grands-mères hirsutes. Il lui vint à l'esprit que Corinne finirait sûrement comme elles. Avec la marque de l'oreiller à l'arrière du crâne. Et un fond de teint orange mal étalé dans le cou.

Pour l'heure, il était urgent que quelqu'un prenne ses cheveux en main. Elle eut une pensée émue pour l'institut de beauté des Hauts-de-Gassan. « Coiffure, massages et soins esthétiques », disait la plaquette.

Elle accéléra le pas. Même avec sa canne, elle ne mit pas longtemps à faire le tour du village. Des parterres fleuris, une petite salle des fêtes et quelques chats errants. Mais de coiffeur, point.

Paulette prit la route qui conduisait à la bourgade voisine. Avec un peu de chance, il y aurait un salon là-bas. Il faisait déjà chaud – elle regretta de ne pas avoir pris de chapeau.

Quelques moucherons bourdonnaient autour de son visage. Elle les chassa d'un geste vif de la main. Sa tête commença à tourner. Elle s'arrêta à l'ombre d'un pommier. Un fil barbelé courait le long de la route. Derrière, une vache meugla. Son expression rappela à Paulette le visage rougeaud de Marceline. Cette dernière semblait apprécier la petite plaisanterie que Paulette leur jouait depuis bientôt trois jours. Il faut dire qu'elle y mettait du cœur ! Quand il s'agissait de se faire passer pour folle, Paulette ne manquait pas d'imagination. Quant à monsieur Yvon, il perdait patience et se faisait de plus en plus pressant dans les messages qu'il laissait à Philippe.

Quand allait-il se manifester ? Paulette commençait à trouver le temps long. Les habitants l'observaient comme une bête curieuse quand ils ne se retenaient pas de rire. Mais en ce qui la concernait, elle n'avait pas vraiment envie de s'amuser. Elle s'ennuyait à mourir : il n'y avait pas grand-chose à se mettre sous la dent pour se distraire un peu. Sans parler de ces horribles frites maison ! Elle n'avait même pas osé y goûter. Tout dans ce restaurant lui donnait la nausée.

On pouvait dire que Corinne n'avait pas raté son coup. Entre ce grand échalas d'Hippolyte qui souriait à la lune et Marceline qui ne pensait qu'à s'empiffrer de rillettes, il ne fallait pas trop attendre des discussions au dîner. Et puis le vieil homme, là, comment s'appelait-il déjà ? Jean ? Georges ! Monsieur Georges. Toujours caché derrière son journal. Il fallait bien admettre qu'il détonnait un peu avec le décor. Sa chemise était toujours impeccable. Paulette aurait presque pu dire qu'il avait de l'allure. Mais il était aussi transparent qu'une feuille de cellophane. Jamais un mot plus haut que l'autre. Encore un qui avait peur de son ombre ! De quoi avait-il peur d'ailleurs ?

Elle reprit sa route et arriva bientôt au village voisin. Le clocher sonna onze coups. Paulette s'approcha de la petite église, espérant y trouver un peu de fraîcheur. Elle entra dans la nef.

Elle ne vit rien au premier abord, encore aveuglée par la lumière vive du dehors. Un parfum d'encens se mêlait à l'odeur de la pierre. Des vitraux à la composition simpliste diffusaient une lumière violette sur l'autel. Progressivement, une petite silhouette se détacha sur la rangée de bancs. Paulette reconnut la gamine de l'auberge. Celle qui faisait le service et tremblait dès qu'il s'agissait de s'occuper d'elle.

Comment s'appelait-elle déjà ? Colette ? Mariette ? Avec ses grands yeux qui lui mangeaient tout le visage, on avait l'impression qu'elle allait à tout instant se mettre à pleurer.

Paulette s'apprêtait à repartir quand, comme pour lui donner raison, un sanglot secoua les épaules de la jeune fille. Cosette – si tel était son nom – se mit à prier à voix haute.

— Oh ! Mamino...

Son dos et ses épaules vibraient au rythme de sa respiration saccadée. Paulette se pétrifia. La dernière chose qu'elle voulait c'était que la gamine la remarque et vienne chercher auprès d'elle un peu de réconfort. Elle n'aimait pas les pleureuses. Ça la mettait mal à l'aise. Elle se sentait toujours prise en otage par le chagrin des autres. Elle tourna le dos au Christ qui trépassait sur la croix et s'échappa de l'église à pas de loup.

Un rapide coup d'œil lui apprit que ce village était encore plus désert que le précédent. Quelques maisons en pierre, des jardins mal entretenus ; seules les mauvaises herbes semblaient trouver leur bonheur dans ce petit bourg abandonné. Malgré la chaleur, elle poursuivit sur la petite route de campagne. Une pancarte indiquait la tenue prochaine d'une brocante. Paulette prit ça comme un encouragement.

Le soleil était presque au zénith. Sa peau était moite et collante. Elle se concentra pour mettre un pied devant l'autre. Sans prévenir, son corps partit sur le côté. Elle trébucha et se rattrapa à la clôture qui entourait le champ. Une écharde lui écorcha le doigt. Elle jura.

Soudain, une voiture émergea du virage et ralentit à son approche. Paulette, éblouie par le reflet du soleil sur la carrosserie, mit ses mains en casquette au-dessus de son visage. Côté conducteur, la vitre s'abaissa et la cuisinière apparut.

— Madame Paulette, que faites-vous là toute seule ? Vous êtes perdue ?

— Je vais rejoindre mon fils ! lâcha la vieille dame.

Nour leva les yeux au ciel et se pencha pour ouvrir la portière côté passager.

— Allez, montez !

Paulette, étourdie par les vrombissements d'insectes, s'installa dans la voiture. Lorsque celle-ci se mit en route, un vent frais lui parvint de la fenêtre.

— Où alliez-vous ? demanda Nour.

Elle lui jeta un drôle de regard qui mit Paulette mal à l'aise. Pour qui se prenait-elle, celle-là ?

— Qui êtes-vous, vous ? interrogea la vieille dame en retour.

— Vous savez très bien qui je suis, dit Nour.

Un silence plana dans la voiture. Paulette venait d'entrer en terrain ennemi.

— Pourquoi ne me dites-vous pas plutôt ce que vous cherchez ?

La vieille dame l'ignora.

Nour changea de vitesse. La voiture sursauta sur un dos-d'âne. Paulette poussa un cri. Elles venaient de dépasser un salon de coiffure. Une boutique

minable aux couleurs criardes qui fit à Paulette l'effet
d'un mirage.

— Là !

Nour tourna la tête.

— La Poste ? Vous avez besoin de vous arrêter à
la Poste ?

— Oui. J'ai un avion à prendre. Laissez-moi là.

Elle s'apprêtait à ouvrir la portière quand Nour lui
mit la main sur le bras.

— Pas de ce petit jeu avec moi, madame Paulette.
Avec votre fils et votre bru si ça vous amuse, mais pas
avec moi. Nous savons très bien toutes les deux que
vous avez toute votre tête. Donc évitez s'il vous plaît
de vous payer la mienne.

Paulette resta interdite.

— Et tant qu'on y est, arrêtez aussi vos enfantil-
lages avec monsieur Yvon. Il a été suffisamment clair
avec votre fils. Dans quelques jours vous serez partie.
Restons-en là. En attendant, si j'étais vous, je profite-
rais du paysage.

Paulette lui jeta un regard noir et claqua la porte.
Elle s'éloignait quand Nour lui jeta par la fenêtre :

— Plus de mensonges, hein, madame Paulette ?
Sinon c'est moi qui leur dis.

Elle démarra et la voiture disparut sous le soleil de
plomb.

8

Léon repoussa le dos de saumon d'un coup de patte.

Assis comme à son habitude sur le bord de la fenêtre, il se dorait le museau dans un rayon de soleil. Il se lécha les pattes avec application, réservant ses papilles pour quelque mets plus à son goût. Nour, les poings sur les hanches et le torchon sur l'épaule, soupira.

C'était ainsi à l'auberge de monsieur Yvon : tout plat figurant au menu était rigoureusement goûté et approuvé par Léon, le chat de la cuisinière. Et Léon était très à cheval sur les assaisonnements. Il n'y avait que pour les pommes de terre frites que monsieur Yvon ne voulait pas entendre parler des caprices de Léon. Les frites maison c'était sacré et monsieur Yvon connaissait son affaire mieux que quiconque.

— Allez, Léon ! Un petit effort ! J'ai encore une demi-douzaine de tartes à sortir, moi !

Nour prétendait que Léon avait été chef gastronome dans une autre vie. De ces messieurs bourrus au tablier immaculé et aux doigts de fée qui vocifèrent au-dessus de leur piano comme un maréchal en guerre. Léon était un chef. Un chef étoilé. Et, récompensé pour avoir donné tant de plaisir à ses clients, il s'était réincarné en chat dodu et paresseux, aux papilles fines et exigeantes.

Nour ramassa l'assiette et couvrit le saumon d'une sauce aux épices douces.

— Ah ! Et celle-là alors ? Goûte donc, mon Léon, tu m'en diras des nouvelles !

Puis elle guetta, le crayon sur l'oreille, la réaction du matou.

De l'autre côté de la salle, Paulette fulminait. La coiffeuse l'avait ratée. Elle ressemblait à une chanteuse des années 1980. Sa mise en plis avait doublé de volume. La bonne femme avait mis tellement de laque que le ciel aurait pu lui tomber sur la tête sans même qu'elle s'en rende compte.

Paulette n'avait pas ouvert la bouche depuis son retour, se murant dans un silence agressif. Elle défiait quiconque de s'approcher d'elle. Et surtout la cuisinière, là, avec ses grands airs. Elle ne perdait rien pour attendre.

Derrière le bar, monsieur Yvon gratta sa joue infirme. Ça le démangeait toujours quand il était contrarié. Allez savoir pourquoi. Paulette détailla l'étrange visage du bonhomme. La moitié de son faciès était en berne, inerte. Sa moustache s'agitait bizarrement d'un seul côté – il marmonnait dans sa barbe.

Paulette apprendrait bien plus tard l'histoire de la Chose. Cet insecte exotique et vorace que la légende voulait échappé d'une valise. Une bestiole venue d'une autre latitude où les araignées étaient mortelles et les hommes cannibales. Un jour de grand vent, la Chose avait atterri à l'auberge. Affamée et dangereuse. Avisant la joue de monsieur Yvon, elle y avait planté son dard, emportant avec elle la moitié du visage du patron.

En tout cas, c'est ainsi que Nour aimait à expliquer la paralysie faciale de monsieur Yvon.

Marceline – qui avait connu un médecin dans ses belles années, et s'improvisait depuis comme la référence en matière de médecine scientifique parmi les habitués de l'auberge – eut beau dire que les insectes ne paralysaient pas les joues, que cela avait sûrement été la conséquence d'une giboulée de mars que monsieur Yvon avait prise dans l'oreille, rien n'y fit. Les habitués aimaient mieux l'histoire de la Chose. Cela les consolait de ne pas avoir les moyens de partir en voyage. Et surtout, les débats sur l'apparence que pouvait avoir une Chose capable d'anesthésier à vie la moitié d'un visage, surtout un gros et large visage comme celui de monsieur Yvon, accompagnaient bien le demi frais de l'apéro.

Paulette l'observait depuis son fauteuil. Il épluchait le courrier de ses doigts épais. Quelques factures se mélangeaient à des tracts publicitaires. La vieille dame se redressa. Elle ne voulait pas manquer le dossier d'inscription des Hauts-de-Gassan. Il ne devait plus tarder maintenant. Il n'y avait pas de temps à perdre !

Tout à coup, une enveloppe s'échappa du lot et glissa sur le comptoir. Paulette avait gardé une bonne vue. Si elle était incapable de lire le menu du restaurant, elle pouvait constater sans effort que l'enveloppe en question n'était pas timbrée. Cela n'aurait pas attiré davantage son attention si le patron ne s'était pas empressé de la ranger dans la poche de son pantalon avec un regard inquiet en direction de la cuisine. Paulette soupira. Pour ce qu'elle en avait à faire… Sûrement une histoire de dettes ou de fesses. Le monde tournait autour de ça.

Elle jeta un nouveau coup d'œil à l'horloge. À peine seize heures… Il ne fallait pas s'attendre à ce qu'on lui apporte l'un de ces goûters gastronomiques dont les Hauts-de-Gassan faisaient l'éloge. Non pas qu'elle eût faim. Mais manger était encore la meilleure façon de passer le temps. Marceline, la main dans un bol de cacahuètes, l'avait bien compris. Ses mastications emplissaient la salle du restaurant. Seul lui répondait le frottement de sa pièce sur ses tickets à gratter.

— Encore perdu ! s'exclama-t-elle.

Une miette s'échappa de sa bouche et vint s'écraser devant monsieur Georges. Ce dernier, le nez dans son journal, n'y prêta pas attention. Face à lui, la télévision jouait en sourdine. Paulette l'observa. Il lui rappelait feu son mari. Grand, mince, plutôt bien mis. Ses cheveux étaient encore fournis, ce qui pour un homme de son âge n'était pas un fait acquis.

La calvitie de monsieur Yvon en était la preuve. Mais en matière d'hommes, le flacon ne faisait pas l'ivresse. Paulette s'en portait garante, elle qui avait passé la moitié de sa vie avec un harpagon au cœur de pierre qui ne s'intéressait à personne d'autre qu'à lui-même.

Juliette sortit des toilettes, la tête baissée et les yeux rouges. Elle attrapa un torchon avant d'aller se servir un verre d'eau au robinet. Paulette eut un mauvais sourire. Elle croisa le regard inquiet de la cuisinière. Il s'en passait de drôles ici ! À voir ce qu'elle allait pouvoir faire de ça…

Elle fixa à nouveau la pendule. Seize heures trois. Bon Dieu ! Tout ce temps à tuer !

Soudain, Hippolyte fit son entrée. Il revenait du marché où il lui arrivait de mettre la main sur quelques marchandises échappées d'un camion.

— Ah ben tiens, te voilà, toi ! gronda monsieur Yvon sous ses sourcils broussailleux. Où sont passés mes torchons ?

Sur les conseils de Nour, monsieur Yvon confiait parfois quelques menus travaux à Hippolyte – couper du bois pour l'hiver, désherber le jardin ou s'occuper de la lessive –, tâches dont Hippolyte s'occupait avec une rigueur toute relative.

— Je vais le faire, m'sieur Yvon, je vais le faire ! se défendit Hippolyte, effrayé par ce visage qui le grondait à moitié. Et puis, comme pour s'excuser, d'une petite voix : J'ai rapporté un cadeau à l'amie Nour.

Nour leva à son tour les sourcils – qu'elle avait bien moins broussailleux que monsieur Yvon. Elle sourit.

— Un cadeau, Hippolyte ? Pour moi ?

Hippolyte rougit avant de sortir de son sac à dos élimé un amas de dentelle noire comme on en voyait peu à l'auberge.

— Hippolyte ! le réprimanda monsieur Yvon de sa grosse voix, je te donne vingt euros pour emporter les torchons à la laverie, et tu reviens avec de la lingerie pour la cuisinière. Que crois-tu qu'on va essuyer avec cette chose pleine de trous ?

À la mention du mot « Chose », un frisson parcourut l'assemblée des trois habitués qui finissaient leur petit café, accoudés au bar.

— Mais monsieur Yvon, c'est pas ce que vous croyez ! se défendit Hippolyte.

Nour s'empara de la guêpière et entreprit de l'essayer par-dessus son tablier. Elle renonça presque aussitôt, ne sachant par quel bout prendre l'engin et pressentant qu'elle aurait tôt fait de ressembler à un saucisson de pays. Elle remercia Hippolyte. Avec son sourire édenté et ses yeux pleins d'étoiles, c'était pas toujours facile de le réprimander.

Marceline s'exclama :

— À moi elle me plaît bien, dis donc, cette guêpière ! C'est qu'ça me rappelle des souvenirs !

— Pff, encore faudrait-il qu'elle puisse y glisser un orteil, souffla Nour, mauvaise, avant de retourner dans sa cuisine pour en découdre avec la plonge.

Allez, tiens ! M'donnent le bourdon, moi, ces histoires...

Paulette scruta le visage de la cuisinière. Une pensée fugace lui traversa l'esprit. La sensation d'un déjà-vu. Elle se concentra, pour y revenir et s'y attarder un peu. En vain. Quelque chose dans ce qu'avait dit Hippolyte la tourmentait et lui échappait à la fois, mais quoi ?

9

Nour ouvrit les yeux.

Un rayon de lune caressait le pied de son édredon. Elle s'assit dans son lit et tendit l'oreille. Un bruit de casseroles renversées lui parvint de la cour.

Léon, allongé près d'elle, ne se donna pas la peine de bouger. Le réveil indiquait cinq heures. Qui pouvait donc faire autant de vacarme à une heure si matinale ? Dans sa cuisine qui plus est ?

Nour sentit son cœur s'accélérer.

Elle attrapa sa robe de chambre et descendit à pas feutrés dans l'escalier. Les marches craquèrent sous ses pieds. Elle retint son souffle.

Une porte claqua sans qu'elle puisse dire d'où cela provenait. Léon, peu téméraire, l'observait depuis le palier de la chambre, ses yeux luisant dans la pénombre.

Nour se saisit d'un objet oblong et métallique que monsieur Yvon avait fixé au mur du couloir en guise de décoration. Un ronflement puissant lui parvint de la chambre de Marceline.

Elle s'arrêta à l'approche du rez-de-chaussée. Dans le clair-obscur se dessinaient les tables, déjà dressées pour le déjeuner.

— Monsieur Yvon ? souffla-t-elle.

Puis plus fort :

— Qui est là ?

Seul le silence boisé de la brasserie lui répondit. Alors que ses yeux s'habituaient à l'obscurité, elle fixa le grand miroir derrière le bar qui lui donnait une vue sur toute la salle. Les carreaux rouges et blancs des nappes s'y reflétaient à l'envi.

Elle traversa la pièce avant de se ruer sur l'interrupteur. Au même moment, Léon glissa entre ses jambes nues. Nour poussa un cri.

— Léon ! Tu me tueras un jour ! Si je te…

Elle s'arrêta, stupéfaite, et hurla :

— Monsieur Yvon ! Monsieur Yvon ! On a été cambriolés ! Venez vite ! Monsieur Yvon !

Monsieur Yvon manqua de tomber dans les escaliers, son marcel blanc retroussé au-dessus du ventre.

— Quoi ? Qu'y a-t-il ? Que se passe-t-il ? Mais enfin Nour ! Que faites-vous avec ma corne de chasse à une heure pareille ?

Nour leva la tête vers monsieur Yvon. Elle tendit le bras vers le frigo à desserts où quelques heures plus tôt trônait une demi-douzaine de mousses au chocolat. Une nappe avait été arrachée de l'une des tables. Deux ramequins brisés gisaient au sol tandis que des tartes au citron à moitié dévorées s'affalaient sur le carrelage en damier. Une chaise renversée complétait le tableau de cet étrange champ de bataille.

Un courant d'air leur parvint de la cuisine. La porte-fenêtre était grande ouverte. Quelques feuilles mortes s'engouffrèrent dans la petite salle. Nour frissonna dans sa chemise de nuit.

Monsieur Yvon se rua sur la caisse. Celle-ci était intacte, tout comme la porte d'entrée donnant sur la rue, ainsi que les fenêtres de la devanture. La moustache ébouriffée, le patron se contenta de secouer la tête. De toute évidence, le coupable était déjà parti.

— Allons, fermez la fenêtre, Nour, s'il vous plaît. C'est probablement un groupe d'enfants qui a joué à se faire peur. Je mettrai un verrou supplémentaire demain et m'assurerai de parler aux parents du village.

Nour leva un sourcil circonspect tout en ramassant les bris de ramequins.

— N'en parlons plus, insista monsieur Yvon, visiblement pressé d'aller se recoucher. Il ne faudrait pas effrayer les locataires.

Les dégâts nettoyés, ils remontèrent à leurs étages respectifs pour profiter de la dernière heure de sommeil que leur offrait l'obscurité.

Nour se glissa dans son lit. Dehors, quelques oiseaux s'éveillaient. Ce cambriolage la tourmentait. En quinze ans passés à l'auberge, cela n'était jamais arrivé. Qui cambriolerait un restaurant à cinq heures du matin ? Ça n'avait aucun sens ! Et pourquoi semblait-elle être la seule à s'en inquiéter ? Elle tourna et retourna dans son lit, agacée à l'idée que monsieur Yvon puisse terminer sa nuit sans souci.

Un étage plus bas, sous le parquet usé qui séparait sa chambre de celle du patron, l'heure n'était pas non plus au repos. Les yeux grands ouverts dans la pénombre déjà déclinante du petit matin, monsieur Yvon fixait le plafond, incapable de trouver le sommeil.

Le cambriolage était une mise en garde du corbeau. Qu'est-ce que ça pouvait être d'autre ? Aujourd'hui le chariot à desserts, demain la caisse, et après ? Jusqu'où était-il prêt à aller ? Monsieur Yvon déglutit, crispé.

Il repensa à la lettre qu'il avait reçue la veille. Une de plus à ajouter à la série de menaces dont il était l'objet depuis bientôt un mois. Le dernier message était on ne peut plus clair : monsieur Yvon n'était pas la cible du maître-chanteur.

La cible, c'était Nour.

Pourquoi, comment, Dieu seul savait. Et la cuisinière aussi probablement. L'auteur des lettres devait les avoir observés un moment avant de déduire que monsieur Yvon ferait une victime idéale. C'était lui le propriétaire de l'auberge. Lui qui était derrière la caisse. Lui qui n'aurait pas fait de mal à une mouche, et encore moins si d'elle dépendait la survie du restaurant. Lui, enfin, qui se sentait responsable de tout et de tout le monde. Et surtout de Nour.

Monsieur Yvon se recroquevilla dans son lit. Il se sentait terriblement seul. Comment était-il supposé faire face à tout cela ? Les lettres de menaces. Maintenant le cambriolage. Le premier en trente ans de service ! Et puis la Paulette avec ses absences ! Ça aussi, on s'en serait bien passé. Elle lui faisait presque de la peine. Abandonnée par sa famille, perdue dans son monde imaginaire qui prenait l'eau. Et son fils qui semblait s'en soucier comme de sa première chemise !

Non, il n'était pas supposé affronter ça tout seul. L'image de Roland s'imposa à lui. Son saxo sur l'épaule. Toujours souriant. Rien n'était jamais grave pour lui. « T'inquiète, frérot ! » qu'il disait. « Ça va s'arranger ! »

Un coq cria au loin.

Si on pouvait lui tordre le cou à celui-là aussi. Tiens ! Il mettrait un coq au vin au menu du jour ! Monsieur Yvon soupira sous sa moustache et, l'aube venant, se résolut à contrecœur à sortir de son lit.

10

Paulette sortit prendre l'air.

Le soleil venait à peine de se lever. Une lumière dorée caressait le clocher du village. Il faisait frais. La maison dormait encore.

Assise sur un muret, la vieille dame observait une colonie de fourmis occupée à dépecer un scarabée. Le pauvre insecte gisait sur le dos, ses pattes excentriques tendues vers le ciel. Les guerrières se frottaient les mandibules. Se félicitaient-elles mutuellement pour cette trouvaille juteuse ? Du bout du pied, Paulette dégagea le cadavre du scarabée quelques mètres plus loin. Les fourmis s'affolèrent dans un ballet désorganisé.

Paulette avait passé la nuit à ruminer. Elle n'avait toujours rien reçu des Hauts-de-Gassan. Tout portait à croire que le facteur ne repasserait pas avant lundi – et encore, si on avait de la chance. Et la cuisinière qui lui avait interdit de se distraire un peu en faisant tourner le patron en bourrique ! Maudite garce !

Les heures n'en finissaient plus de s'étirer.

Une camionnette se gara devant l'auberge. Un jeune homme à casquette en sortit en sifflotant. Il la salua d'un signe de tête. Puis il ouvrit la porte arrière du fourgon et en sortit trois cagettes de primeurs. Avec l'assurance d'un habitué, il entra dans le restaurant et déposa le tout sur le comptoir avant de ressortir aussitôt. En chemin, il s'arrêta au niveau de la vieille dame.

Il devait avoir la vingtaine, pas plus. Il se baissa pour essuyer une trace de terre sur le bout de sa basket. Paulette s'étonna de la blancheur immaculée de cette dernière.

Il sortit un paquet écrasé de sa poche et alluma une cigarette.

— Va faire chaud encore aujourd'hui !

Paulette ne quittait pas des yeux les baskets du jeune homme. L'image de Philippe, un mois avant l'examen du bac, s'imposa à elle. Cheveux longs et pantalon troué, il avait décidé de tourner le dos aux études sous prétexte qu'il voulait vivre sa vie sans la pression de la société capitaliste. Philippe, l'avocat qui changeait de voiture tous les ans, Philippe, qui partait en safari au Kenya grâce au salaire rondelet que lui versaient des compagnies d'assurances : tout ça, c'était grâce à elle. Paulette, à court de menaces, avait fini par troquer l'obtention du diplôme avec mention contre la promesse d'un walkman flambant neuf.

Le chantage était une arme d'une efficacité redoutable.

— Vous êtes nouvelle ici, n'est-ce pas ? demanda le jeune homme. Je ne vous avais jamais vue avant.

Moi c'est Paolo. Je livre la cuisine tous les matins. C'est mon père qu'est maraîcher. À La Ferté, vous voyez ?

Paulette le fixait. Le jeune homme renifla.

— Vous pourrez dire à Nour qu'il n'y avait plus de poivrons rouges. J'ai rajouté une caisse de tomates pour me faire pardonner.

Devant le silence de la vieille dame, il finit à la hâte sa cigarette.

— Bon, c'est pas le tout, hein…

Il se débarrassa de son mégot d'une pichenette et rangea son briquet. Il s'apprêtait à repartir quand Paulette tendit sa canne en travers du chemin.

— Vous la connaissez bien, la cuisinière ?

Le jeune homme fronça les sourcils.

— Nour, la cuisinière. Elle vient d'où ? insista-t-elle.

Devant l'air ahuri du garçon, la vieille dame s'impatienta. Elle attrapa son sac et en sortit un billet de cinquante euros qu'elle brandit sous son nez.

— Il est à vous si vous me dites ce que vous savez sur elle.

— Mais vous êtes pas bien, vous !

Paulette plongea à nouveau la main dans son sac et en sortit un second billet.

— Et tant que vous y êtes, dites-m'en plus sur le patron aussi.

Le jeune homme la regarda longuement. Puis il secoua la tête avant de disparaître dans sa camionnette.

11

Paulette méditait sur le courrier qu'elle avait reçu le matin même.

Une large enveloppe blanche marquée du logo fleuri des Hauts-de-Gassan.

La directrice la félicitait de son choix et se réjouissait au nom de tout le personnel de l'accueillir bientôt dans la suite Azalée. À ce prix-là, Paulette n'en doutait pas !

Elle ôta ses lunettes et hocha la tête. Ça faisait une sacrée somme quand même. Rien que pour le chèque d'acompte, il lui faudrait siphonner la quasi-totalité de ses économies.

En temps normal, elle les aurait appelés pour leur exprimer le fond de sa pensée. Autant d'argent, ils n'y pensaient pas ! Était-ce le président de la République qui nettoyait la piscine ? Entretenaient-ils le gazon du golf avec une pince à épiler ?

Mais ce n'était évidemment pas elle qui allait se charger des factures. Comment aurait-elle pu ? Avec ce que lui avait laissé feu sa pince de mari ? Vous n'y pensez pas. Ne restait plus qu'à faire suffisamment culpabiliser Philippe pour qu'il se résolve à donner son numéro de carte bancaire. Cela viendrait en son temps. C'est Corinne qui allait être contente !

Paulette sortit son chéquier du petit tiroir et remplit le talon d'une écriture tremblante. Alors qu'elle s'apprêtait à signer, un bruit de caillou projeté contre la vitre la fit sursauter. Elle se leva péniblement de la chaise – l'humidité faisait souffrir ses articulations – et s'approcha pour ouvrir la fenêtre.

À l'abri des regards et de la pluie, Paolo lui faisait signe. Quelle idée de venir par ce temps ! Elle allait attraper la mort ! Elle songea à l'ignorer, mais sa curiosité l'emporta. Elle enferma ses cheveux sous un bonnet de pluie, enfila sa robe de chambre et descendit l'escalier.

La salle de restaurant était vide.

Dehors, une odeur de terre mouillée la saisit. Paolo la rejoignit en courant, sa veste par-dessus la tête.

— Sale temps, hein ? Bah ! C'est bon pour les cultures…

Un ange passa.

— J'ai repensé à ce que vous m'avez dit l'autre matin…

— Je vous écoute.

— Vous savez, moi je l'aime bien, monsieur Yvon. Quand mon père est tombé malade, lui et Nour nous ont fait livrer des repas tous les jours…

— Mais on a tous besoin d'argent, compléta la vieille dame. Allez ! Épargnez-moi vos couplets larmoyants et venez-en au fait !

Quelques crapauds coassaient au loin. Paolo alluma une cigarette et joua avec un gravillon du bout de sa chaussure.

— Eh bien, tout ce que je peux vous dire c'est que monsieur Yvon est très aimé ici. Il est né dans le village, comme son père et son grand-père avant lui. C'est l'arrière-grand-père qui avait ouvert l'auberge. C'était pour les voyageurs, avant…

Paulette le coupa :

— Est-ce qu'il a été marié ?

— Oui. Avec Véronique. Elle est de Montmalin, j'sais pas si vous voyez.

La vieille dame lui fit signe d'abréger.

— Ils ont eu un fils, Adam. On était dans la même classe au collège. Véronique détestait la vie ici. C'est qu'ça peut pas plaire à tout le monde hein…

Il lui jeta un regard par en dessous avant de poursuivre.

Paulette s'impatienta.

— C'est tout ce que vous avez ?

— Bah, c'est qu'il se passe pas grand-chose ici… Ah si, je sais ! Monsieur Yvon a perdu son frère dans un accident de voiture quand ils étaient encore jeunes. Vous en avez peut-être entendu parler, ça a fait les gros titres dans le journal…

Il espérait raviver l'intérêt de la vieille dame. Sans succès. Paulette bâilla. Comment pouvait-il imaginer que quiconque en dehors du village s'intéresse à ces faits divers ?

— C'est une histoire triste, car monsieur Yvon et son frère – Roland qu'il s'appelait – étaient jumeaux.

De vrais jumeaux impossibles à différencier. Ils étaient musiciens tous les deux. Ce soir-là, c'était monsieur Yvon qui devait faire un concert, mais c'est son frère qui y est allé…

Paulette songea au visage à moitié immobile de monsieur Yvon. Elle se demanda de quand datait ce handicap.

— Et la cuisinière ?

— Nour ?

— De qui d'autre voulez-vous que je parle ?

— Eh bien, elle… Je ne sais pas.

Devant le visage menaçant de Paulette, il recula :

— J'ai demandé partout, je vous jure, personne ne sait rien sur elle. Pas même son nom de famille ! Le facteur dit qu'elle ne reçoit jamais de courrier. Sur Internet non plus il n'y a rien ! J'ai tout essayé, je vous dis !

Il débitait son texte au rythme d'une mitraillette.

— Et les autres ?

— Comment ça les autres ?

— Eh bien les autres habitants ! Marceline, monsieur Georges, Hippolyte…

— Mais vous ne m'aviez pas demandé !

Paulette le chassa.

— Mais madame Paulette, c'est que…

Elle lui jeta un regard noir et disparut dans la maison.

12

La maisonnée dormait à poings fermés quand Léon poussa un miaulement terrifiant. Nour sursauta. Les sens en éveil, elle chercha à s'assurer qu'elle n'avait pas rêvé. Elle ne dormait que d'un œil depuis le cambriolage. Terrifiée à l'idée que quelqu'un s'introduise dans sa chambre en pleine nuit pour lui trancher la gorge.

Un bruit sourd lui parvint de la cour. Elle frissonna et sortit en toute hâte de son lit. S'agenouillant sur le parquet qu'elle savait fin, elle souffla en direction de la chambre de monsieur Yvon :

— Monsieur Yvon ! Monsieur Yvon ! Réveillez-vous, ils sont revenus ! Monsieur Yvon !

Elle plaqua son oreille au sol, mais seul le silence lui répondit.

Armée de la corne de chasse, elle descendit les escaliers avant de s'immobiliser à quelques marches du rez-de-chaussée. Debout devant le frigo à desserts et en petite tenue, monsieur Yvon fixait la rangée de crèmes au chocolat, comme hébété.

— Monsieur Yvon ?

Ce dernier ne réagit pas, se contentant de saisir une cuillère à soupe dans le casier à couverts.

Elle s'approcha sans un bruit.

Monsieur Yvon croqua dans une tarte au citron, les yeux dans le vague. Des miettes s'écrasèrent à ses pieds. Sa bouche était couverte de crème pâtissière.

— Monsieur Yvon !

Nour resta bouche bée.

Le patron mangeait vite et salement. On aurait dit un ours en train de fouiller une ruche pour y chercher son miel. La tarte au citron engloutie, il saisit maladroitement une crème au chocolat. Le cœur de Nour se remit à battre plus lentement. C'était donc ça. Un somnambule gourmand…

Elle pouffa à l'idée que quelqu'un puisse les surprendre, elle en chemise de nuit, une corne de chasse à la main, et monsieur Yvon en slip, la tête dans le frigo à desserts.

Elle se rappela avoir lu quelque part qu'il ne fallait pas réveiller les somnambules. Mais les desserts disparaissaient à vitesse grand V. Elle se glissa de l'autre côté du frigo et entreprit de sauver les crèmes brûlées qu'elle avait préparées pour le lendemain. Deux heures de travail que monsieur Yvon engloutissait sans scrupule.

— Monsieur Yvon, ces desserts sont pour les clients, lui souffla-t-elle.

Le quinquagénaire ne broncha pas.

— Monsieur Yvon ! Retournez vous coucher ou nous n'aurons plus rien à servir demain !

Le patron moustachu ne sembla pas l'entendre. Pourtant, quelques minutes plus tard, il lécha sa petite cuillère, gratta sa joue invalide et s'en retourna dans sa chambre de son pas d'ours.

Nour se laissa tomber sur une chaise. D'aussi loin qu'elle s'en souvienne, elle n'avait jamais été témoin d'une telle activité nocturne. Il était temps qu'elle et monsieur Yvon aient une sérieuse discussion. Quelque chose ne tournait pas rond.

13

Paulette glissa l'enveloppe dans son sac à main. Elle enfila une paire de chaussures confortables et se dépêcha de sortir, son chapeau sur la tête.

Il fallait qu'elle prenne l'air ! Elle n'en pouvait plus d'être enfermée ici, avec pour seule compagnie une Marceline qui commentait du matin au soir la rubrique des chats écrasés, quand elle ne s'escrimait pas sur ses tickets à gratter. Et cette chaleur ! Pas un brin de fraîcheur dans le restaurant, tout juste un ventilateur posé dans un coin qui brassait de l'air chaud.

Il était encore tôt. Elle partit d'un bon pas en direction du village voisin, celui qui se targuait d'avoir un salon de coiffure et un petit bureau de poste.

Léon l'observait du haut d'un muret. Il secoua la queue et miaula. Paulette tenta de le chasser d'un coup d'éventail. Léon ne bougea pas, hors d'atteinte de la vieille dame. Paulette détestait ce greffier. Sans cesse à fureter partout. Elle retrouvait même des poils de chat sur son oreiller ! On aurait dit qu'il s'empressait de rapporter à la cuisinière ses moindres faits et gestes. Elle maudit le chat jusqu'à ce qu'il disparaisse de sa vue. Sale bête.

Elle remonta son sac à main sur son épaule. Le chèque d'engagement pour les Hauts-de-Gassan partirait ce jour. Sur le contrat, elle avait imité la signature de Philippe en s'assurant que les prochaines factures soient envoyées à son domicile.

Une vache meugla sur son passage ; elle chassa une mouche d'un coup de queue machinal. Le bitume réverbérait déjà les rayons du soleil. Paulette s'épongea le front. Un klaxon se fit entendre derrière elle. Quelques secondes plus tard, une camionnette blanche s'arrêta à son niveau. *PETITJEAN Père et Fils* s'affichait en grosses lettres sur le flanc du véhicule. Autour, une farandole de fruits et légumes multicolores était partiellement recouverte de poussière.

— Je vous dépose ? lui lança Paolo par la portière.

Pour une fois qu'il savait se rendre utile, celui-là, c'était pas de refus !

Paulette escalada le marchepied et se glissa derrière le pare-brise. Elle poussa un soupir sonore. Paolo, rasé de près dans son jogging blanc immaculé, lui sourit avant d'enclencher la première.

— Va faire chaud aujourd'hui, hein !

Elle s'éventa.

— À qui le dites-vous !

— Vous allez où ?

— À la Poste.

Paolo démarra en sifflotant.

À la radio, un journaliste égrenait les nouvelles du monde. Un tsunami dans une île du Pacifique, un accident de la route dans le Larzac, un scandale politique dans les urnes. Et enfin, le sport, seule touche de légèreté dans ce monde en voie d'extinction. Paolo protesta :

— Ils passent leur temps à nous donner de mauvaises nouvelles. Et la mort d'untel par-ci, et la fin des haricots par-là. Alors que franchement, quand on en cherche, des bonnes nouvelles, il y en a ! C'est vrai c'que j'dis, non ?

Paolo, qui commençait à connaître la Paulette, n'attendit pas de réponse. Il tourna le bouton et changea de fréquence. Un classique de Jean-Jacques Goldman se fit entendre. À la surprise de la vieille dame, Paolo chantonna. La camionnette ralentit à l'approche d'un dos-d'âne. Ils entrèrent dans un petit bourg fleuri. Paolo salua d'un coup de klaxon une demi-douzaine de personnes avant de s'arrêter devant une allée arborée.

— Et voilà, vous y êtes.

Paulette chercha comment ouvrir la portière.

Paolo lâcha :

— Au fait, j'voulais vous dire…

— Quoi ? aboya-t-elle, plus brusquement qu'elle ne l'aurait voulu.

Paolo la fixa avant de détourner ses yeux vers la route.

— Non, laissez tomber… Au revoir madame Paulette.

Elle s'attarda un instant sur le fauteuil troué. Puis, sentant la chaleur qui s'insinuait dans l'habitacle, elle attrapa sa canne et disparut à l'ombre d'un marronnier.

Le bureau de poste n'était pas encore ouvert. Elle pesta contre la paresse provinciale avant d'apercevoir un troquet et sa terrasse aux parasols rouge et blanc.

La salle était fraîche. Au plafond pendait un ruban adhésif recouvert de mouches noires et grasses. Leurs ailes s'agitaient doucement sous l'effet des pales qui tournaient au plafond. Elle se glissa derrière une petite table et commanda un thé glacé.

— Avec un croissant ! ajouta-t-elle à l'intention de la patronne derrière le comptoir.

Celle-ci tendit un paquet de cigarettes à un jeune homme en salopette. Il avait la peau brunie par le soleil et une casquette décolorée vissée sur le crâne.

— Et deux tickets de Loto, ajouta ce dernier.

Le bar-tabac semblait débiter autant de tickets à gratter que de cigarettes. Paulette songea que cela avait sûrement à voir avec la morosité ambiante de ce coin oublié de la France. Elle prit une gorgée de son thé, savourant la fraîcheur qui prenait d'assaut son palais. Peu importait que la table fût poisseuse et la chaise bancale : les glaçons qui s'entrechoquaient dans son verre excusaient tout. Elle croqua dans un croissant un peu sec. Au même moment, la patronne s'exclama à l'intention de l'homme qui lui avait tendu son ticket :

— Tiercé et Quarté dans l'ordre ! Cinq cent quatre-vingt-cinq euros ! Pour quarante-cinq euros de mise, tiens !

Un habitué au visage rougeaud applaudit :

— Bravo monsieur ! Vous allez nous siphonner le PMU à ce rythme-là !

— Vous m'en remettez un petit ! ordonna son voisin au serveur, le pantalon au ras des fesses. C'est le sieur Georges qui paie sa tournée !

Paulette leva un sourcil. Près du comptoir, monsieur Georges trinquait malgré lui avec les deux piliers du bar. Il serrait dans sa main son reçu, mal à l'aise.

— Alors, dites-nous, Joe ! On peut vous appeler Joe hein ? demanda l'un d'eux à monsieur Georges. Comment qu'vous faites pour gagner autant ? Faut qu'on mise quoi, nous autres, aujourd'hui ?

— Eh bien… hésita le vieil homme.

— Allez, soyez pas pansu, quoi ! Faites donc voir vot'baveux, là !

Il s'appropria le dernier numéro de *Tiercé Magazine* que monsieur Georges tenait sous son bras.

— Tenez, ç'ui-là par exemple, Prince du Verger, c'est un beau nom ça ! Numéro 4. Y va gagner ç'ui-là, Joe ?

— Si j'étais vous, je ne parierais pas sur lui… dit monsieur Georges.

— Lequel alors ? Vas-y, on t'écoute !

— Eh bien… Cagnes-sur-Mer, c'est un parcours en seize cents mètres, piste en sable fibreuse… Je vous recommanderais plutôt Aticus qui était troisième d'un Quinté+ du prix de Cagnes sur gazon. C'est une course de référence qui plaide bien en sa faveur et…

— Tu comprends c'qu'y dit, toi ? demanda le rougeaud à son voisin.

L'autre, le nez dans son verre de porto, secoua la tête.

Monsieur Georges saisit une petite feuille quadrillée et cocha quelques numéros avant de la tendre à ses interlocuteurs.

— Voilà. Si j'étais vous, c'est ce que je jouerais.

Les deux hommes fixèrent le papier en hochant la tête. Monsieur Georges en profita pour s'éclipser en prenant soin de récupérer son journal.

Il s'attabla et commanda un café. Lorsque la serveuse s'en alla, Paulette apparut dans son champ de vision. Monsieur Georges blêmit. Elle lui décocha son plus beau sourire.

— Vous aimez les chevaux, on dirait ! s'exclama la vieille dame.

— Oh ! Bonjour madame Paulette ! lança monsieur Georges avant de disparaître derrière son journal.

— J'ai bien connu un cheval, moi aussi, dans ma jeunesse… Il s'appelait Bourdon. Enfin, c'était plutôt un poney. Est-ce que vous misez sur des poneys aussi ?

Sans attendre de réponse, elle attrapa son chapeau et se glissa sur la chaise en face de lui.

— Toutes ces mouches, ça fait un vacarme insupportable ! On ne s'entend plus parler.

Monsieur Georges chercha une échappatoire avant de se rappeler l'état mental de la vieille dame. Il se détendit. Paulette leva son verre, l'invitant à trinquer avec sa tasse de café.

— À la victoire et aux fers à cheval ! Car tout est dans le sabot, non ? s'exclama-t-elle.

Monsieur Georges trinqua de mauvaise grâce, soucieux de ne pas voir son café s'étaler sur le set en papier sous le coup de l'engouement de la vieille dame.

— Vous ne mangez pas votre spéculoos ? s'enquit Paulette.

Elle s'empressa de croquer dans le biscuit. Elle comprenait maintenant l'importance que monsieur Georges accordait à son journal. Et pourquoi il avait l'œil rivé en permanence sur le téléviseur de monsieur Yvon : monsieur Georges avait le goût du jeu.

— Moi j'aimais bien le trot, reprit-elle. Une, deux ! Une, deux ! Je me rappelle qu'il fallait caler le lever de fesses sur la patte du poney… Ça vous dit quelque chose ?

Monsieur Georges secoua la tête. Il semblait plus absorbé par ses feuillets que par la conversation de la vieille dame.

— Vous gagnez beaucoup d'argent avec vos paris ? demanda-t-elle subitement.

Monsieur Georges abaissa son journal et rougit. Elle avait tapé juste.

— Non, pas vraiment, enfin ça dépend ce que vous appelez beaucoup…

Il changea de sujet :

— Vous êtes venue à pied ?

Elle se rappela soudain la lettre qu'elle devait faire partir avant midi aux Hauts-de-Gassan. Puis elle sourit en pensant au montant du chèque.

— J'étais ravie de vous rencontrer ici ! lança-t-elle en se levant. Bonne journée à vous, monsieur Georges ! Oh, et bonne chance avec vos poneys !

84

Elle lui fit un clin d'œil et disparut dans un sillage de rose et de fleur d'oranger.

Monsieur Georges poussa un soupir et se raisonna. Avec toutes les salades que cette Paulette racontait, il n'y avait pas grand-chose à craindre. De l'eau coulerait sous les ponts avant que monsieur Yvon et les autres aient vent de ce qu'il faisait de l'argent qu'ils lui prêtaient. Puis il saisit de nouveau son journal et se plongea dans les statistiques des dernières courses hippiques.

14

Une farandole de bulles s'échappa de sa bouche.

Seule au milieu du grand bassin, Juliette hurla. Elle hurla toute son angoisse, sa peur, sa solitude. Elle hurla jusqu'à ne plus avoir de souffle. Puis elle remonta à l'air libre, avala une grande bouffée d'oxygène et replongea pour crier à nouveau. Sous l'eau, elle ne reconnaissait pas sa voix ; elle lui parvenait de très loin, dans un cri étouffé et sourd.

Elle nagea quelques longueurs sans reprendre son souffle, s'éternisant sous la surface jusqu'à en avoir la tête qui tourne. Elle s'adossa en apnée à l'une des parois de la piscine. Les yeux grands ouverts, elle observait ses jambes aux contours fluctuants. Des cannes de serin sans charme rendues presque translucides. Ses yeux s'attardèrent sur son ventre, encore plat. Pour combien de temps ? Le carrelage aux nuances de bleu contrastait avec la blancheur de sa peau. Son pouls s'accéléra. Son corps réclamait de l'oxygène.

Elle songea qu'il suffirait de rester là quelques minutes encore. S'allonger au fond de l'eau et s'y abandonner. S'oublier dans le liquide. Attendre que sa vue se brouille. Une armée de petits points noirs qui coloniserait bientôt l'espace autour de ses pupilles. Jusqu'à ce que l'eau emporte tout. Juliette, ses vingt-cinq printemps, ses soucis. Et le reste.

Sa tête se mit à tourner. Ses oreilles bourdonnèrent. Elle rejoindrait Mamino. Qui se souciait qu'elle disparaisse ? Elle s'en voulait un peu pour le désordre que cela causerait à l'auberge. Mais ils la remplaceraient, et la vie reprendrait son cours.

Les secondes s'égrenaient doucement. Dans le silence liquide de ce monde sous-marin. Son corps lui hurlait de remonter, de trouver de l'air, quel qu'en soit le moyen. Son cœur pulsait dans sa poitrine comme un général battant le rappel des troupes. Elle résista. Elle pinça ses lèvres un peu plus fort. Elle se sentit partir.

Tout à coup, un coup de sifflet résonna. Juliette se réveilla. Elle poussa sur ses pieds et bondit hors de l'eau. L'air infiltra ses poumons alors qu'elle ouvrait la bouche pour se gorger d'oxygène. Elle lâcha un râle en inspirant profondément. *Une survivante.* Elle partit dans une quinte de toux. Ses yeux la brûlèrent.

Soudain, une voix familière résonna à quelques mètres à peine :

— Non, mais ! Dites-le si je vous gêne ! Et éclaboussez-moi en plus !

Paulette, qui enchaînait depuis un moment les longueurs avec élégance, venait de se faire doubler par un nageur. Tandis qu'elle glissait doucement, ses traits fins embrassant l'eau qui se ridait à peine sur son passage, un homme l'avait dépassée à grand renfort d'éclaboussures. Devant l'absence de réaction du malotru, déjà bien loin, madame Paulette interpella le maître-nageur.

— Jeune homme ! Ne me dites pas que vous êtes payé à ne rien faire ! Je pourrais me noyer depuis dix minutes que vous n'y verriez que du feu ! Cet homme ne cesse de me harceler pour que je nage plus vite ! Et la liberté de chacun, où commence-t-elle ?

Le maître-nageur, intimidé par cette vieille dame qui faisait pourtant à peine un tiers de sa taille, ne sut que répondre. Paulette s'enroula dans un drap de bain et quitta le bassin, non sans avoir accablé le pauvre nageur.

De l'autre côté de la piscine, Marceline et Nour sautaient en rond dans le petit bain.

Monsieur Georges, de l'eau à mi-torse, les guidait dans un cours d'aquagym. Depuis quelques semaines, le vieil homme aux yeux d'azur avait été désigné par les membres de la maisonnée comme leur nouveau professeur de sport. De la natation au tennis en passant par le jogging, il encourageait les troupes à faire de l'exercice. L'idée était venue de Marceline, désireuse de passer plus de temps avec l'octogénaire plutôt bien conservé qui, signe encourageant, ne portait pas d'alliance à la main gauche.

— Maintenant, on lève les bras et on saute… 10… 9… 8… 7…

Marceline, sous son bonnet à fleurs, y mettait beaucoup de bonne volonté. Elle s'agitait dans l'eau, pouffant et soufflant, imitant tant bien que mal les mouvements gracieux de monsieur Georges. Nour, qui partageait avec Léon un amour modéré pour l'eau, se cramponnait au bord. De l'autre côté du bassin, Hippolyte faisait la bombe, heureux comme un enfant qui découvre la mer.

Nour, lasse de jouer les sirènes, chercha Juliette du regard. Celle-ci, immobile, observait la pataugeoire. Elle s'essuya le visage. Il lui semblait que la jeune fille l'évitait depuis quelques jours, disparaissant juste après le service et filant dans sa chambre sitôt la partie de Cluedo terminée. À quand remontait leur dernière discussion ?

Marceline, les joues rouges, interpella la cuisinière :

— Alors Nour ! On n'est pas venues pour barboter ! Du nerf, quoi !

Monsieur Georges les guida dans une nouvelle série d'exercices. Au bout de quelques minutes qui lui semblèrent une éternité, Nour s'écarta, fatiguée de se faire éclabousser par Marceline.

— Continuez sans moi ! J'ai plus de force !

Marceline sourit à monsieur Georges et redoubla d'efforts, s'assurant à chaque nouveau mouvement d'avoir toute l'attention de son professeur. Nour fit un grand signe à Hippolyte de l'autre côté du bassin. Il lui répondit avec enthousiasme avant de disparaître dans l'un des toboggans. Elle sourit.

Nour retrouva bientôt Juliette au hammam. Les yeux dans le vague, elle fixait le sol.

Cette fois en terrain familier, la cuisinière avait pris soin d'apporter un gant de crin et un sachet de savon noir. Dans la touffeur de la petite salle en bois, elle fit signe à Juliette, lui proposant de lui frotter le dos. Juliette, enroulée dans sa serviette, accepta sans conviction.

— Tu as vu comment la Paulette a envoyé promener le maître-nageur ? lança Nour en riant.

Juliette resta silencieuse. Nour lui jeta un coup d'œil inquiet.

— Je te mets un peu d'argile ?

— Non, ça ira, merci Nour.

Juliette se recroquevilla dans un coin du hammam. Son visage disparaissait dans la buée de la pièce. On n'entendait que les gouttes qui tombaient du plafond.

— Alors ma chérie, comment vas-tu ?

La cuisinière l'observait de ses grands yeux doux, aux cils tellement longs qu'ils en frôlaient ses sourcils. Elle était de ces femmes aux bras généreux qui donnent envie de s'y blottir et de ne plus jamais en sortir.

— Ça va.

Nour s'approcha d'elle. La pierre chaude diffusait une chaleur bienvenue dans tout son corps.

— Tu es sûre que tout va bien ?

Soudain, sans qu'elle ait eu le temps de la retenir, une larme roula sur la joue de Juliette. Puis une seconde. Le menton de la jeune fille se mit à trembler. Nour la prit dans ses bras.

— Oh non ! Ma Juliette, que se passe-t-il ?

— …

— Parle-moi, je t'en prie ! Je n'aime pas te voir dans cet état-là.

À présent, Juliette pleurait en silence. Il lui semblait que Nour, tout en douceur, avait crevé une bulle de chagrin qui vivait là, juste sous ses côtes. Les larmes n'en finissaient plus de couler.

— Là… Là… Ça va aller…

Nour l'attira contre elle et la berça doucement.

— Je… commença Juliette avant de se remettre à sangloter.

Puis elle prit une grande inspiration :

— Je vais avoir un bébé.

Un bébé ? Nour crut qu'elle allait tomber à la renverse.

— Hein ? Mais… enfin… comment ?

Elle s'attendait à tout sauf à ça. Les questions se bousculaient dans sa tête. Juliette était-elle prête ? Fallait-il s'en réjouir ? Qui allait s'en occuper ?

— Je ne sais pas, Nour. Je n'en sais rien. Je pense que ça date du mariage de ma cousine quand… enfin… bref, pendant les ponts de mai…

Nour se souvenait que Juliette n'avait pas l'air très en forme au retour de ce week-end.

— Mais ça fait donc déjà… presque trois mois ?

— Oui, c'est ça…

Elles laissèrent passer un silence. Nour observa la silhouette de la jeune fille qui ne trahissait rien encore. À l'idée qu'un petit cœur battait déjà à l'intérieur, celui de Nour se serra.

— Comment te sens-tu ?

— Je ne sais pas trop… Pas très bien je crois…

Une larme roula à nouveau sur sa joue.

— Et le père… ?

Elle sentit Juliette se raidir.

— Pourras-tu le prévenir ? Lui en as-tu parlé ?

Juliette chassa le sujet d'un geste de la main. Nour serra le pendentif qu'elle avait autour du cou. Elle comprit qu'elle n'en saurait pas plus. Et que c'était sûrement mieux comme ça. Après tout, les hommes décevants, elle en avait eu son lot elle aussi. Elle ne put pourtant réprimer son inquiétude à l'idée de voir Juliette, si jeune encore, entamer sa vie de mère sans un homme à ses côtés. Elle prit ses mains dans les siennes et lui embrassa le front.

— Eh bien, c'est Léon qui va être content ! dit-elle. Il est temps que quelqu'un le chahute un peu, celui-là, en lui tirant la queue et les oreilles, c'est moi qui te le dis !

— Nour, je veux que personne ne le sache. Surtout pas monsieur Yvon.

Ses yeux étaient pleins de larmes, son visage pris dans un masque de détresse.

— J'ai besoin de ce travail, tu comprends ?

— Mais…

— Il me reste encore quelques jours pour décider si… si je le garde.

Nour sentit son cœur se remplir de tristesse à son tour. Un chagrin venu du plus profond d'elle-même la submergea. Un chagrin ancien, mais toujours vivace, enterré avec courage et déni, mais qui ressortait aujourd'hui avec une force inattendue. Prise de court, elle serra Juliette contre elle et dissimula ses larmes dans ses cheveux. Elle se mit à chantonner dans sa langue natale :

Ni-ini ya mo-omo
Hata'iteb achè-èna
Ni-ini ya mo-omo...

Elles restèrent enlacées un long moment jusqu'à ce que la chaleur du hammam les submerge, les obligeant, le cœur lourd, à rejoindre les vestiaires.

15

— Monsieur Georges ? J'apporte votre linge !

Juliette toqua une nouvelle fois à la porte. Pressée de se débarrasser de son panier encombrant, elle tourna le bouton et ouvrit d'un coup de fesse énergique. Entre le service au restaurant et l'entretien des chambres, Juliette n'avait pas le temps de s'ennuyer. En échange de son aide, monsieur Yvon la logeait et lui versait un peu d'argent.

C'était bien la première fois qu'elle entrait seule dans la chambre du vieil homme. Tant pis ! Il fallait encore qu'elle passe voir madame Paulette pour lui donner sa bouillotte. Monsieur Yvon avait beau répéter que cela ne faisait pas partie du bail que de satisfaire aux caprices de chaque habitant, Juliette ne savait pas dire non. Et encore moins à madame Paulette.

— Monsieur Georges ?

Juliette parcourut du regard la petite chambre. Tout était impeccable. « Presque trop », pensa-t-elle. Même le gilet en laine abandonné sur le dossier de la chaise semblait avoir été déposé là dans un souci d'harmonie.

Juliette vida le panier à linge et déposa sur la commode quelques paires de chaussettes. L'une d'elles vint rouler à ses pieds. Juliette se baissa pour la ramasser. Sous le bureau, une boîte attira son regard. Elle était calée près du mur, de sorte qu'il était impossible de l'apercevoir à moins de se rapprocher du sol. C'était un carton à chapeau assez large et jauni par le temps. Que pouvait-il y avoir à l'intérieur ? Pourquoi monsieur Georges laisserait-il traîner un chapeau là, comme ça, juste en dessous du bureau où il traitait sa correspondance ?

Elle parcourut à nouveau la chambre du regard. En dehors du lit tiré à quatre épingles, de la minuscule commode et de la petite penderie qui n'aurait certainement pas pu contenir une boîte aussi large, rien ne semblait très adapté pour dissimuler un trésor. Si tant est que cette boîte en contienne un. Après tout, monsieur Georges y entreposait peut-être juste des cassettes VHS ou des chaussettes célibataires.

Elle se glissa sous le bureau et s'en empara.

Soudain, le visage réprobateur de Mamino s'imposa à elle. Ne lui avait-elle pas appris à ne pas mettre son nez dans les affaires des autres ? À toujours garder une distance avec les gens ?

Par « les gens », Mamino entendait aussi et surtout les femmes du quartier qui se retrouvaient pour boire le café l'après-midi. À Juliette qui demandait quand elles retourneraient chez madame Sabatier, qui aimait à gâter la petite fille avec des madeleines fraîches, Mamino répondait :

— Tu sais, Juliette, à se voir trop souvent, on n'a plus rien à se dire et on en vient irrémédiablement à parler des absents. À faire des commérages. Et il ne faut jamais apporter d'eau au moulin des cancans. Que ta parole soit d'or, ma petite fille !

Juliette et Mamino passaient donc la plupart de leur temps seules dans le petit appartement. Ensemble, elles regardaient des documentaires animaliers, jouaient à la crapette et préparaient des gâteaux. Mamino l'avait recueillie enfant, le jour où sa mère avait déclaré forfait à la moitié de sa vie.

Juliette s'apprêtait à reposer la boîte dans le coin, là où elle l'avait trouvée, quand la porte s'ouvrit brusquement.

— Eh bien, jeune fille ! Je vous y prends à fouiller dans la chambre de monsieur Georges !

Juliette, épouvantée, se leva si rapidement qu'elle manqua de tomber à la renverse. Devant elle se dressait Paulette.

— Ce n'est pas ce que vous croyez, madame Paulette ! Je... je suis juste venue déposer le linge de...

La vieille dame en robe de chambre la dominait de toute sa superbe. Ses cheveux blancs et ses joues creusées lui donnaient l'air d'un professeur de ballet. De celles qui vous appuient sur les épaules pour assouplir vos ligaments sans se préoccuper de la douleur.

Elle tapa de sa canne sur le plancher.

— Ta ta ta ! Dépêchez-vous d'aller me chercher ma bouillotte ! Voilà bientôt une heure que je vous attends ! Vous voulez donc que j'attrape la mort ? Allez ! Plus vite que ça ! Monsieur Yvon sera ravi de savoir à quoi vous employez votre temps !

Juliette ouvrit de grands yeux effrayés avant de disparaître en courant dans le couloir. La vieille dame continua de sermonner la jeune fille jusqu'à ce que celle-ci soit suffisamment loin pour ne plus pouvoir l'entendre.

Elle avisa la boîte que Juliette avait abandonnée sous le bureau. Décidément, monsieur Georges savait se rendre intéressant ! Du bout de sa canne, Paulette attira à elle l'objet mystérieux. Elle laissa échapper un gémissement étouffé quand elle se baissa pour la ramasser avant de s'asseoir sur le lit, le carton à chapeau sur les genoux.

Ses doigts déformés par l'âge caressèrent le couvercle poussiéreux. Sur l'avant, en lettres d'imprimerie partiellement effacées, on pouvait lire :

AU BON MARCHÉ
PARIS
MAISON ARISTIDE BOUCICAUT

Une myriade d'images et de souvenirs afflua dans l'esprit de la vieille dame. Le Bon Marché !

Elle se rappelait sa première visite dans le grand magasin. Elle devait avoir dans les quatre ou cinq ans, sa tête n'atteignait pas les comptoirs. Sa mère, inquiète de la perdre dans les dédales de soie, de dentelle et de tissu, la tenait fermement par le poignet. Paulette avait découvert avec ravissement cet empire dédié à la femme moderne.

Son père ne les autorisait à y aller que très rarement – la place d'une femme était à la maison. Ce qui n'avait fait que nourrir la fascination de Paulette pour ce magasin. Les plus jeunes y étaient choyés : distribution de ballons rouges qu'on accrochait au poignet, promenades à dos d'âne, et puis surtout les chromos, ces images qu'on offrait aux « enfants sages » et qui représentaient des bambins en culottes de dentelle ou de velours, cueillant des roses ou déballant des jouets. Paulette avait gardé les siennes très longtemps avant qu'un déménagement ne les disperse.

Ce jour-là, sa mère était venue faire l'acquisition d'un manchon – Paulette pouvait encore sentir la fourrure sous ses doigts enfantins. Elle se rappela aussi l'arrestation musclée de cette femme qui avait volé une babiole – était-ce une paire de bas ? L'avènement du grand magasin avait favorisé l'émergence d'une nouvelle catégorie de cleptomanes.

Paulette souleva délicatement le couvercle de la boîte. À l'intérieur, en vrac, se mélangeaient quelques dizaines de lettres manuscrites. Elle haussa un sourcil de satisfaction.

Les lettres étaient toutes du même auteur – on reconnaissait facilement l'écriture penchée et un peu maladive qui courait d'une missive à l'autre. L'encre était décolorée. Certaines lettres incluaient des croquis. Ici une maison fleurie, là une avenue parisienne, un peu plus loin le pont d'un navire.

Elle glissa sa main au fond de la boîte sans trouver aucune trace d'une enveloppe permettant d'en identifier le destinataire ou l'expéditeur. La vieille dame chaussa les lunettes qui pendaient à son cou. Elle parcourut quelques lettres au hasard. Les dates se croisaient sans logique apparente. Maniaque, elle entreprit de les classer afin d'y voir plus clair. La correspondance s'étalait entre 1953 et 1955.

Paulette, qui selon elle avait perdu bien trop d'années de sa vie à obéir aux règles de bienséance, fourra quelques feuillets dans sa poche. Étant donné l'état poussiéreux de la boîte, il y avait fort à parier que monsieur Georges ne l'ouvrait pas tous les jours. Puis, du bout du pied, elle poussa le carton sous le bureau. Elle referma la porte de la chambre du vieil homme et se retira dans la sienne.

Quelques instants plus tard, Juliette, le cœur battant et une bouillotte à la main, remonta le couloir à toute allure, manquant de renverser Marceline. Surprise, celle-ci serra un peu plus son kimono sur son décolleté pigeonnant.

— Oh ! Juliette ! Monsieur Georges n'est pas là ? demanda-t-elle, confuse.

— Non, pas encore rentré ! lui lâcha Juliette avant de repartir d'un pas vif vers l'antre du dragon à dentelles.

— Juliette ! appela ce dernier de l'autre bout du couloir.

Juliette s'excusa et tira les rideaux, une boule dans la gorge. Elle tremblait. Et si madame Paulette la dénonçait à monsieur Yvon ? C'en serait fini de son travail de serveuse et elle se retrouverait à la rue !

Juliette, de nature inquiète, voyait le monde comme une menace obscure. Elle avait arrêté l'école avant le bac et ne gardait des jeunes de sa génération que des souvenirs de brimades et d'humiliations. Elle qui s'habillait avec les vêtements de Mamino et n'avait jamais entendu parler des chanteurs ou des films à la mode passait pour un OVNI. C'était comme si elle se rendait en classe avec un écriteau autour du cou la désignant comme la cible idéale des moqueries. Elle préférait de loin la compagnie des personnes âgées et la routine du restaurant ; Juliette s'oubliait un peu en prenant soin des autres, et ça lui allait bien. Où allait-elle retrouver une place comme celle-là ?

Paulette se glissa dans les draps, la bouillotte au creux des reins. Juliette rabattit la courtepointe, éteignit la petite lampe de chevet à franges et lui souhaita bonne nuit. Elle s'arrêta sur le pas de la porte.

— Madame Paulette, par rapport à tout à l'heure, je…

— Fichez-moi le camp !

— Mais c'est que je n'avais pas l'intention de…

— Ouste, j'ai dit ! Disparaissez !

Juliette s'exécuta.

La vieille dame attendit que les pas de la jeune fille s'éloignent dans les étages avant de tendre ses doigts fins vers la lampe. Elle se redressa péniblement sur son oreiller et ouvrit le tiroir de la table de chevet. Un sourire aux lèvres, elle frémit d'excitation en dépliant la première lettre.

16

En mer, le 20 février 1953

Ma Gloria,

Déjà deux jours de traversée – je me décide enfin à t'écrire. Je ne sais pas quand tu auras cette lettre. Je ne sais plus quoi penser.

Je préfère ne pas parler de cette dernière nuit passée à New York. Tout ce que je peux te dire c'est que la nuit fut longue, mais bien trop courte encore – je craignais plus que toute autre chose que le soleil se lève sans un mot de ta part.

J'ai pensé à rester – au diable mon père et ses sermons ! –, mais tu sais que le cœur d'un garçon est faible avec sa mère. Je l'ai imaginée seule et souffrante dans notre appartement à Paris, attendant que je la rejoigne. Je me suis dit que tu me retrouverais au port.

J'avais ton billet sur moi.

Je t'ai attendue, Gloria.

Je t'ai attendue au point presque de manquer le bateau moi-même. N'eût été ce matelot qui m'a crié de monter alors qu'il larguait les amarres, je serais encore là-bas, sur le quai, à espérer ta venue.

Que s'est-il passé, mon cœur ?

Je sais au fond de moi que tu vas me rejoindre. Il n'y a plus rien là-bas pour toi si je n'y suis pas. Ce sont tes mots, n'est-ce pas ?

Me voilà dans ma cabine pour écrire la suite de cette lettre. Sur le pont, mes doigts gèlent. Ce navire est froid et austère. De l'aluminium partout, pas une once de bois pour se réchauffer le cœur. Le bois m'évoquera toujours celui de la scène. Tes souliers fins et tes longues jambes qui glissent en arc de cercle. Tiens ! Voilà que je me réchauffe !

Ici, pas de bois. Le commandant aurait trop peur que son Big U *prenne feu. Quelqu'un me disait que pour prouver son fait, il a craqué hier une allumette sur une couverture, démontrant à tous les journalistes que son transatlantique était le plus sûr du monde. Bah ! Si mon cœur pouvait s'épancher, nous aurions tôt fait de sombrer dans les flammes comme le* Titanic *le fit dans la glace.*

Je souffre, Gloria. J'ai mal. Physiquement. Aux bras qui t'ont serrée si fort, aux jambes qui ont porté nos pas dans les rues de Manhattan, à nos mains qui se caressaient à l'arrière des taxis. À la bouche qui a ri si souvent avec toi. Aux yeux qui ont peur déjà d'oublier ton visage. Tout ici me fait penser à toi. Même ces deux grosses cheminées rouges à

manchettes bleu et blanc. Je te vois dans cette scène
où tu portais un costume de marin…

Que tu es belle, Gloria !

Dès mon arrivée, je te ferai envoyer un nouveau
billet. Et tu me retrouveras. Je sais que tu le feras.
Je vais te laisser, car le déjeuner sera bientôt servi.
Écris-moi bien vite à Paris et rassure-moi.

Je t'embrasse comme je t'aime, avec folie.

Le passage suivant était raturé. Paulette se pencha
pour déchiffrer les mots que l'auteur avait voulu dissimuler. Car ce sont toujours les ratures qu'on préfère
dans les écrits des autres, n'est-ce pas ? Connaître ce
que le cœur voulut dire que la raison ne permit pas.

Elle colla son nez au papier, en vain.

Ça se résumait donc à ça ? Une lettre à l'eau de
rose d'un amoureux éconduit, dégoulinante de bons
sentiments ? Monsieur Georges en était-il l'auteur ?
Elle n'avait pas de mal à l'imaginer, jeune, la main
sur le cœur, déclarant sa flamme à la première danseuse venue. Une danseuse américaine ! Il fallait bien
reconnaître que c'était exotique.

Sans qu'elle sache pourquoi, une colère sourde
envahit son ventre. Que de temps perdu avec ces
foutaises ! Des frites, des vaches, et maintenant des
lettres d'amour qui lui donnaient la nausée. Si ce
n'était pas ridicule !

Elle fourra vivement la lettre dans le tiroir de la
table de chevet et croisa les bras dans son lit. Déjà
quinze jours qu'elle était là, et toujours aucune nouvelle de son fils ! Et si c'était monsieur Yvon qui la

retenait ici ? Il n'avait peut-être passé aucun coup de fil, se contentant de la garder prisonnière et d'encaisser le loyer ?

Paulette était comme un lion en cage.

Si seulement elle avait un de ces téléphones portables. Pour Dieu sait quelle raison, Philippe changeait tout le temps de numéro et elle avait renoncé à en mémoriser les chiffres, s'en remettant à son vieux répertoire.

Elle attrapa sa robe de chambre, se glissa dans ses pantoufles aussi vite qu'elle le put et descendit au rez-de-chaussée. En bas, monsieur Yvon, seul dans son fauteuil, fumait la pipe.

— Avez-vous des nouvelles de mon fils ? lança-t-elle sans préambule.

Monsieur Yvon se retourna.

— Bonsoir madame Paulette. Non, je suis navré, j'ai laissé plusieurs messages, mais il n'a pas rappelé. J'imagine qu'il ne doit pas consulter son téléphone souvent en Afrique…

— Tu parles ! Vous êtes bien sûr de l'avoir appelé au moins ?

Monsieur Yvon soupira et se leva, peu désireux d'avoir cette conversation en se tordant le cou.

— Madame Paulette, je vous promets que…

— Je me fiche de vos promesses, vous entendez ? Je me fiche de vos promesses comme de vos pommes de terre frites, de vos limaces et de vos laitues. De vos fichues parties de Cluedo, des courgettes de la cuisinière et des cours de sport de monsieur Georges ! Je m'en contrefiche !

— Madame Paulette, calmez…

— Et ne me dites pas ce que je dois faire !
Donnez-moi ce numéro et je me charge de l'appeler !
Tout ! Il faut toujours tout faire soi-même !

Monsieur Yvon la dévisagea, surpris de tant de
verve. Puis il se glissa derrière le comptoir et recopia
sur un bout de papier le numéro de téléphone de son
fils.

Paulette le lui arracha des mains avant de remonter
dans ses pénates.

Sa canne résonna dans les escaliers en écho aux
battements de son cœur. Elle prit appui sur la rampe
et monta péniblement les dernières marches. Elle
n'avait pas atteint sa chambre que la porte de l'auberge claqua.

Un homme d'une soixantaine d'années aux traits
épais et à la chevalière aussi proéminente que son nez
entra d'un pas lourd. La manche de sa veste en cuir
élimée laissait entrevoir le début d'un tatouage.

— Le bar est fermé, monsieur…

L'homme ignora l'information et s'approcha du
comptoir à pas lents. Il se hissa sur l'un des tabourets
en métal et fixa monsieur Yvon d'un œil amusé. Sans
le quitter des yeux, il sortit de sa poche un cigare. Il
prit le temps de l'allumer. Puis il le téta deux ou trois
fois avant de cracher une large volute de fumée.

Après un silence, il lâcha :

— Vous avez de la chance, vous savez.

Monsieur Yvon sentit le vent tourner. Sans bien
savoir pourquoi, il jeta un œil à l'horloge.

— Je vous ai dit que le bar était fermé, insista-t-il de sa grosse voix.

Il se dirigea vers le comptoir et se posta derrière la caisse. L'homme le suivit des yeux.

— Je prendrai une bière. Quand c'est proposé si gentiment…

— Qui êtes-vous ?

— Votre meilleur allié. Même si vous ne semblez pas vous en apercevoir.

Il parlait lentement en détachant chaque syllabe.

— Qu'est-ce que vous voulez ?

— Vous aider, bien sûr.

Monsieur Yvon laissa passer un silence. Son cœur battait à s'en décrocher la poitrine. Fallait-il appeler la police ?

L'intrus attrapa un verre et y déposa quelques cendres.

— Les affaires vont bien ? demanda-t-il sans prendre la peine de lever le regard.

Sa voix était chargée en nicotine. Il se racla la gorge et cracha par terre.

— Je n'ai pas d'argent.

Pour se donner une contenance, monsieur Yvon se résigna à lui servir une bière. L'homme à la chevalière découvrit une rangée de dents jaunes et désordonnées. Il avala une grande gorgée et reposa le verre sur son sous-bock.

— C'est une charmante petite auberge que vous avez là. Un peu isolée, mais plutôt accueillante…

Le rictus qui lui servait de sourire disparut tout à coup.

107

— Vous savez, je ne suis pas de nature très patiente.

Monsieur Yvon se tourna pour remettre sur l'étagère les verres encore bouillants, tout juste sortis du lave-vaisselle. Il tremblait légèrement. En trente ans de métier, il n'avait jamais eu affaire à un homme comme celui-là. À des bavards, des ivrognes, des mauvais payeurs, mais jamais à un homme dont on pouvait dire sans trop se tromper qu'il était dangereux.

Y avait-il un rapport avec les lettres qu'il avait reçues récemment ? Sous le comptoir, monsieur Yvon aperçut un couteau à viande. Il était prêt à s'en servir si nécessaire.

— Qu'est-ce que vous attendez de moi ? Je n'ai rien à vous donner. Et surtout, je n'ai rien à cacher.

L'homme le fixa, un demi-sourire amusé au coin de ses lèvres gercées. Monsieur Yvon, mal à l'aise de ce silence, déglutit péniblement.

— C'était sympa de discuter avec vous, lança l'inconnu en se levant. Je repasserai quand vous aurez réfléchi à tout ça.

Il abandonna sa bière à moitié entamée sur le comptoir. Lorsqu'il se leva, monsieur Yvon crut distinguer une arme sous sa veste.

— Mes amitiés à Nour, siffla l'homme, le dos tourné.

Il se dirigea vers la porte d'un pas très lent. Avant de franchir le seuil, il noya son cigare dans l'un des petits vases qui décoraient les tables. La porte vitrée de l'auberge se referma dans un chuintement. Quelques instants après, une voiture démarra.

Le sang de monsieur Yvon eût-il été davantage chargé en œstrogènes qu'il eût cédé à quelques larmes de colère et de désespoir. À la place, son cœur s'accéléra et son taux de testostérone augmenta. Son poing serré s'abattit sur le bar, incitant Léon, qui arrivait du jardin, à rebrousser chemin.

Dans l'escalier, Paulette n'osait pas bouger. Le dos collé au mur de sorte qu'on ne puisse pas la voir, elle n'avait pas manqué un mot de l'échange entre les deux hommes. De toute évidence, monsieur Yvon était dans de sales draps. Et même si sa curiosité lui hurlait de chercher à en savoir davantage, sa prudence lui soufflait de garder ses distances pour cette fois. Et par « garder ses distances », Paulette entendait : mettre les voiles au plus vite pour les Hauts-de-Gassan.

Monsieur Yvon ferma la porte à double tour et éteignit les lumières.

17

Le soir tombait sur l'auberge.

Une rosée bienvenue perla bientôt sur les plantes. Assis dans le jardin, monsieur Yvon fixait le ciel d'un air songeur. Son cœur battait encore à un rythme soutenu sans qu'il puisse le mettre au pas. Quand le monde était-il devenu si compliqué ? Il se souvenait de son père, servant des pommes de terre frites comme son grand-père auparavant, l'été en terrasse, l'hiver au coin du feu. Il accueillait les clients par leur prénom, avec son sourire de travers et une coupelle d'olives vertes. En ce temps-là, personne ne venait vous menacer chez vous pour une poignée de billets !

Il interrogea son père, en quête d'un signe de sa part. Que fallait-il faire ? Les étoiles le fixaient en silence. Qu'aurait fait Roland à sa place ? Le ciel de monsieur Yvon était peuplé d'étoiles bienveillantes, parties trop tôt.

Monsieur Yvon se rappela les années tendres où, avec son jumeau, ils faisaient de la planche à roulettes sur les mains pour impressionner les filles du quartier. Puis les verres de limonade, à l'ombre des tilleuls. La taille fine de leurs admiratrices, qui buvaient leurs récits d'aventuriers. Les soirées où on jouait aux cartes et où Roland et lui raflaient toujours la mise. Leur complicité valait tous les stratagèmes et un seul regard leur permettait de remporter n'importe quelle partie.

Une vague de nostalgie le submergea. On reconnaît le bonheur au bruit qu'il fait en claquant la porte, c'est ce qu'on dit, n'est-ce pas ? Glissant sa main dans sa gabardine, il en tira sa pipe qu'il fourragea lentement. C'est le moment que choisit Nour pour le rejoindre, une tisane au creux des mains. Elle s'assit sans bruit.

Le visage du patron était fermé, ses traits tirés. Ses mâchoires se contractaient à intervalles réguliers.

— Tout va bien ? glissa-t-elle doucement.

Monsieur Yvon ne cilla pas, concentré sur l'obscurité qui déjà recouvrait les champs au loin. Les contours de leurs silhouettes se faisaient plus flous. Seuls les yeux vairons de monsieur Yvon luisaient dans la pénombre ; deux petites billes brillantes et de tailles inégales.

Elle s'apprêtait à lui souhaiter bonne nuit quand monsieur Yvon brisa le silence :

— Faut arroser la menthe. Elle a soif.

Nour opina du chef. Un chien aboya au loin.

— Foutue journée… lâcha monsieur Yvon en secouant la tête de droite à gauche.

Il se leva et saisit le tuyau d'arrosage. L'eau fraîche éclaboussa le petit potager. Une odeur de terre mouillée monta dans l'air du soir. Monsieur Yvon arrosa les plants d'aromates un à un. Un parfum gourmand de menthe mêlée de basilic chatouilla le nez de la cuisinière.

Monsieur Yvon désaltéra le pied de lilas, les deux pommiers, le mimosa. Et termina par le poirier qu'il gardait toujours pour la fin. Le bruit cristallin de l'eau, assourdi par la terre qui gicle et s'abreuve, le ramenait à l'origine de l'Homme. Combien de générations avant lui avaient arrosé en silence leurs plants, s'abandonnant à la contemplation de la nature ? Ce geste doux et rassurant, effectué dans l'intimité du soir, portait en lui la promesse de jours meilleurs. Pourtant, cette fois-ci, la pureté de l'instant ne réussit pas à chasser les démons qui peuplaient l'esprit du jardinier.

Nour, coutumière de ce rituel, l'observait en silence. Le patron lui semblait si fragile. Le dos voûté, attentif à rendre ses végétaux heureux comme si tout le reste n'avait plus d'importance. Mais elle le connaissait trop bien pour ne pas percevoir la détresse qui l'accompagnait ce soir. Elle sentit son ventre se nouer.

Tel un charmeur de serpents, monsieur Yvon enroula avec soin le tuyau sur sa base. Puis il se laissa retomber sur sa chaise. Une lassitude palpable alourdissait ses mouvements.

Ils restèrent ainsi un long moment à regarder le ciel. Sans bruit. Leur ouïe eût-elle été aussi fine que celle de Léon qu'ils eussent pu entendre les étoiles chuchoter au loin.

— Monsieur Yvon, lâcha-t-elle soudain, je sais qui est l'auteur des cambriolages de l'armoire à desserts. Et ça ne va pas vous plaire.

Monsieur Yvon se redressa, les sourcils froncés.

Il sortit la pipe de sa bouche.

— Qui ? Qui est-ce ?

Nour le fixa sans répondre.

— Les petits de la Mireille ? Le fils de Violaine Parmentier ? Les petits de la Mireille ! Ah ! J'en étais sûr ! Je vais m'en…

Nour l'arrêta.

— Non, monsieur Yvon. C'est vous.

Il la regarda comme si elle avait perdu la raison.

— Comment ça : « C'est vous » ?

— Vous faites des crises de somnambulisme. Ça vous était déjà arrivé auparavant ?

Il se caressa la moustache, perplexe.

— Non, non, pas que je sache, enfin peut-être étant enfant, mais ça remonte à loin…

— Monsieur Yvon, est-ce que quelque chose vous tracasse ?

Il soupira. Une chouette hulula dans le lointain. Un grillon lui répondit.

— On commence à se connaître un peu, dit Nour. On n'est pas toujours d'accord sur les légumes à mettre au menu, mais…

— Nour, je ne pense pas qu'il faille que je vous implique dans tout ça.

Nour feignit d'ignorer le ton ferme de monsieur Yvon.

— Qui vous écrit ces lettres que vous vous obstinez à cacher ?

Monsieur Yvon tressaillit. Les secrets ne le restaient jamais longtemps dans ce village minuscule. Il tira lentement sur sa pipe avant de soupirer de nouveau.

— Je n'en ai aucune idée… Tout ce que je sais c'est que lui vous connaît. Il prétend savoir des choses sur votre passé que nous n'aurions pas intérêt à laisser s'ébruiter.

Nour ne respirait plus. Son cœur battait à tout rompre.

— Écoutez, Nour… reprit-il. Je ne veux pas me mêler de ce qui ne me regarde pas. L'auberge a besoin de vous et je veux que vous sachiez que je suis là pour vous…

— Il vous demande de l'argent, c'est ça ?

— Oui.

— Beaucoup d'argent ?

— Je crois qu'on peut dire ça, oui.

Nour déglutit péniblement.

— Pour tout vous dire, j'aurais déjà payé cet homme si les caisses de l'auberge étaient un peu plus remplies, dit monsieur Yvon.

— Oh ! Monsieur Yvon ! gémit Nour.

Un gouffre venait de s'ouvrir sous ses pieds. Elle le regardait, avachi sur la chaise de jardin, lui d'habitude si grand, soudain si fragile, au milieu de ce petit monde de chlorophylle. Elle se surprit à craindre pour lui davantage que pour elle-même.

Elle prit son courage à deux mains.

114

— Monsieur Yvon, je vous dois une explication…
Voilà, je… Je ne sais pas trop par où commencer…
Peut-être par la fin. Vous vous souvenez quand je
suis venue pour l'annonce ? Quand vous cherchiez
une nouvelle cuisinière ?

— Oui, bien sûr… Ça fait un bail. C'était juste
avant l'arrivée d'Hippolyte. Il avait fait très froid cet
hiver-là, les jonquilles…

Il ne prit pas la peine de finir sa phrase.

— Voilà… Eh bien ce jour-là vous m'avez sauvé
la vie. On… Enfin je venais de quitter mon mari.
Un homme violent. Physiquement et moralement.
Un jour j'étais la plus belle, il me couvrait de bijoux,
de compliments, adorait ma cuisine et la couleur
de mes yeux. Le lendemain, eh bien… il me déni-
grait devant nos amis et m'insultait devant ma mère.
La veille de mon départ, sous prétexte que la table
n'était pas mise à son retour du travail, il m'a jeté
au visage une poêle pleine d'huile bouillante. J'ai
réussi à protéger mes yeux, mais mes bras en gardent
encore la trace.

Elle resserra son chandail sur sa poitrine. Monsieur
Yvon remarqua qu'elle tremblait.

— Pour plein de mauvaises raisons, je suis restée
longtemps en espérant qu'il change. Et puis un jour,
j'ai décidé de partir. Je n'avais plus le choix.

Elle laissa passer un silence.

— Mais là d'où je viens – au pays, je veux dire –,
c'est un homme puissant. Il connaît beaucoup de
monde. Je savais qu'il ne laisserait jamais tomber. Je
me doutais qu'il me chercherait. Et si je suis encore là

pour en parler, c'est parce que vous, monsieur Yvon, vous avez accepté de me faire confiance. L'auberge était suffisamment discrète. Un village qui compte plus de vaches que d'habitants… Qui allait venir me chercher ici ? J'ai changé de nom, de coiffure. Et je me suis faite petite. Enfin… C'est ce que je pensais.

Elle frissonna. Monsieur Yvon posa une main sur son épaule. Il ne savait pas quoi dire. Et puis en fait, si, il savait.

— Nour, cet argent, on va le trouver. On va le donner à cet homme pour le faire taire. Et ensuite on oubliera tout ça.

Du regard, monsieur Yvon la priait d'accepter. Pour mettre tout ça derrière eux. Pour se dire que l'insouciance était encore possible. Pour vivre, enfin.

Nour savait que rien n'était jamais aussi simple. Mais ce soir, sous les branches du poirier qui cachaient les étoiles, elle décida de croire monsieur Yvon et sa joue immobile.

— Tout ce qu'il nous faut, c'est des idées, Nour. Des idées lucratives.

Il sourit à demi et lui prit la main.

Le cœur de Nour s'emplit de gratitude. Elle priait chaque soir pour cet homme qui lui avait sauvé la vie. Même quand ils s'accrochaient sur une histoire de courgettes ou de pommes de terre frites. Elle remercia à nouveau le ciel de l'avoir mis sur son chemin.

Un miaulement se fit entendre dans l'obscurité.

— Je crois que Léon attend son lait du soir…

— Bonne nuit Nour.

— Bonne nuit monsieur Yvon. Et merci.

Monsieur Yvon resta un moment dans le noir à écouter les insectes. D'habitude il parlait aux limaces. Il les menaçait gentiment de les mettre au menu si elles s'attaquaient aux laitues. Mais ce soir, le cœur n'y était pas.

18

Le soleil se leva enfin.

Paulette tournait dans son lit depuis déjà deux heures. La faute à ces fichues crises d'insomnie. Elle piquait du nez après le déjeuner, mais ne parvenait pas à trouver le sommeil la nuit. Qu'on ne vienne pas lui parler de l'air bienfaisant de la campagne !

Elle sortit de son lit et entrouvrit les volets. L'air frais du matin la revigora. Un oiseau chanta. Elle regarda la lumière dorée caresser doucement les prés alentour. Après presque trois semaines passées ici, le paysage lui était familier. La route qui serpentait entre les champs de blé et de colza. Le clocher du village voisin qu'on devinait un peu plus loin. Et les vaches qui paissaient sans bruit, ruminant l'herbe sèche, le regard vide.

Elle jeta un œil à sa montre. Un bracelet en or que Philippe lui avait offert avec sa première paie. Il était encore trop tôt pour appeler les Hauts-de-Gassan. Elle retourna sous les draps et posa ses lunettes sur son nez.

La veille, profitant à nouveau de l'absence de monsieur Georges, elle avait dérobé quelques lettres dans la boîte à chapeau. Elle profita qu'un rayon de soleil s'aventurait dans la chambre pour les sortir du tiroir où elle les gardait.

Elle s'assit, bien calée contre l'oreiller, et commença sa lecture.

Paris, le 1er mars 1953

Ma darling,

Je t'écris le cœur lourd ce matin. Maman est morte.

Je sais bien que tu ne la connaissais pas, et je ne suis pas bien sûr de l'avoir connue moi-même. Et pourtant je pleure à chaque fois que j'évoque son nom. Je pleure comme un enfant et ne sais te dire combien ta présence adoucirait ma peine. J'ai réalisé que cela faisait un an jour pour jour que j'avais fait ta connaissance. Et Maman qui nous quitte.

Mon père, tout comme moi, est inconsolable. Il s'enferme dans son bureau et n'en sort même pas pour dîner. Quant à moi, je ne pense qu'à toi entre deux sanglots. À tes bras qui m'enlacent à distance. À toutes ces femmes qui m'aiment, et que j'aime, et qui ont déserté ma vie. Que fais-tu en ce moment ? Penses-tu à moi ?

Chaque fois que je confie une de mes lettres à Jean, je le prie de l'envoyer bien vite. C'est un vieil homme, il a des principes – il est au service de notre famille depuis que mon père est enfant. Je suis sûr qu'il te plairait.

Je reste plein d'espoir, guettant chaque matin la venue du facteur. Le bénissant chaque fois que son crâne dégarni apparaît derrière la haie, le maudissant tout autant quand il repart avec sa besace, sans un mot de toi pour moi.

Écris-moi, je t'en supplie. Même une enveloppe vide fera l'affaire. J'y humerai ton odeur, je chérirai cet envoi depuis l'autre bout du monde ! Dis-moi que tu vas bien. Dis-moi que nous deux existe encore pour toi. Dis-moi que je ne suis pas seul.

Parfois je mets la musique bien fort, des disques de jazz que j'ai pris soin d'emporter dans ma valise. Et je danse. Je danse en pensant à toi. Aujourd'hui j'ai le cœur plein de blues. Te souviens-tu de cet homme aux dents d'or qui nous avait fait pleurer dans ce bar enfumé du West Village ? Well worries and trouble darling, babe you know I've had my share…

M'écriras-tu bientôt ?

Tout à toi, et le cœur bleu…

Paulette grimaça. Elle n'aimait pas le blues. Et les trémolos qu'elle percevait dans la lettre encore moins. Un peu de dignité enfin !

Monsieur Georges avait donc quitté New York et son amour de danseuse pour courir au chevet de sa mère. Bien lui en avait pris car, au vu des dates, celle-ci n'avait pas survécu longtemps à la maladie.

Paulette eut une pensée pour sa propre mère, décédée dans l'indifférence paternelle la plus totale.

Monsieur Georges devait venir d'une famille aisée pour avoir un homme à son service – était-ce un majordome ? Elle soupira. À quoi en était-elle réduite ? Des enquêtes fleur bleue, tout juste bonnes à figurer dans la Bibliothèque Rose !

Dehors, un bourdon passa dans un vrombissement bruyant. Il s'attarda dans les glaïeuls avant de reprendre sa route. Sans doute était-il à la recherche de son petit déjeuner. Elle songea elle-même à descendre prendre un thé. En bas, monsieur Yvon s'affairait déjà à la mise en place des tables.

La curiosité l'emporta. Elle ne parvenait toujours pas à comprendre pourquoi monsieur Georges avait gardé ces lettres en sa possession. Pourquoi n'étaient-elles pas signées ? Et comment un homme qui avait grandi avec un majordome se retrouvait-il à finir sa vie dans ce trou de campagne avec pour seul bien une boîte à chapeau remplie de feuillets oubliés ?

Elle saisit une troisième lettre.

Le cap Brun, le 4 avril 1953

Mon soleil, ma nuit,

Toujours sans nouvelles de toi.

Je sais que les lettres mettent du temps à te parvenir. Ou peut-être est-ce lui qui t'en prive ? J'ai des frissons rien qu'à cette idée. J'espère que tu te tiens à tes résolutions et que tu ne lui parles plus

que pour accorder vos pas… Allons ! Je sais que tu
n'aimes pas quand je me montre jaloux. Je t'aime
trop pour ça.

L'enterrement de Maman a eu lieu dans notre
maison de famille. Elle repose désormais sous un oli-
vier et peut observer à loisir l'horizon bleu qu'elle
aimait tant. Je t'écris depuis la plage, dans un rayon
de soleil. Il fait bon pour la saison. Je passais mes
étés ici étant enfant. C'est une maison à un étage,
aux volets vert amande, et recouverte de bougainvil-
liers. Sais-tu ce qu'est un bougainvillier ? Je te vois
froncer les sourcils depuis mon banc de sable ! Ton
français est excellent, je le sais, mais dans le doute je
te joins un croquis que j'ai dessiné pour toi. Et pour
être bien sûr que tu comprennes, je t'y emmènerai
l'été prochain.

J'ai vidé le placard des affaires de Maman. Cela
m'a pris du temps tant il m'est difficile de me sépa-
rer de ses objets. Je sens son parfum sur chaque vête-
ment, et je m'y love comme un enfant, noyant mon
chagrin dans du vin de Provence. Tu aurais de la
peine en me voyant.

Mon père aimait à gâter ma mère plus que de rai-
son – t'ai-je dit à quel point il l'aimait ? –, mais elle,
si discrète toujours, et inquiète d'abîmer les den-
telles, fourrures et autres capelines qu'il lui rappor-
tait de voyage, préférait les garder dans leurs boîtes
en attendant un jour opportun pour les porter… Eh
bien ce jour, c'était hier. Comme c'est triste, hein ?
Elle avait l'air d'une reine. Je lui ai mis sa plus belle
robe, le collier de perles que lui avait offert Papa

pour leur mariage. Et puis ces escarpins qu'elle n'a jamais portés. Tu vois, Gloria, la vie c'est profiter du voyage sans se soucier de la destination. Ce n'est pas attendre que l'orage s'arrête, mais apprendre à danser sous la pluie. Comme c'est facile à dire, hein ?

J'ai mis de côté un de ses chapeaux. Il m'a fait penser à toi, mon amour. Il a de l'allure et de la couleur ! C'est tout ce que je peux t'en dire, car je n'y connais pas grand-chose. J'espère qu'il te plaira. Il me tarde de te voir le porter.

Ma lettre est plus longue que je ne l'aurais souhaité. Tu vois comme nos discussions me manquent. Je prie pour que, quand tu liras ces mots, je sois moi aussi en train de lire les tiens.

Je t'embrasse, le cœur lourd, mais toujours plein de toi.

Paulette observa le dessin qui accompagnait le texte. Un croquis à l'encre noire que l'auteur avait réalisé avec soin. Les bougainvilliers étaient la seule touche de couleur : quelques larmes d'aquarelle mouraient sur les fleurs. Une flèche désignait les massifs et leur nom figurait à côté. Dans la marge, le dessin d'un chapeau à large bord.

Paulette s'interrogea sur cet homme néfaste dont il était fait mention dans la lettre. Sous les ratures, monsieur Georges disait lui vouer de la haine. Qui était-il ? Un frère ? Un époux ? Un amant éconduit ? De toute évidence, il avait sa part de responsabilité dans cette histoire malheureuse. Était-ce pour lui échapper que les lettres n'étaient pas signées ? Mais comment expliquer qu'elles aient été restituées à monsieur Georges ? Fallait-il en déduire qu'il n'en était pas l'auteur ?

Elle n'y comprenait plus rien.

Voyant l'heure qu'il était, elle se décida à appeler la résidence du sud de la France pour s'assurer qu'on l'y attendait toujours. Philippe devait rentrer bientôt de vacances. Il lui sembla que ce voyage avait duré une éternité. Qu'on ne s'étonne pas de l'état de la France quand on voyait la quantité de congés payés qu'on y donnait ! Peu importait : Paulette avait tout prévu. Cette fois, elle ne laissait plus rien au hasard, dût-il lui en coûter la totalité de ses économies.

Son estomac gargouilla. Elle pensa avec aigreur au Domaine des Hauts-de-Gassan où, depuis l'aube, un chef devait s'activer en cuisine pour préparer un petit déjeuner gastronomique à ses convives. Elle se figura Marceline qui trempait chaque matin sa tartine beurrée dans son bol de Ricoré et saisit vigoureusement le téléphone. Cette comédie champêtre avait assez duré.

Elle composa le numéro. Au bout du fil, on décrocha presque aussitôt.

— Les Hauts-de-Gassan, bonjour.

Paulette reconnut la voix chantante qu'elle avait eue au téléphone la fois précédente.

— Bonjour, mademoiselle, je vous appelle pour m'assurer que vous avez bien reçu mon chèque d'acompte. Pour la suite Azalée. Je suis madame Mercier.

— Bonjour, madame Mercier, comment allez-vous ?

La jeune femme laissa passer un silence, le temps de consulter son ordinateur.

— Ah oui ! Vous faites bien de nous appeler. Nous vous avons confirmé la réception de votre chèque par courrier. Vous n'avez rien reçu ?

— Non. Enfin si ! Si !

L'enveloppe était probablement en train de l'attendre dans la boîte aux lettres de Philippe.

— Quand pensez-vous nous rejoindre ? La chambre est à votre disposition.

— Très bientôt !

— Comme nous vous le disions, nous avons besoin de recevoir votre premier règlement avant la fin du mois. La chambre est à vous, même si vous ne l'occupez pas et…

Paulette s'emporta :

— Encore un chèque ? Mais vous plaisantez !

La jeune femme reprit calmement :

— Ce sont malheureusement les règles de notre institution. Nous avons d'autres personnes sur la liste d'attente et…

— C'est bon, j'ai compris, ne vous fatiguez pas. Et combien vous faut-il cette fois ?

À l'énoncé du montant, Paulette se laissa tomber sur le lit.

Elle raccrocha rapidement et composa le numéro de Philippe dans la foulée. Son appel fut immédiatement transféré vers la messagerie. Paulette attrapa un mouchoir et, sitôt après le bip, se moucha bruyamment dans le combiné.

— Philippe…

Sa voix était faible et pleine de larmes.

— Philippe, c'est moi, c'est Maman. Je…

Elle accusa un hoquet.

— Philippe, il faut que tu viennes me chercher au plus vite. Je vis les heures les plus affreuses de ma vie. Je ne sais pas… Je ne sais pas combien de temps encore je vais pouvoir tenir… Philippe, je t'en supplie, si tu tiens un tant soit peu à ta mère, rappelle-moi.

Elle raccrocha en étouffant un sanglot. Puis elle se redressa et se débarrassa de son mouchoir. À quoi en était-elle réduite ! Elle y laisserait toute sa fierté ! Avec un message pareil, il allait forcément la rappeler. Bien plus efficace qu'un énième coup de fil de monsieur Yvon.

En attendant, il fallait qu'elle s'occupe au plus vite de ce chèque. Hors de question que la suite Azalée lui passe sous le nez ! Où allait-elle trouver une telle somme ? Ses yeux parcoururent la chambre avant de se poser sur l'édredon. Sous ses yeux, l'écriture penchée et féminine de monsieur Georges se répandait en mots doux.

Paulette se redressa. Elle venait d'avoir une idée.

19

Paulette commanda un café à la patronne du troquet. Sa voix s'égara entre le comptoir et le percolateur.

Au fond de la salle, monsieur Georges, chemise blanche retroussée sur ses avant-bras hâlés, était tout à la lecture de *Tiercé Magazine*. Il finissait son croissant sans même lever les yeux de son journal, en prenant soin néanmoins de ne pas mettre de miettes sur son pantalon. Tous les matins, il partait au village voisin et misait sur les courses à l'abri des regards. Paulette avisa la chaise vide face à lui.

— Bonjour monsieur Georges.

Le vieil homme sursauta.

— Oh ! Bonjour madame Paulette. C'est drôle de vous voir ici de bon matin ! Comment allez-vous ?

Elle chassa ces formules de politesse d'un revers de la main. Puis elle se pencha vers lui et le regarda droit dans les yeux, pour être sûre de bien se faire comprendre.

— J'ai besoin que vous m'appreniez à jouer. Non, je reprends : j'ai besoin que vous m'appreniez à *gagner*.

Monsieur Georges baissa lentement son journal. Il sourit.

— Vous ? Jouer aux courses ? Mais pourquoi ?

— Ça, ça ne vous regarde pas.

Monsieur Georges porta sa tasse de café à ses lèvres.

— Eh bien, madame Paulette, c'est un peu compliqué, vous savez, pourquoi ne joueriez-vous pas plutôt au Loto ? Ou au Morpion comme Marceline ?

Le ton vaguement paternaliste de monsieur Georges acheva d'énerver Paulette. Elle attrapa le journal et l'abaissa d'un coup sec sur la table. Le silence se fit momentanément aux tables alentour. La patronne et quelques habitués les dévisagèrent. Paulette reprit d'une voix mesurée :

— Monsieur Georges, si je viens vous demander conseil, n'allez pas croire pour autant que je vous tiens en admiration. Si vous étiez si malin, il y a fort à parier que vous n'habiteriez pas dans ce trou à rats, à manger les frites trop grasses de monsieur Yvon et à endurer l'humour douteux de Marceline. M'est avis que vous devez jouer de l'argent qui pour une grande partie n'est pas le vôtre. Et j'imagine aussi que les prêteurs concernés n'ont aucune idée de ce que vous faites chaque matin avec leur argent. Est-ce que je me trompe, monsieur Georges ?

Le vieil homme tressaillit.

— Alors, écoutez-moi bien. Si vous tenez à votre réputation autant qu'à votre chambre à l'auberge, je vous conseille de m'apprendre ce que vous savez pour gagner vite et bien. Le reste, j'en fais mon affaire !

Elle jeta le journal sur la table avant de se laisser aller en arrière sur sa chaise.

Monsieur Georges en resta sans voix. La Paulette semblait avoir retrouvé la raison ! Quelle mouche l'avait donc piquée ? Et surtout, comment avait-elle eu vent des dettes qu'il accumulait dans la commune ?

Il était perdu. Il se redressa sur sa chaise et se racla la gorge.

— Madame Paulette, vous vous trompez, je…

La vieille dame leva le menton d'un air menaçant. Monsieur Georges battit en retraite.

— Mais comment voulez-vous qu'on s'y prenne ? Vous former prendrait du temps, des mois, si ce n'est des années et…

Et il faut avoir toute sa tête ! ajouta-t-il en lui-même.

— Oh ! Arrêtez, hein ! S'il fallait un diplôme pour venir jouer ici, le PMU pourrait mettre la clef sous la porte !

Monsieur Georges soupira. Il fit de la place sur la petite table en aluminium et emprunta un crayon à la serveuse qui passait à leur hauteur. Puis il sortit une feuille blanche d'une petite sacoche à bandoulière. Il s'épongea le front avec son mouchoir en tissu avant de le remettre délicatement dans sa poche. Paulette appréciait ces manières qui contrastaient étrangement avec le bar-tabac défraîchi où elle s'apprêtait à recevoir sa première leçon de turfiste.

Monsieur Georges se gratta la tête avec son crayon. Il ne savait pas par quoi commencer. Que voulait-elle savoir d'ailleurs ? Il avança un ticket de jeu devant elle. C'était toujours ça qu'il pouvait lui montrer. Le rectangle de papier était rempli de petites cases jaunes et blanches, marquées d'un numéro. À gauche, le parieur était invité à choisir le type de pari, la mise et la formule de jeu avant de miser sur les chevaux.

— Alors voilà. Au Quinté, il faut jouer quand on a de la cave, elle-même générée par le Tiercé, le Quarté, voire le Simple placé, le Report placé ou le Coupé placé.

Paulette l'écoutait, les yeux rivés sur le bout de papier coloré.

— Ensuite, il faut aimer les chevaux, les statistiques, ou encore mieux : les deux. Certains parieurs aiment à jouer des martingales connues. La plus simple consiste par exemple à diviser le rapport du favori par le nombre de partants…

Ce disant, il entourait les chiffres sur la double page de son journal. Sans prévenir, Paulette saisit sa canne et l'abattit sur la table. Monsieur Georges sursauta.

— Je ne comprends pas un traître mot de ce que vous racontez ! s'énerva-t-elle.

Monsieur Georges leva vers elle un regard plein d'incompréhension.

— Pour qui me prenez-vous ? Pour une mathématicienne doublée d'une vétérinaire qui aurait passé sa vie sur les champs de courses ? Je ne sais même pas jouer au bingo ! Alors, bon Dieu, expliquez-moi ça correctement ! Ah ! Vous m'agacez déjà !

Monsieur Georges s'excusa. C'est qu'il n'avait pas l'habitude qu'on lui demande ce genre de choses. Des conseils, des numéros, ça oui, mais tout expliquer à un néophyte, il n'avait jamais eu à le faire.

— Eh bien, essayez ! Et ça vaudrait mieux pour vous qu'on y arrive !

La serveuse s'approcha. Monsieur Georges commanda un Vittel pêche. Paulette chassa la jeune femme de la main.

Monsieur Georges s'essuya à nouveau le front.

— Bon, eh bien... Les courses se font avec des chevaux...

Paulette leva les yeux au ciel.

— Enfin, avec des pur-sang plus exactement. Il y a ceux dédiés aux courses courtes, les *sprinters*, et d'autres consacrés aux parcours plus longs, on les appelle les *milers* ou les *stayers*. Ils courent au trot ou au galop, selon leur spécialité.

Il jeta un coup d'œil discret à la vieille dame pour s'assurer qu'elle suivait. Il aspira une longue gorgée d'eau sucrée avant de poursuivre :

— Le montant du gain dépend bien évidemment de la somme que l'on mise... Mais ça dépend aussi de la cote du cheval.

— Oui, à cinq contre un, on gagne moins qu'à trente contre un. Ça, je connais, merci.

— Bon.

Monsieur Georges réfléchissait. Il y avait tant à dire ! Comment expliquer que, bien plus qu'une affaire de pronostics, les courses relevaient de l'art ? Étudier les performances du cheval, l'aptitude à la distance, la forme lors de l'entraînement, celle du jockey, la nature de l'hippodrome…

Son père avait toujours eu des chevaux. Des pursang qu'il confiait à un éleveur et qui lui rapportaient beaucoup. Monsieur Georges avait grandi avec l'excitation des courses, l'enthousiasme des parieurs et la crainte du faux départ. Le claquement des stalles à l'ouverture, l'accélération des sabots sur la piste et les cris des turfistes.

Paulette s'impatientait. Déjà, le jeu la barbait.

— Donc, reprit monsieur Georges, vous pouvez jouer des numéros de chevaux, dans l'ordre ou le désordre…

Soudain, les deux ivrognes de la dernière fois firent irruption dans le bar. L'un d'eux tapa dans le dos de monsieur Georges. Ce dernier manqua de renverser son verre sur ses genoux.

— Eh bien Joe ! Comment ça va, mon ami ?

Monsieur Georges jeta un coup d'œil gêné à sa voisine.

— Tu sais qu'avec Gérard on a gagné ? Trente-deux euros et quinze centimes ! Pour deux euros de mise ! Vas-y, Gérard, montre-z'y voir le ticket !

Son collègue fouilla les poches de son pantalon, un vieux bleu de travail taché qu'il portait bien trop bas sur les hanches. Paulette détourna les yeux.

— Alors Joe ! Quand c'est que tu nous dis c'qui faut qu'on joue encore ? On a reçu not'paie en plus ! On va jouer gros c'te fois-ci !

Depuis le comptoir, la patronne le harangua :

— Hé ! Mollo, Jean-Claude ! Tu sais c'que ta femme elle penserait de ça ?

— Oh ça va, la Mireille ! Si tu lui dis pas, elle en saura rien ! Et pis qui c'est qui t'dit que j'vais pas lui faire un cadeau avec c'que j'vais gagner, hein ?

Il fit un clin d'œil à monsieur Georges et donna un coup de coude à son voisin.

— Allez vas-y, Joe, envoie la sauce !

— Eh bien... dit monsieur Georges. Il y a cette course à Chantilly. Ça se termine par une montée, donc il faut bien jauger les chevaux. J'ai une préférence pour Divine Charentaise. Cannelle des Prés en casaque jaune est plutôt bien cotée, je...

— Attends, Joe ! Tu vas pas nous refaire ton show là ! Nous, avec Gérard, on veut juste les numéros. Tu nous dis c'qui faut cocher, et puis nous on coche. Hein, Gérard ?

Gérard rit bruyamment, découvrant deux dents manquantes.

— Ouais ! Nous on coche et on empoche !

Soudain, Paulette eut une idée.

— Messieurs, les coupa-t-elle, Monsieur Georges n'a pas de temps à perdre avec des gens comme vous.

Les deux se regardèrent, interloqués.

— Qu'est-ce qu'elle a, la vieille, là ? C'est ta gonz', Joe ? Fallait nous la présenter, regarde, elle est toute contrariée !

Monsieur Georges rougit. Paulette, inébranlable, poursuivit :

— Si vous voulez des pronostics, il faut payer. La dernière fois, c'était pour essayer. Vous avez vu que

133

monsieur Georges est un parieur de qualité. Pour obtenir un conseil, vous savez ce qu'il vous reste à faire.

Les deux noceurs se regardèrent. Est-ce qu'elle plaisantait ?

Gérard explosa de rire. L'autre le coupa d'un coup de coude dans les côtes :

— Et c'est combien les prévisions de « monsieur Georges » ?

Jean-Claude roula des mécaniques en prononçant le nom du vieil homme.

— La moitié de vos gains, avec une avance pour le premier jeu à me régler en espèces.

Les deux hommes la dévisagèrent, perplexes.

— À prendre ou à laisser.

Elle attrapa le journal et feignit de se plonger dans sa lecture.

Jean-Claude et Gérard se regardèrent. Puis, en signe d'assentiment, ils attrapèrent une chaise et s'assirent respectueusement autour de la table.

Intérieurement, Paulette jubilait. À défaut de comprendre les règles, elle savait les dicter. Et il y avait fort à parier que, dans ce système, elle avait tout à gagner.

20

Juliette franchit d'un pas léger la porte de la bibliothèque.

Elle tourna un peu dans les couloirs avant de s'arrêter dans le plus désert d'entre eux. Son doigt glissa
doucement le long du rayonnage. Aux mises en avant
aguicheuses des derniers best-sellers, Juliette préférait les ouvrages oubliés. Les manuels de chimie
datant d'un autre siècle, les codes du travail et les
précis illustrés de maçonnerie. Non pas qu'ils l'inté-
ressent. Mais elle se sentait une proximité personnelle
avec ces livres mal-aimés. Ces ouvrages ternes et sans
saveur méritaient aussi leur heure de gloire et Juliette
se chargeait de la leur offrir. Elle-même se sentait
comme une encyclopédie des clochers au Moyen
Âge, à côté du dernier Marc Levy. Elle rendait donc
de temps à autre une petite visite à ces livres igno-
rés. Elle leur parlait doucement et en ouvrait certains
pour leur permettre de prendre l'air.

C'est ainsi qu'elle saisit *Histoire de la papauté
au XVIIe siècle*, aussi épais qu'un bottin. Elle caressa
la couverture du bout des doigts, laissant une trace

fine au milieu de la poussière. Comme elle le faisait toujours, elle interrogea à voix basse : « Qu'y a-t-il au menu aujourd'hui ? » Puis elle ouvrit l'ouvrage au hasard, pointant son doigt au milieu de la page. Elle sourit et referma le livre. Enfin, elle lui souhaita bonne route avant de le remettre en place.

Soudain, un petit carnet fin posé entre deux grimoires tomba de l'étagère et atterrit sur ses pieds.

Ça n'avait rien d'un livre abandonné de bibliothèque. Il n'avait aucun matricule, pas même une fiche d'emprunt. Quelqu'un semblait l'avoir oublié là – peut-être un étudiant ? À y regarder de plus près, ça ressemblait plutôt à un cahier d'écolier. Avec des pages à grands carreaux et des marges violettes. Elle se laissa glisser au sol et ouvrit le carnet. Elle feuilleta quelques pages sans comprendre. On aurait dit... une liste. Une liste rédigée en plusieurs fois, tantôt au crayon gras, tantôt au stylo rouge. Parfois, l'écriture partait de travers, parfois c'était juste un mot écrit dans la marge. En parcourant le carnet, il lui apparut qu'il s'agissait en fait d'une liste désordonnée de petites phrases. Juliette s'arrêta sur une page au hasard :

J'aime bien l'ambiance des stations-service, la nuit, quand on part en vacances

Elle sourit. Puis elle ferma les yeux. Elle pouvait sentir l'odeur du diesel répandu par terre, le ronronnement du compteur et le bruit étouffé des portes qu'on claque. Elle, assise à l'arrière ; et derrière la vitre, son père, lui faisant des grimaces pendant que le liquide remplissait le réservoir. Puis il glissait trois pièces dans la machine à café et déposait un chocolat brûlant entre ses mains. Ils traînaient ensuite un peu dans les rayons de biscuits et de sandwichs, s'arrêtaient près des magazines, riaient un peu. C'était la nuit, sur la route des vacances.

Juliette poursuivit sa lecture :

J'aime bien le mot « Prisunic »
J'aime pas les petits bruits que font les ascenseurs
J'aime pas les gens qui mettent dix minutes à raconter
quelque chose qui en nécessitait deux

Juliette sourit en dedans et eut une pensée pour Marceline – la pauvre ! Elle s'assit un peu plus confortablement, fascinée par le contenu du carnet.

J'aime bien fermer ma valise en m'asseyant dessus
J'aime bien les traces de pas laissées dans le béton frais
J'aime pas le Palais des Glaces à la fête foraine

Juliette hocha la tête. Elle non plus n'aimait pas ces labyrinthes de verre où on voyait les gens pris au piège comme de mauvais mimes dans une cage invisible.

J'aime bien les panneaux « Un train peut en cacher un
autre »
J'aime bien croiser un chien qui ressemble à son maître
Et j'aime bien les petits chiens qui mettent en fuite les gros

Juliette tourna la page. Le temps s'était arrêté. Elle n'entendait plus rien autour, plongée dans la lecture de ce journal intime d'un nouveau genre.

J'aime bien le crissement des papiers de bonbons
quand on les ouvre
Mais j'aime pas entendre ce bruit-là au cinéma

Juliette fouilla ses poches et en sortit un caramel. Nour s'assurait toujours que ni elle ni monsieur Yvon ne s'approchent, même de très loin, du ravin menaçant de l'hypoglycémie.

J'aime pas les gens qui m'éclaboussent à la piscine
J'aime bien frotter une pièce pour faire fonctionner
les distributeurs automatiques de bonbons

Et puis, en dessous d'une rature :

J'aime pas vouloir écrire quelque chose et que le stylo
bille ne fonctionne pas
J'aime bien les gens qui écrivent en s'aidant d'un buvard

Juliette fit la moue. Elle, elle préférait ceux qui avaient les doigts maculés d'encre. Surtout les gens en costume. Et c'était encore mieux quand ils avaient une tache sur la poche de leur chemise. Ça fait du bien quand l'enfance rattrape ceux qui font semblant de n'en avoir jamais eu. Intriguée et de plus en plus fascinée, elle le feuilleta de ses doigts fins à la recherche du nom de son propriétaire. Soudain, une nausée violente la saisit. Elle ouvrit des yeux effarés et plaqua une main sur sa bouche tout en courant vers la sortie.

Dehors, une grande bouffée d'air frais lui redonna quelques couleurs. Elle posa la main sur son ventre. Il lui sembla qu'il s'arrondissait déjà. Était-ce le fruit de son imagination ? Elle se demanda jusqu'à quand elle pourrait dissimuler ça sous son tablier. Tout cela allait bien trop vite pour elle. Il était temps qu'elle prenne une décision et mette un terme à toutes ces nuits sans sommeil. Réalisant l'heure qu'il était, elle glissa le carnet dans son sac, enfourcha son vélo et partit prendre son service.

Moins d'un quart d'heure plus tard, elle passait les cordons de son tablier autour de ses hanches. Monsieur Yvon, qui revenait de la cave, la salua, deux bouteilles de rouge à la main. Sur la terrasse, assis sur un tabouret devant une toile plus grande que lui, Hippolyte peignait. Monsieur Yvon et Juliette se penchèrent par-dessus son épaule :

— Encore une toile pour décorer le restaurant, Hippolyte ?

Hippolyte, pris par l'inspiration, se contenta d'asséner de vigoureux coups de pinceau sur la toile, à grand renfort de peinture rouge.

— C'est très abstrait... commenta monsieur Yvon. Ça me rappelle un peu le style des fauvistes... Mais dis-moi, Hippolyte, as-tu songé à faire quelque chose d'un peu plus... d'un peu moins...

— Oh, mais laissez-le donc ! intervint Nour, son torchon sur l'épaule. Hippolyte est déjà bien aimable de décorer l'auberge ! Ça apporte un peu de couleur !

— Oui, bien sûr, de la couleur… acquiesça monsieur Yvon, soucieux de ne pas contrarier la cuisinière.

Il battit en retraite derrière le comptoir et entreprit d'essuyer les verres. Les murs de l'auberge étaient recouverts de gouaches aux tons criards. Le sens de ces œuvres lui échappait quelque peu, mais il craignait qu'un débat sur les qualités artistiques d'Hippolyte ne mette Nour de mauvaise humeur. Il apporta à Paulette une soupe de carottes au cumin. La vieille dame repoussa son assiette.

— Ah ! Mais quelle odeur ! Et vous pensez vraiment que je vais avaler ça ?

Depuis ce matin, Paulette était imbuvable. Le patron, qui commençait à en avoir assez de toutes ces sautes d'humeur, allait intervenir quand le téléphone sonna.

— Madame Paulette, un appel pour vous ! maugréa-t-il.

— Qui est-ce ? demanda-t-elle sans entrain.

— Le secrétariat du docteur Guillotin. Ils disent qu'ils ont cherché à vous joindre chez vous et que vos locataires leur ont donné ce numéro.

— Je suis occupée ! répliqua la vieille dame d'un ton sec avant d'attaquer son plat, sa serviette sur les genoux. Puis plus bas, pour elle-même : Mes locataires ! Qui c'est encore, ceux-là ?

— Je peux prendre un message ? demanda monsieur Yvon à son correspondant invisible. Oui…

Hum… Non, je ne suis pas son fils, je suis… Oh, je vois, oui, je vois.

Puis, d'une voix plus basse :

— Je me charge de le lui dire. Bien sûr. Merci docteur.

Depuis le coin du restaurant qui lui était réservé, Paulette lança :

— Qui c'était encore ? Pas un de ces vendeurs de sornettes ? Je ne sais même pas comment ces gens obtiennent mon numéro !

Monsieur Yvon, soudain soucieux, lui répondit doucement :

— Finissez de manger tranquillement, madame Paulette, je vous dirai tout ça après.

— Hé, Nour ! Écoutez celle-là ! s'exclama Marceline, le nez sur le journal. Nour, vous avez un prétendant ! Il parle de vous dans les petites annonces des rencontres manquées !

Monsieur Yvon leva un sourcil. Marceline avait du mal à cacher son excitation.

— Je suis sûre que c'est vous ! poursuivit Marceline. Écoutez ça : *Je t'ai croisée au marché, tu choisissais des tomates. Tu m'as fait rougir, pourtant je n'ai pas un cœur d'artichaut. Tu portais une robe couleur framboise, j'aimerais te revoir. Signé : Ma Pomme.* Hippolyte, passe-moi voir ton crayon. Nour ! Je vous note son courriel !

Elle griffonna sur un sous-bock. Monsieur Yvon se rembrunit avant de s'emporter :

— Baissez donc d'un ton, Marceline ! On n'entend que vous ici ! Ça commence à bien faire toutes ces balivernes ! Je vais la brûler, moi, votre feuille de chou si ça continue ! Laissez donc la cuisinière travailler en paix !

Nour sortit la tête de la cuisine, surprise d'entendre monsieur Yvon s'époumoner ainsi sur Marceline. Les joues rouges et les cheveux collés au front, elle interpella Juliette.

— Service ! Les bavettes !

Juliette, encore tout au mystérieux carnet qu'elle avait trouvé quelques heures plus tôt, en avait presque oublié la tablée de huit qui trinquait à la numéro 12.

— À la vôtre ! Et à l'été ! cria l'un des convives.

— À Didier surtout ! C'est lui qui invite ! répondit un autre.

Elle s'empressa de servir les clients – une andouillette ici, un dos de saumon par-là – tout en espérant secrètement qu'ils ne s'éterniseraient pas trop.

Qui pouvait bien avoir rempli ce carnet ? C'était plutôt amusant, ce jeu des petites phrases. Comme si l'auteur se dessinait par les contours. On le devinait par bribes, comme un dessin en négatif. Ici la courbe d'un sourire, là le creux d'une épaule… Dissimulée derrière le comptoir, elle ne résista pas à jeter à nouveau un coup d'œil à l'intérieur.

J'aime pas les au revoir sur les quais de gare
J'aime bien la tête des adultes quand ils parlent à un bébé
J'aime bien le bruit des pneus sur les graviers

— Juliette !

De l'autre côté de la salle, Paulette lui faisait signe en agitant sa corbeille de pain vide.

— Faut-il que je hurle pour qu'on me serve ?

Juliette reposa à contrecœur le carnet dans son sac et vola au secours de la vieille dame.

21

Juliette remontait le couloir quand la porte de monsieur Georges s'ouvrit sur son passage.

— Ah, Juliette ! souffla-t-il. Je me doutais bien que c'était vous. Merci pour le linge !

Juliette, embarrassée, espéra que Paulette avait oublié l'épisode de la boîte à chapeau. Elle se sentit soudain nerveuse.

— Ce soir, je regarde *Coup de foudre à Manhattan*, dit monsieur Georges. Paolo me l'a mis sur cassette. Ça vous dit ?

Juliette ne ratait jamais une occasion de partager un bon film avec le vieil homme. Sa sélection était éclectique, mais les films avaient un point commun : ils avaient tous New York pour toile de fond.

Pourtant, ce soir, Juliette hésita. Elle se sentait fatiguée. Le têtard qui flottait dans son ventre depuis bientôt trois mois lui prenait toute son énergie. Elle devait avoir une sérieuse conversation avec elle-même. Qu'allait-elle devenir ? Les jours passaient et l'échéance que lui avait donnée le médecin approchait. Après, elle n'aurait plus le choix. Non, elle allait remonter dans sa chambre et y rester tant qu'elle n'aurait pas pris de décision. C'est en tout cas ce qu'on aurait attendu d'une adulte responsable.

— Oui, je veux bien ! s'entendit répondre Juliette.

Elle se cala au pied du lit pendant que monsieur Georges mettait à chauffer la bouilloire. Bah, cette grande discussion avec elle-même pouvait bien attendre encore deux heures, non ?

— Je peux vous offrir un petit-beurre ?

Juliette acquiesça d'un signe de tête. Monsieur Georges sortit deux bocaux du buffet. L'un contenait des petits-beurre dorés, l'autre ce qui ressemblait à des miettes de biscuits. Juliette se servit, monsieur Georges en prit un pour lui-même dont il cassa les oreilles qu'il rangea dans le second bocal. Puis, comme à chaque fois, il ajouta, perdu dans ses souvenirs :

— Je garde les oreilles des petits-beurre pour quelqu'un qui les aime encore plus que moi.

Juliette sourit faiblement. Elle, elle aurait bien aimé que quelqu'un l'attende quelque part avec une jarre remplie de petites extrémités de cornets de glace, celles avec le chocolat craquant.

— Comment allez-vous, Juliette ? lui demanda monsieur Georges.

Il la fixait avec un sourire doux. De tous les pensionnaires, monsieur Georges était celui qu'elle préférait. Elle se déroba à son regard.

— Ça va, merci.

Sans bien savoir pourquoi, elle hésita à lui parler du carnet qu'elle avait trouvé le matin même. Une partie d'elle chérissait l'intimité naissante entre elle et l'auteur des petites phrases mystérieuses.

— Dites, monsieur Georges, vous avez des enfants ?

Le générique fit entendre ses premières notes. Les derniers mots de Juliette moururent dans la musique.

— Pardon ? demanda monsieur Georges.

Juliette lui fit signe de ne pas tenir compte de sa question. À l'écran, un travelling large donnait à voir la ligne de gratte-ciel de Manhattan.

— Alors, Juliette ? interrogea monsieur Georges en instituteur bienveillant.

Juliette plissa le nez pour mieux voir.

— On arrive par le sud de l'île… Voilà la statue de la Liberté… Là on distingue le quartier financier et les tours jumelles… On remonte vers Midtown… Et voilà l'Empire State Building !

— Tout à fait ! L'immeuble le plus haut de Manhattan, construit…

— … en à peine onze mois ! compléta Juliette, qui commençait à connaître la ville aussi bien que son professeur.

Quand monsieur Georges parlait de New York, il paraissait trente ans de moins. Juliette aimait bien voir ses yeux briller quand il reconnaissait les avenues, les parcs et les ponts gigantesques. Ensemble, ils inventaient des promenades dans les rues de la

146

Grosse Pomme. Pourtant Juliette de toute sa vie n'avait jamais dépassé la Loire.

— Regardez ! s'exclama monsieur Georges. Là on reconnaît le Waldorf Astoria.

Jennifer Lopez, habillée en femme de chambre, entrait d'un pas pressé dans l'hôtel de luxe. Mais l'histoire d'amour naissante entre l'héroïne et le futur sénateur n'intéressait déjà plus monsieur Georges. Il était tout à ses souvenirs.

— Un vrai palace construit sur Park Avenue, probablement à la toute fin du XIXe siècle. Cet hôtel est unique en son genre, vous savez pourquoi ?

Juliette sourit devant les yeux brillants du vieil homme.

— Je suis sûre que vous allez me le dire.

— Les deux cousins Astor, bien qu'appartenant à la même famille, étaient rivaux. Ils construisirent donc deux établissements : l'hôtel Waldorf et l'hôtel Astoria, côte à côte, mais indépendants. Malheureusement, l'un des deux cousins périt dans le naufrage du *Titanic*. Encore mieux qu'un film, non ? s'amusa monsieur Georges. C'est ainsi que les deux hôtels ne firent bientôt plus qu'un.

Il croqua dans un biscuit.

— Les plus grands y ont séjourné, vous savez. Elizabeth Taylor, Frank Sinatra…

Pour monsieur Georges, la simple évocation de ces noms ouvrait la porte à un monde de rêve et de paillettes. Il en savourait chaque syllabe, comme pour prendre le temps de revivre ses plus beaux souvenirs.

Juliette ne connaissait pas Frank Sinatra – était-ce lui qui chantait sous la pluie en grimpant sur un réverbère ? –, mais elle préféra ne rien dire. Elle l'écoutait d'une seule oreille, préoccupée par le carnet. À qui pouvait-il appartenir ? Fallait-il qu'elle le restitue à l'employée de la bibliothèque ? Elle trouva toutes les bonnes raisons de ne pas le faire. Après tout, elle pourrait peut-être découvrir l'identité du propriétaire elle-même ?

Passé les plans sur la ville de New York, les films n'intéressaient guère monsieur Georges, excepté ceux qui incluaient des scènes de danse et de claquettes. Ce soir-là, comme bien souvent, il piqua du nez et s'endormit dans son fauteuil, la jarre remplie d'oreilles de Petits LU dans les bras. Juliette éteignit le magnétoscope et déposa une couverture sur les genoux du vieil homme.

Alors qu'elle s'apprêtait à retrouver son lit, Paulette l'interpella depuis l'autre bout du couloir. Le cœur de Juliette s'accéléra. La vieille dame lui faisait peur et elle craignait à chaque instant d'être convoquée à cause d'elle par monsieur Yvon. Une image s'imposa soudain à son esprit : elle, seule et enceinte, mise à la porte de l'auberge. Qui allait vouloir d'elle ?

Elle remonta le corridor et s'immobilisa devant la porte. Sa gorge était sèche. Elle tremblait. Tous ses soucis semblaient s'être accumulés au creux de son ventre, juste sous ses côtes, dans une boule douloureuse qui bloquait sa respiration.

Elle entra dans la chambre. La lampe de chevet diffusait une faible lumière autour du lit.

— Oui, madame Paulette ?

Sa voix s'étrangla. La vieille dame la fixa.

— Approchez.

Juliette, le regard rivé au sol, s'avança vers le lit.

— Que faisiez-vous encore dans la chambre de monsieur Georges ?

Juliette sentit les larmes lui monter aux yeux.

— Nous regardions un film, je…

— Qu'est-ce que vous cachez là ?

Juliette recula. Les poches profondes de son tablier étaient pleines. Paulette, de mauvaise humeur, n'avait pas envie de jouer. La jeune fille l'agaçait. On aurait dit qu'elle avait peur de son ombre.

— Donnez-moi ça.

Juliette plongea sa main dans son tablier et se saisit du petit carnet. Alors qu'elle le sortait de sa poche, une lettre glissa sur le lit.

— Ah ! J'en étais sûre ! s'exclama Paulette.

— Non ! cria Juliette. Rendez-moi ça !

D'un geste rapide, la vieille dame attrapa la lettre et s'empressa de la lire. Puis elle leva les yeux et la fixa par-dessus ses demi-lunes. Juliette sentit son pouls s'accélérer et sa respiration se faire plus difficile. Ses oreilles se mirent à bourdonner. Elle récupéra son courrier et disparut de la chambre en claquant la porte.

Elle grimpa les marches quatre à quatre et s'effondra dans son lit. Elle fondit en larmes. Tout était fini pour elle maintenant. La vieille dame n'allait faire qu'une bouchée d'elle. Ah ça, la lecture de cette lettre avait dû lui faire plaisir ! Elle qui aimait fureter partout pour ruiner la vie des gens !

Sa respiration était courte et entrecoupée de sanglots. Elle ne se souvenait pas de s'être déjà sentie aussi mal. Mamino lui manquait, elle était terriblement seule. Une douleur aiguë la saisit au ventre. Léon gratta à la porte. Juliette jeta son oreiller en direction du matou.

— Fiche-moi la paix, Léon ! Cette fois, tu ne peux rien pour moi !

Léon insista. La porte s'ouvrit doucement. Paulette, le dos droit et sa canne à la main, entra calmement dans la chambre.

Juliette hurla :

— Laissez-moi ! Vous avez ce que vous voulez, non ? Alors, sortez !

Paulette leva les yeux au ciel.

— Je vous ai dit de me laisser ! insista Juliette.

Paulette s'assit sur l'édredon. Juliette la dévisagea avec colère. Elle était en plein cauchemar. Le bébé, et maintenant cette sorcière qui venait la menacer jusque dans sa chambre !

— Allons, Juliette, ressaisissez-vous. Il n'y a pas lieu de vous mettre dans tous ces états.

Juliette, surprise, laissa échapper un hoquet.

Leurs regards convergèrent sur la lettre marquée au logo du laboratoire que Juliette avait abandonnée sur son lit. Paulette laissa passer un silence et repoussa délicatement la feuille du bout du doigt.

— Je sais qu'il n'est pas toujours partagé de tous, mais de mon point de vue c'est plutôt une belle nouvelle, dit-elle d'un ton calme. À mon âge, les enveloppes à caducée apportent rarement des messages d'espoir.

— Ah ? Vous trouvez, vous ? Eh bien moi, ça me semble tout le contraire ! Un bébé ! Moi qui n'ai même pas d'autorité sur Léon !

Léon, le dos droit, fixait les deux femmes depuis le bord de la fenêtre. Ses yeux se plissaient doucement – il s'en fallait de peu pour qu'il s'endorme.

— Ce chat a un prénom de révolutionnaire, répondit Paulette. Il est vain d'espérer pouvoir en tirer quoi que ce soit hormis quelques recommandations pour le menu de saison.

Les larmes coulaient toujours sur le visage de Juliette. Madame Paulette lui tendit un mouchoir et lissa les plis de sa robe de chambre en silence.

— Ça fait déjà douze semaines, glissa Juliette entre deux sanglots.

Paulette écoutait. Son visage ne trahissait aucune émotion.

— Il ne me reste que quelques jours pour décider si… si…

Sentant le chagrin de la jeune femme revenir, Paulette lui tendit un nouveau mouchoir.

Juliette perdait pied. La responsabilité qui serait la sienne d'ici quelques mois lui parut soudain insurmontable. Comment elle, à peine capable de prendre soin d'elle-même, pouvait-elle prétendre à élever seule cet enfant ? Le nourrir, subvenir à ses besoins, le rendre heureux enfin ? Et puis était-ce bien raisonnable d'ajouter une âme en ce monde quand on voyait tout ce qu'il charriait déjà de violences et de menaces, d'angoisses et d'incertitudes ?

Dehors, une chouette hulula. La voix étouffée de monsieur Yvon leur parvenait du jardin. Les larmes de Juliette ruisselaient sur l'édredon.

— Allons ! Arrêtez donc de pleurer comme ça ! Personne ne va vous manger ! Cessez d'avoir peur de tout et regardez les choses en face ! Vous êtes bien plus forte que vous ne le pensez.

Juliette l'écoutait en la fixant de ses grands yeux humides. Elle renifla. Paulette poursuivit :

— Vous savez, à mon époque, j'étais de celles qui se battaient pour avoir le choix. On ne se battait pas pour *avorter* comme le disaient certains, on se battait pour *avoir le choix*. Pour être libres. Pour disposer de notre corps comme nous le souhaitions. Vous êtes cette génération pour laquelle je me suis battue. Vous êtes celle pour qui j'ai affronté une famille conservatrice et un mari borné. Vous êtes *libre*, mademoiselle Juliette.

La phrase claqua dans la petite chambre.

Juliette, interloquée, visualisa madame Paulette, cinquante ans plus tôt, le poing levé, au premier rang des manifestations. Juliette s'essuya les yeux du revers de sa manche.

— C'est sûr que vu comme ça…

152

— Bien sûr ! Allez, accrochez-moi un sourire sur ce visage. Il vous reste du temps pour y réfléchir. Et si vous décidiez de garder cet enfant – je sais déjà que c'est un garçon –, eh bien je pense que ce gros bonhomme de monsieur Yvon aura tôt fait d'en faire son adjoint. Sans parler de la cuisinière qui mettra de la semoule dans son biberon. Allez ! Haut les cœurs ! Mais que ça ne vous empêche pas de faire correctement votre travail, hein !

Un sourire fugace passa sur le visage de la vieille dame. Une bienveillance discrète et contenue, mais qui n'échappa pas à Juliette.

Elles restèrent ainsi en silence un moment. Les yeux dans le vague, la vieille dame observait Léon. À qui pensait-elle ? Peut-être à Juliette. Peut-être à ce bébé qui, doucement mais sûrement, prenait place dans le ventre de la jeune femme. Ou peut-être encore à celui qu'elle n'avait pu, elle, il y a longtemps, se résoudre à garder.

Juliette posa sa main sur celle de Paulette. Quelques veines bleues et sinueuses disparaissaient à la naissance de sa manche. Près d'elle, Juliette se sentait plus forte.

Elle avait la sensation d'avoir essuyé une tempête. Tout lui semblait plus clair à présent.

Léon miaula. Paulette s'assura que Juliette avait repris des couleurs et se leva pour partir.

— Madame Paulette ?

La vieille dame se retourna.

— Merci.

Paulette quitta la chambre en silence. Seul le sillage de rose qui s'éternisa dans la pièce rassura Juliette sur le fait qu'elle n'avait pas rêvé.

Juliette prit une grande inspiration. Son cœur battait plus calmement à présent. Elle se glissa doucement dans son lit en méditant sur les mots de la vieille dame. Madame Paulette était une guerrière. Mais une guerrière au grand cœur.

22

Une douce odeur de pain grillé flottait dans l'air.

Les habitants se retrouvèrent autour de la table du petit déjeuner.

— Bien dormi ? demanda Marceline, guillerette. Moi je suis en pleine forme ! ajouta-t-elle en croquant dans une tartine.

Nour lui jeta un regard noir. Elle était restée éveillée une bonne partie de la nuit et avait tiré les cartes jusqu'au petit matin.

— Eh ben dites donc, monsieur Yvon, ça n'a pas l'air d'aller très fort, vous ! poursuivit Marceline, peu réceptive aux ondes qui émanaient de Nour.

Monsieur Yvon grogna. Il n'aimait pas parler au réveil. Et il avait mal dormi. Le visiteur au cigare ne quittait pas ses nuits. Monsieur Georges apparut dans l'escalier en tenue de jogging. Le visage de Marceline s'éclaira. Elle essuya quelques miettes autour de sa bouche avant de lancer :

— Je suis prête, monsieur Georges !

Il la regarda sans comprendre jusqu'à ce que Marceline, baskets aux pieds, le rejoigne à petites foulées.

— Je me suis dit que ça vous ferait plaisir d'avoir un peu de compagnie !

— Oh !

Surpris, il regarda Juliette qui leva les mains en signe d'impuissance, un sourire au coin des lèvres.

— Bon, bon… Eh bien, allons-y alors ! dit monsieur Georges comme pour s'encourager lui-même.

Et ils partirent ensemble, monsieur Georges dans son short blanc immaculé, Marceline à ses côtés. Une fois qu'ils eurent passé la porte, Juliette et les autres éclatèrent de rire.

— Pauvre monsieur Georges ! lança Nour.

Paulette en profita pour disparaître discrètement dans les étages. Arrivée dans la chambre de monsieur Georges, elle ouvrit délicatement la large boîte en carton. Elle y plongea la main et en sortit un épais paquet de lettres qu'elle glissa dans sa poche. Puis elle rejoignit ses appartements d'un pas rapide. Elle jeta un œil à la petite horloge : elle avait une heure devant elle avant que monsieur Georges ne revienne de son jogging. Cela serait amplement suffisant. Elle prit soin de verrouiller la porte derrière elle. Elle mit un disque de Chopin et se laissa tomber dans son fauteuil. Léon, qu'elle n'avait pas vu entrer, s'installa sur ses genoux.

Certes, ces lettres qui dégoulinaient de bons sentiments l'agaçaient profondément ; pourtant son esprit y revenait sans cesse. Elle mettait ça sur le compte de l'ennui qu'elle éprouvait depuis son arrivée ici. Ou bien était-ce de la curiosité pour monsieur Georges, dont elle ne parvenait pas à comprendre les multiples contradictions ? Que faisait cet homme élégant et éduqué dans ce village reculé ? Où avait-il acquis une telle connaissance des chevaux de course ? Et que signifiaient ces lettres ? Elle s'abandonna à sa lecture avec un plaisir non dissimulé.

Paris, le 1ᵉʳ mai 1953

Mon soleil,

Mai est enfin là.
J'aime tant les premiers du mois ! Ils donnent cette impression que l'on peut tout tenter. Il y a des dates comme ça qui vous donnent l'énergie d'un vainqueur. Et d'autres qui donnent envie que la journée se termine. Moi je vis le jour un 17 février – le savais-tu ? C'est terrible comme date. Ça vous parle de bruine et de flocons fondus, de bourrasques au creux du cou et de géraniums gelés. Figure-toi que j'ai lu ce matin un article dans le journal ; au journaliste qui l'interrogeait sur le secret de ses prouesses, un sportif répondait : « Quel âge auriez-vous si vous ne saviez pas quel âge vous aviez ? » Qu'en dis-tu ? C'est une façon amusante de faire la nique au temps que de refuser de le mesurer, non ? Quel âge aurais-tu, toi ? Pour moi, mon oiseau, tu auras toujours vingt-trois ans...

Paulette scruta la lettre. Elle était à la recherche d'indices qui lui permettraient d'élucider cette correspondance mystérieuse. Elle passa à la suivante.

Paris, le 3 mai 1953

Mon éternelle,

Savais-tu que le lait d'hippopotame était aussi rose que tes ongles ? En te disant cela, je te vois le nez froncé, concentrée sur tes petits doigts fins. Oui, rose bonbon ! Je t'avoue n'y avoir jamais goûté ! Pourtant, j'en ferais des cocktails si tu m'offrais le plaisir d'une soirée avec toi. Nous irions chez Joe, ce bar à l'angle de la 7ᵉ, où on sert des rhums venus du bout du monde ! On écouterait du jazz et on taperait des pieds ! Ce bon Glenn nous ferait sûrement l'honneur de sa présence. On danserait jusqu'au petit matin et puis, le soleil inondant d'or les silhouettes des gratte-ciel, on irait manger des frites au petit restaurant d'à côté. Tu vois, mon cœur ? Le bonheur c'est un peu de sel sur une portion de frites. Ou bien peut-être est-ce un mot de toi ?

Elle soupira. Ces missives sans queue ni tête lui donnaient la migraine. Monsieur Georges avait fait preuve, semblait-il, de beaucoup de patience.

Elle déplia une autre lettre. Celle-ci était plus abîmée que les autres. On pouvait voir qu'elle avait été manipulée de nombreuses fois. Des taches sur l'encre pâle – des larmes ? – défiguraient un peu le texte.

Paris, le 13 mai 1953

My darling,

Je dois bien te dire que ce silence me désespère. J'ai tenté de te joindre au théâtre, mais on me dit que tu n'es pas là. Est-ce la vérité ? Je ne sais que penser, sachant de quoi il est capable.

Je reviens donc de l'agence de voyages où je t'ai pris un billet pour me rejoindre. J'envoie cette lettre au théâtre où, je l'espère, Theodore te la transmettra. Elle est trop précieuse pour que je prenne le risque qu'elle tombe entre de mauvaises mains. Et je pèse mes mots – ma mâchoire s'en souvient encore.

L'embarquement est prévu le 30 juin au matin sur le Big U. *L'insubmersible de métal qui m'emporta il y a quelques mois loin de tes grands yeux clairs. Je t'attendrai au Havre. Mon cœur s'accélère déjà à l'idée de voir ta petite silhouette descendre à quai. Joie ! Tu vas aimer l'été ici ! Les feux d'artifice du 14 Juillet et les bains de minuit dans la Méditerranée !*

Le courage et l'envie me reviennent ! Figure-toi que j'ai même acheté ces biscuits français que tu aimes tant. Les Petits LU. *Ceux que toi tu préfères appeler les Petits Loups. Il n'y a pas d'Oreo ici. Tu te souviens quand tu m'as montré comment tu dégustais ces biscuits noirs ? En tournant chaque face dans le sens contraire de l'autre et en léchant la crème ? Je t'ai alors montré comment moi, enfant, je cassais les oreilles de mes petits-beurre et les gardais pour la fin.*

Allez, je te laisse. Confirme-moi que tu as bien reçu cette lettre. Un simple télégramme fera l'affaire.

Avec tout mon amour, insubmersible lui aussi.

Paulette glissa sa main dans le tas de lettres volé un peu plus tôt à monsieur Georges et en sortit un petit coupon blanc portant le logo de la United States Line. Il indiquait à l'encre jaunie :

ADULTE

Souche à conserver par le passager :

Miss Gloria Gabor

Billet de passage en 1re classe

De New York au Havre

À bord de l'United States

partant le 30 juin 1953

Gloria Gabor. Paulette s'arrêta un instant pour méditer sur ce nom qui ne lui était pas inconnu. Où l'avait-elle entendu ? Elle parcourut quelques lignes encore. Impossible de se souvenir.

Elle feuilleta les lettres qu'elle avait dérobées un peu plus tôt. Certaines contenaient des croquis. Elle s'arrêta sur l'un d'eux. On y voyait une danseuse de dos, assise sur une chaise dans une robe à franges des années 1920, une jambe tendue sur le côté, probablement en train de glisser en arc de cercle.

160

Soudain, une image s'imposa à Paulette. Gloria Gabor ! Mais bien sûr ! La grande Gloria Gabor aux jambes interminables. Des jambes qu'on disait avoir été assurées pour cinq millions de dollars ! Une danseuse new-yorkaise qui avait eu son heure de gloire dans les années 1950. Paulette se souvenait d'avoir lu quelques interviews d'elle dans la presse à scandale. De quoi était-il question d'ailleurs ? Gloria était une très belle femme. De grands yeux ensorcelants, façon Sophia Loren, qui contrastaient avec son visage rond et enfantin. Monsieur Georges avait donc fréquenté du beau monde ! Une partie de l'histoire lui apparut soudain plus clairement.

Elle regarda de plus près le billet de voyage. De toute évidence, il n'avait pas été utilisé.

Paulette s'apprêtait à lire la suite des lettres quand l'horloge du restaurant sonna. Elle entendit le rire de Marceline résonner dans l'entrée. Elle bondit de son fauteuil, renversant Léon qui dormait, et courut vers la chambre de monsieur Georges. Elle rangea les lettres, en prenant soin d'en garder quelques-unes qu'elle n'avait pas eu le temps de lire, et s'empressa de refermer la boîte. Elle sortait à peine de la chambre quand son locataire apparut dans l'escalier.

— Ah ! Monsieur Georges ! Alors, ce jogging ? lui demanda-t-elle tout sourires.

Monsieur Georges, étonné de l'amabilité peu coutumière de Paulette, balbutia :

— Très bien ma foi, très bien. Je vais aller me reposer un peu si cela ne vous dérange pas.

— Bien sûr, faites, faites.

Elle s'écarta de son chemin et repartit vers sa chambre en souriant, Léon sur ses talons.

Monsieur Georges marqua un temps d'arrêt. D'aussi loin qu'il s'en souvienne, il n'avait jamais vu sa voisine de si bonne humeur. Et force était d'admettre que cela lui allait plutôt bien.

23

Assise devant son bol de céréales, les coudes sur la nappe à carreaux rouges et blancs, Juliette lisait et relisait le petit carnet.

Elle espérait y trouver des indices qui l'aideraient à en identifier l'auteur. Pour sûr, il s'agissait d'un homme.

*J'aime bien l'idée que les hommes barbus ont quelque
chose à cacher
Mais j'aime pas l'idée que les barbes sont aussi sales
que des toilettes
J'aime bien la sensation du blaireau sur ma joue quand
je me rase*

Il semblait aimer les livres, entre autres choses – ce que confirmait a priori la présence du carnet à la bibliothèque municipale.

*J'aime bien l'odeur des livres anciens
Et aussi celle du plastique qu'on utilise pour recouvrir
les manuels scolaires*

J'aime bien les papeteries, surtout au mois de septembre
J'aime bien les citations au début des romans
J'aime pas les coquilles dans les livres de poche
J'aime pas les blancs d'œufs

De toute évidence, Juliette savait à la fois beaucoup et très peu de choses sur l'auteur du carnet.

La veille, elle avait passé sa matinée à la bibliothèque, épiant les visiteurs, surtout ceux qui s'aventuraient à traverser les rayons oubliés. Alors qu'elle s'apprêtait à partir, elle l'avait vu.

Debout devant l'étagère où elle avait trouvé le petit carnet, il feuilletait un ouvrage d'un air préoccupé. Il devait avoir une trentaine d'années. Avec une peau d'adolescent et un corps asymétrique qui penchait sur le côté. Les oreilles de Juliette s'étaient mises à bourdonner.

Elle s'était approchée de lui à pas de loup sans bien savoir comment s'y prendre. Puis, arrivée à sa hauteur, elle avait accéléré le pas, soudain terrorisée, avant de disparaître de l'autre côté du rayon. En écartant les livres, elle pouvait voir sa nuque.

J'aime pas le mot « nuque »

Elle était restée un long moment à l'observer. On ne pouvait pas dire qu'il était beau. Mais il avait du charme. Elle avait détaillé ses mains et ses longs doigts qui caressaient doucement les pages jaunies d'un roman. Elle avait senti une bouffée de tendresse l'envahir. Cet étranger lui semblait si loin et si proche à la fois.

Voyant l'heure qui tournait, Juliette avait attrapé le carnet, le précipitant à travers l'étagère de sorte qu'il tombât aux pieds de l'inconnu. Celui-ci s'était retourné, surpris par le bruit. Accroupie à l'abri du regard du jeune homme, Juliette avait retenu sa respiration sans bouger. Elle l'avait vu ramasser le petit cahier et, sans montrer aucune curiosité, le reposer derrière lui comme si de rien n'était.

La bouffée de tendresse s'était évaporée, remplacée bien vite par une vague d'impatience. Qu'il s'en aille donc ! Ce n'était pas lui. Ça ne pouvait pas être lui. Quand on possède un carnet aussi intime et aussi plein de soi-même, on ne le repose pas comme ça, *l'air de rien*, dans un rayon, surtout un rayon qui de toute évidence n'a rien à voir avec le sujet.

Elle avait attendu quelques minutes qu'il parte avant de récupérer le précieux carnet. Saperlipopette !

J'aime bien les gens qui jurent avec des vieux jurons

Juliette porta une pleine cuillerée de céréales à sa bouche. Ses molaires s'attaquèrent bruyamment aux pétales de blé croustillants. Elle se replongea dans la lecture du carnet.

J'aime bien l'ambiance des trains-couchettes
J'aime pas entendre quelqu'un se couper les ongles

— Alors, on bouquine ?

Nour déposa une cagette de haricots verts sur la table. Juliette sursauta.

— Ouh ! Mademoiselle Juliette fait des mystères ! dit Nour, les yeux rieurs. Comment vas-tu, ma chérie ?

Ce disant, elle approcha une chaise et s'y laissa tomber en soupirant.

— Oh ! Que la terre est basse !

Juliette éloigna son bol et étala devant elle une feuille de papier journal. Puis, de concert, elles se saisirent de quelques poignées de haricots frais.

— Ça va... Et toi ?

Nour détourna le regard.

— On fait aller... Tiens, mets ça là-dedans.

Elle planta un grand saladier au milieu de la table. Ses doigts experts équeutaient les haricots avec dextérité, déposant les extrémités sur le journal et jetant aussi vite le haricot amputé dans le bol.

Nour leva un œil vers Juliette. Elle n'osait pas aborder le sujet du bébé.

— Qu'est-ce que tu lisais ?

— Oh ! Justement, je voulais t'en parler.

Juliette poussa vers Nour le carnet noir et l'ouvrit au hasard.

Nour plissa les yeux, interrompant momentanément l'équeutage des haricots. Elle lut à voix haute :

— *J'aime bien chercher des noms de famille amusants dans le bottin. J'aime bien trouver un mot sur la table de la cuisine.*

Elle regarda Juliette sans comprendre. La jeune femme, la tête penchée sur le côté, souriait aux anges. Nour poursuivit sa lecture :

— *J'aime bien les discours des papas pendant les mariages. J'aime pas les fontaines vides.*

Nour reposa le carnet sur la table et retourna à ses haricots.

— C'est quoi ce truc ?

Juliette souriait toujours.

— C'est un carnet que j'ai trouvé à la bibliothèque. Je ne sais pas à qui il appartient. C'est beau, non ?

Nour sourit à son tour. Elle aimait bien voir Juliette heureuse.

— C'est amusant, oui…

— Tu écrirais quoi, toi, dans ton carnet Nour ?

Nour n'en avait pas la moindre idée. Elle démontrait une créativité sans limites dans sa cuisine mais, pour le reste, il ne fallait pas trop lui en demander.

— Allez, quoi, trouves-en une ! la taquina Juliette.

— Euh… eh bien… Vas-y toi, commence !

— J'aime bien dormir avec un pied qui dépasse de la couette, attaqua Juliette.

Nour rit.

— À toi !

— J'aime pas les puzzles ! lança la cuisinière.

— J'aime bien les listes ! rétorqua Juliette.

— J'aime bien l'odeur du beurre quand il fond dans la poêle…

— J'aime bien caresser Léon, là, juste sous son menton. C'est doux !

Léon, qui les avait rejointes sur la table, ronronnait.

— J'aime bien croquer dans une meringue fraîche, dit Nour.

— J'aime pas quand quelqu'un sonne à la porte et qu'on n'attend personne, enchaîna Juliette.

— J'aime bien le rire des bébés.

Juliette baissa la tête et sourit. Elle laissa passer un silence. On n'entendait que les haricots coupés qui tombaient dans le saladier.

— Nour… Tu sais, je crois que je vais le garder.

La cuisinière suspendit son mouvement. Un haricot s'égara sur la feuille de papier journal. Nour, les yeux humides, prit la main de Juliette dans la sienne.

— Juliette, ma chérie… souffla-t-elle doucement. Tu es sûre de toi ?

Une bouffée de bonheur n'attendait qu'un signe de sa part pour éclater dans sa poitrine. Mais son esprit soucieux tâchait de la garder à distance.

— Oui, Nour. J'en suis sûre.

— As-tu… enfin, je veux dire, est-ce que tu…

— Je vais l'élever seule. Ici, si monsieur Yvon accepte, sinon je trouverai autre chose.

Juliette se sentait plus forte maintenant que sa décision était prise. Elle l'assumait entièrement, même dans ses aspects les plus incertains. Nour se pencha vers elle et l'attira dans ses bras. Elle sentait bon la fleur d'oranger.

— *Al-hamdou li-lâh !* s'écria la cuisinière. Oh ! Ma chérie ! Un bébé ! Tu te rends compte !

168

Nour colla son front contre celui de la jeune femme.

— Juliette, je suis là pour toi, tu sais.

Émue, Juliette hocha la tête et l'embrassa.

C'est le moment que choisit Marceline pour entrer dans l'auberge. Le visage rouge, elle se laissa tomber lourdement sur une chaise. Elle mit quelques minutes à retrouver une couleur normale. Nour et Juliette éclatèrent de rire.

— Ça va, Marceline ?

Marceline partit dans une quinte de toux. Juliette lui apporta un verre d'eau. Marceline reprit péniblement son souffle.

— Eh ben… la railla Nour.

— C'est monsieur Georges, il court tellement vite !

— Où est-il d'ailleurs ? demanda Juliette.

— Aucune idée ! Je me suis arrêtée pour une pause à la boulangerie. Il m'attendait dehors et puis, quand je suis ressortie, pfft ! Plus de monsieur Georges !

Nour riait sous cape.

— Il a peut-être eu une urgence… tenta de la rassurer Juliette. Ne vous en faites pas. C'est tout à votre honneur de faire du sport comme ça !

Marceline sourit.

— Ah, merci ! J'ai déjà perdu trois cents grammes, figurez-vous !

Juliette et Nour hochèrent la tête.

Soudain, un jeune homme fit son entrée dans le restaurant. Les trois femmes tournèrent la tête vers le vingtenaire à casquette. Il rougit.

— Euh, bonjour… Je cherche madame Nour…

— C'est pour quoi ? demanda Nour, méfiante.

— Euh, c'est à propos des points…

— Ah ! Oui, bien sûr ! Entre ! lança Nour, tout en essuyant ses mains sur son tablier.

Le jeune homme sortit un papier de sa poche de jean.

— Je suis livreur… alors si je veux pas perdre mon boulot…

La veille au soir, Nour, bien décidée à renflouer les caisses de monsieur Yvon pour les sauver tous deux des griffes du corbeau, avait réuni les habitants dans la salle de restaurant.

Monsieur Georges, Marceline, Juliette, Hippolyte et Paulette, assise bien au chaud sous une couverture en crochet, attendaient qu'elle parle. Elle les avait regardés un par un. Puis, d'une voix dramatique, leur avait demandé jusqu'où ils étaient prêts à aller pour sauver l'auberge de monsieur Yvon.

Effarés devant une telle demande, les habitants ne surent trop que répondre – allaient-ils être délogés ? Mais Nour les rassura. Tout ce qu'il fallait, c'était un permis de conduire.

— Un permis de conduire ? s'exclamèrent-ils en chœur, rassurés, mais pas très au clair sur la tournure que prenait la conversation.

Nour poursuivit :

— Nous allons vendre vos points ! Tenez, monsieur Georges, combien de points avez-vous sur votre permis de conduire ?

— Tous, je les ai tous ! se félicita monsieur Georges.

— Et vous, Marceline ?

— Oh ! Moi, je ne dois plus en avoir beaucoup… La dernière fois que j'ai utilisé ma voiture, il ne devait plus m'en rester que deux ou trois…

— À quand cela remonte-t-il ? demanda Nour.

Marceline, qui n'aimait pas être trop précise quand il s'agissait de son âge, persuadée qu'elle paraissait bien plus jeune qu'elle ne l'était en réalité, signifia d'une moue évasive que cela remontait à loin.

— Alors vous avez récupéré tous vos points ! se réjouit Nour. Après un certain temps, ils reviennent.

Hippolyte, qui n'avait pas son permis, médita sur ces points qui allaient et venaient avec le temps, à leur guise.

Nour poursuivit :

— Il suffit de noter le numéro de votre permis sur l'amende et de certifier que vous étiez au volant le jour de l'infraction. J'ai lu ça dans le journal.

L'assemblée hocha la tête, admirative. Nour se tourna vers le fauteuil à bascule :

— Et vous, Paulette ?

— Il est hors de question que je rentre dans vos combines de bas étage ! s'exclama la vieille dame depuis son fauteuil.

— Mais enfin Paulette, c'est pour monsieur Yvon…

— Je paie déjà un loyer, débrouillez-vous avec ! Non, mais jusqu'où irons-nous ? La prochaine fois, voudrez-vous me délester aussi de mes bijoux pour renflouer le patron ?

Alors que les habitants entamaient une nouvelle partie de Mille Bornes, Nour avait chuchoté à l'oreille de Paolo afin qu'il se chargeât de faire passer le message : des points étaient à vendre à l'auberge de monsieur Yvon.

Et puis le premier client était là. Il se tordait les mains, comme un enfant pris en faute. Nour le sermonna sur les risques des excès de vitesse avant d'empocher les billets craquants.

— Vous ferez attention la prochaine fois, hein ?

— Oui, bien sûr, madame Nour.

Le jeune conducteur avait retrouvé le sourire.

Monsieur Yvon entra dans l'auberge. Il revenait du jardin, comme l'attestaient ses sabots crottés.

— Bonjour mesdames, bonjour jeune homme ! Regardez-moi ces poires !

Le jeune homme remercia Nour tout en jetant un coup d'œil inquiet à monsieur Yvon. Le patron fronça les sourcils. Il aimait bien apprécier l'effet que sa joue immobile faisait sur les gens, surtout les petits jeunes.

— Allez, bonne route ! Et prudence, hein ! l'encouragea Nour.

Il disparut sans demander son reste. Nour glissa les billets dans la caisse et fit un clin d'œil à monsieur Yvon.

24

Paulette recompta les billets.

Puis, à l'aide de son crayon, nota le nom des joueurs et la mise concernée.

— Au suivant !

Dehors, devant la porte du bar-tabac, un attroupement de parieurs en casquettes s'était formé. La serveuse était débordée.

— S'il vous plaît, mettez-vous en ligne ! On ne peut plus circuler ! Madame Paulette va s'occuper de vous.

Les habitants des communes voisines s'étaient vite passé le mot. Il y avait de l'argent à gagner au PMU de la place de l'Église ! De l'argent facile, et rien à faire en plus ! Encore fallait-il être prêt à affronter le cerbère en col de dentelle qui encaissait une partie de vos gains.

— Mais comment qu'elle fait, la vieille, pour savoir qui va gagner ? demandait l'un, un mégot collé aux lèvres.

— T'inquiète de rien, Jeannot, lui répondit l'autre. C'est pas la vieille, c'est le Joe là-bas au fond, celui qu'est derrière sa téloche, qui sort les numéros. La vieille, elle, elle encaisse…

— Elle encaisse ?

— Ouais, elle encaisse…

Ils coulèrent un regard méfiant vers Paulette, quelques mètres plus loin.

— Cherche pas, mon vieux, au final tout le monde est gagnant ! C'est ça qui compte. Vas-y, donnes-y tes pépettes.

La serveuse s'approcha avec trois pastis qu'ils vidèrent à la santé de Joe tandis que Paulette marquait dans son tableau leur nom et le montant de leur contribution. Elle tira un trait bien net à la règle et pianota sur sa calculette.

— Au suivant !

Depuis quelques jours qu'ils avaient commencé leur petite entreprise, les mises au pot avaient pris une belle ampleur et Paulette gérait le tout d'une main de maître. Monsieur Georges donnait les numéros, Paulette pariait en leur nom à tous, puis ils se répartissaient les gains, la vieille dame prenant soin de s'en attribuer une part généreuse en échange de ses bons et loyaux calculs.

Au fond du café, à l'abri de la foule et du bruit, monsieur Georges était tout à la retransmission du Grand Prix de l'Étoile sur un écran d'ordinateur. Paolo lui avait installé une station de contrôle dernier cri, reliant l'engin à Internet. Paulette avait mis le holà quand Paolo avait tenté de lui donner plus de détails sur son installation technique. Ça ne l'intéressait pas. Tout ce qu'elle voulait, c'était que monsieur Georges ait accès à toutes les informations nécessaires.

— Qu'est-ce qui nous permettrait de gagner plus ? lui avait-elle demandé la veille, alors que leurs gains atteignaient des records.

— Ah ! Pour ça il faudrait se rendre sur les champs de courses ! avait lancé monsieur Georges en plaisantant.

— Pour quoi faire ? avait demandé Paulette, le plus sérieusement du monde.

— Eh bien, pour regarder les chevaux !

Paulette avait médité sur cette phrase en tournant sa cuillère dans son thé. Et le lendemain, Paolo était arrivé avec tout son fatras de fils et son bavardage incessant.

Depuis lors, monsieur Georges, le front plissé, scrutait la silhouette des pur-sang, l'attitude des jockeys, la qualité de la piste. Il refaisait mentalement le parcours, étudiait le pas des équidés, guettait la pesée des coureurs et les nuages qui s'amoncelaient dans le ciel parisien. Ses yeux faisaient des allers-retours entre le *Tiercé Magazine*, les commentateurs du Grand Prix et son carnet de notes dans un va-et-vient tendu et fébrile.

— Bon, quand c'est qu'on joue, nous autres ? râla Gérard, qui s'impatientait depuis le bar.

Paulette lui jeta un regard mauvais. Sous les yeux de monsieur Georges, les chevaux se présentaient au public. Les jockeys, accroupis sur la selle, discutaient à voix basse avec leur entraîneur des enjeux de la course.

Le regard de Paulette glissa vers le vieil homme. Il avait l'air soucieux. Elle fourra les liasses de billets dans son sac à main et abandonna son poste pour le rejoindre. Une clameur de réprobation se fit entendre dans la queue.

— Vous êtes bientôt prêt ? demanda Paulette.

Monsieur Georges leva la tête.

— Combien avons-nous récolté ?

Paulette lui murmura un chiffre à voix basse. Il ouvrit de grands yeux ahuris. La vieille dame l'interrogea du regard. Il lui tendit un papier.

— Voilà le Quinté que je jouerais. Je n'ai aucun doute sur ces chevaux…

Il hésitait. Elle s'agaça.

— Bon eh bien, alors ? Pourquoi cette tête de merlan frit ? Accouchez, que diable !

— J'ai un très bon pressentiment sur Belle-de-jour. Elle est toute jeune, mais elle a déjà remporté deux courses à Enghien. Belle jambe, un trot avancé. C'est un outsider et avec tout ce qu'on a à miser… Ça pourrait rapporter très gros.

Les yeux de Paulette brillèrent.

— On y va.

— Mais on peut perdre beaucoup aussi ! Un coup de cravache de trop et c'est la disqualification…

Paulette le fit taire. Elle ne comprenait pas un mot à ces histoires de cravaches et de canassons aux noms alambiqués. Tout ce qu'elle savait, c'est qu'en affaires il ne fallait jamais hésiter.

176

— Monsieur Georges ! À notre âge, on peut tout dire et tout tenter.

Le vieil homme prit une grande inspiration et acquiesça ; Paulette se saisit du papier et retourna à son bureau improvisé. Elle jeta un œil à l'horloge. Il lui restait moins d'un quart d'heure pour encaisser les mises et transmettre leur pari commun à la patronne.

Dans le bar, la bière coulait à flots. Un mélange d'excitation et d'appréhension traînait dans l'air alors que les buveurs trinquaient en guettant Paulette et monsieur Georges du coin de l'œil. C'est qu'ils avaient lâché une sacrée somme !

Soudain, une camionnette se gara devant la terrasse. Paolo en descendit en courant.

— Madame Paulette ! Madame Paulette ! Monsieur Yvon vous cherche partout !

— Vous lui avez dit où j'étais ? demanda-t-elle, prête à lui sauter à la gorge.

— Non, bien sûr ! Mais j'ai pensé que ça vous intéresserait de savoir.

— Savoir quoi, bon Dieu de bois ?

— Votre fils a appelé. Il cherchait à vous joindre.

Paulette se décomposa. Avec toute cette frénésie de parieurs alcoolisés, elle en avait presque oublié sa mission !

— Je vous emmène ? demanda Paolo.

Elle hésita.

— Passez me prendre dans une heure !

Puis elle saisit les billets que lui tendait un vieil homme en salopette, le nez rougi par le vin.

25

— Comme on entend bien son cœur ! s'écria Marceline.

— Taisez-vous donc, on n'entend rien, nous ! répondit Nour.

Juliette souriait, le ventre recouvert d'une substance froide et transparente.

Exceptionnellement, le gynécologue avait accepté de faire l'échographie en présence des deux femmes, fées marraines d'un nouveau genre qui commentaient chacun de ses gestes.

— Et là ! C'est son petit pied qu'on voit ? demanda Marceline.

— Mais non ! C'est son nez ! rétorqua Nour. Oh ! Juliette, regarde comme il est beau.

— Vous voulez connaître le sexe ? demanda le docteur à la future maman.

Juliette regarda Nour. En guise de réponse, la cuisinière leva les mains pour signifier que la décision ne lui revenait pas.

— Non, je ne préfère pas.

Marceline, qui n'aimait pas le suspense, soupira.

— Et de quelle couleur je vais la choisir, ma laine, moi ?

— Oh ! Oublie-nous avec ton tricot ! lança Nour.

— Il est en pleine forme ce bébé… les coupa le docteur.

— *Al-hamdou li-lâh !* s'exclama Nour, la main sur le cœur.

— … pas très gros, mais en pleine forme !

Nour se redressa sur son tabouret.

— Comment ça « pas très gros » ? Ça veut dire quoi ? Qu'il est maigre ? Qu'on lui voit les os ?

— Bien sûr qu'on lui voit les os, on est là pour ça ! s'exclama Marceline.

— *Askat !* lui asséna Nour en la chassant comme une mouche.

Puis au médecin :

— Vous voulez dire qu'il ne mange pas assez ?

Et, sans attendre la réponse :

— Ah ça, j'en fais mon affaire ! s'exclama-t-elle en se levant pour partir.

Elle toucha le ventre de Juliette, embrassa la médaille qu'elle avait autour du cou et sortit de la salle.

Un quart d'heure plus tard, les trois femmes, attablées en terrasse près des étals de fruits et de légumes, profitaient d'une pause bienvenue. Marceline sirotait bruyamment sa menthe à l'eau, tandis que Nour, un cabas rempli de victuailles à ses pieds, savourait le rayon de soleil qui lui caressait la joue. C'était jour de marché.

— Dix euros les trois barquettes ! Dix euros !

Nour se leva pour aller chercher des fraises ; Juliette commençait à avoir des envies. Chez la cuisinière, là-bas au pays, on avait pour coutume de ne jamais contrarier un caprice de femme enceinte. Il ne manquerait plus que le bébé naisse avec une tache rouge comme une fraise au milieu du front.

— Et cinq qui font vingt ! Tenez, je vous mets une barquette d'abricots avec ça, vous m'en direz des nouvelles !

Un vendeur ambulant s'approcha de leur table et tendit un ballon à Juliette. Elle rougit.

— Ça se voit tant que ça ? demanda-t-elle à Nour.

— Ce qui se voit c'est que tu rayonnes, ma chérie ! Regarde-moi ces cheveux et cette peau, là ! Tu ressembles à une princesse ! Mais tu dois manger, hein !

Elle lui pinça les joues.

— Moi je suis sûre que c'est une fille ! s'exclama Marceline.

— Ah oui ? Qu'est-ce qui vous fait dire ça ? demanda Juliette.

— J'ai l'œil pour ces choses-là.

Nour pouffa de rire. Une experte, la Marceline ? Bah !

Elle tapa sur la main de cette dernière qui s'aventurait dans la coupelle de cacahuètes.

— Mais laissez-les donc à Juliette ! Vous n'avez pas entendu ? Son bébé est chétif ! Comme ça ! ajouta-t-elle, le petit doigt en l'air. Regardez comme elle est maigre cette petite ! Et vous, croyez-moi, vous n'êtes pas du tout chétive !

Marceline leva les yeux au ciel et se replongea dans le journal. Le carillon d'un manège accompagné de rires d'enfants leur parvenait au loin, porté par une brise fraîche. Nour plissa les yeux, s'abandonnant à la douceur du moment.

— Écoutez celle-là ! dit Marceline, goguenarde. *Je lance une bouteille à la mer en espérant que tu liras mon message. Grande, blonde, tu attendais le bus à la station Prévert. Timide, je n'ai pas osé t'aborder. Tu es montée dans le 32 en direction de Pont-Lignac. Je t'attendrai jeudi à la même heure, au même endroit. Signé : Ton passager transi.*

Nour soupira :

— Et bien entendu, Marceline, vous comptez y aller ?

— Bien entendu, répondit l'autre très sérieusement. Un cœur déçu est toujours un cœur à prendre. Je lisais encore ce matin que les hommes aiment les femmes mûres…

Nour plongea dans son verre en marmonnant quelques mots parmi lesquels on devinait « femmes mûres » et « vieille chouette ». Marceline l'ignora et, mentalement, marqua son calendrier. Elle s'était fait une spécialité de ces rencontres pas vraiment fortuites où elle tentait de consoler celui qui en espérait une autre. Jadis, Marceline tirait parfois son épingle du jeu, sur un malentendu ou une erreur d'inattention. Les années passant, la magie opérait de moins en moins, sans que cela affecte pour autant l'enthousiasme de Marceline.

De l'autre côté de la table, Juliette, les yeux dans le vague, méditait sur son carnet.

— Et toi, ma biquette, où en es-tu ? demanda Nour, qui pouvait lire dans ses pensées.

— Pas bien loin…

La veille, aidée d'Hippolyte, Juliette s'était mise en quête de l'auteur du carnet. Armés d'une boîte de craie, ils avaient fait à pied le chemin entre l'auberge et la bibliothèque. Juliette dictait des phrases à Hippolyte, et lui, un genou à terre, les recopiait sur le sol.

Ils s'étaient arrêtés un moment à l'ombre d'un arbre pour que Juliette puisse reprendre son souffle. Hippolyte, la main en visière, avait jeté un œil derrière eux. Tout le long de la route s'égrenaient des lettres colorées à la manière d'un jeu de piste.

— Juliette, c'est quoi ces phrases ?

— Bah tu vois bien, ce sont des « J'aime » et des « J'aime pas ». C'est une liste qui donne à voir quelqu'un sans le montrer tout à fait.

Hippolyte s'était essuyé les mains sur son pantalon usé.

— Mais qui les a écrites, ces phrases ?

— Justement, j'en sais rien. Mais grâce à ton aide, il reconnaîtra peut-être ses mots, et nous retrouvera à l'auberge.

Les yeux d'Hippolyte s'étaient illuminés.

— Comme le Petit Poucet !

— Voilà ! Tu as tout compris. Il suffit de suivre les phrases pour retrouver le carnet.

Ils avaient fait quelques pas jusqu'au croisement suivant. La départementale était déserte. Il était presque onze heures, le front d'Hippolyte perlait de sueur.

— « J'aime bien le mot *zinzolin* », avait dicté Juliette, occupée à écrire une autre phrase quelques mètres plus loin.

Hippolyte était resté interdit.

— « Zinzolin » ? C'est beau !

Juliette avait souri.

— Oui, c'est beau ! C'est une couleur ! Un peu rose, un peu mauve, un peu violet.

— Comme dans un coucher de soleil ?

— Oui, c'est ça, comme dans un coucher de soleil. Et toi, Hippolyte, tu écrirais quoi dans ton carnet ?

Hippolyte s'était redressé et avait fait la moue. Ses cheveux roux ébouriffés brillaient dans le soleil. Quand il réfléchissait ainsi, perdu dans les méandres de son esprit d'enfant et de son corps d'adulte, Juliette sentait son cœur gonfler de tendresse, d'une tendresse qui la menait au bord des larmes, allez savoir pourquoi. Les hormones sans doute.

Au bout d'un moment, Hippolyte avait lâché :

— Je t'aime toi, Juliette.

Il leur avait fallu encore une bonne heure avant d'atteindre la bibliothèque. Puis, leur dernière phrase recopiée en gros devant l'entrée du bâtiment, ils s'étaient frotté les mains avant de prendre le bus pour rentrer.

Juliette avait passé tout le déjeuner à guetter la porte de l'auberge. Dès qu'un client entrait, son cœur manquait un battement. Était-ce lui ? Non, ça c'était Marcel. Marcel n'écrirait jamais un carnet de la sorte. Peut-être Bastien ? Elle épiait chaque visage, même familier, trouvant un charme particulier à des inconnus à qui elle n'avait jamais parlé. Elle se surprit à espérer qu'il ne fût pas trop laid.

Son cœur faisait des bonds, de commande en service, de table en table. Elle ne parvenait pas à se concentrer, incapable de mémoriser le menu du jour ou les demandes des clients. Quand, tout à coup, un jeune homme était entré. Les cheveux en bataille, l'air un peu perdu. Il avait fouillé la pièce du regard. Juliette avait senti son cœur s'accélérer. Est-ce que… ? Elle s'était dirigée vers lui à pas rapides. Le carnet, à l'abri dans son tablier, tapait contre sa cuisse à chacun de ses mouvements. Elle avait plongé la main dans sa poche, prête à l'aborder sans savoir pourtant ce qu'elle allait lui dire, quand, à la table voisine, quelqu'un avait hélé le garçon.

— Arthur ! On est là ! Tu dors ou quoi ?

Arthur, comme tombé d'un arbre, avait rejoint la numéro 5 qui déjà le charriait sur son indolence. Soudain, comme en réponse aux pensées de Juliette, une pluie d'été violente s'était abattue sur l'auberge. Juliette avait manqué d'en laisser tomber les assiettes. Dehors, l'eau délavait doucement tout leur travail du jour, emportant avec elle les phrases colorées d'un auteur qu'on ne retrouverait vraisemblablement jamais.

Nour tourna sa paille dans les glaçons. Le bruit tira Juliette de ses pensées, la ramenant place du Marché.

— Peut-être qu'il faut juste mettre une annonce dans le journal ? suggéra Nour. « Trouvé carnet bizarre, avec plein de phrases bizarres… »

— Quel carnet ? intervint Marceline, curieuse.

Juliette soupira, les yeux dans le vague.

— Un carnet que j'ai découvert… Rempli des contours de quelqu'un. Avec dedans des « J'aime » et des « J'aime pas ». En fait, c'est plus un cahier qu'un carnet…

— Oh ! Ça me rappelle une annonce sur un cahier, justement…

Juliette leva les yeux. Marceline sortit de son sac un petit téléphone.

— C'était la semaine dernière, je crois bien. Elle doit encore être sur le site Internet.

Dans sa quête de l'amour, Marceline déployait des ressources inattendues. En deux clics, elle était déjà dans les archives des petites annonces.

Nour la regardait faire, étonnée de tant d'agilité technologique.

— Attendez que je cherche… *À la petite demoiselle blonde au chignon qui lisait* L'Apologie de Socrate *sur la ligne 4…* Non, c'est pas celle-là ! Attendez, attendez… *Perdu de vue…* Voilà ! C'est ça !

Elle fit une pause et se racla la gorge. Puis elle jeta un coup d'œil à Nour et Juliette qui l'écoutaient religieusement.

— *Perdu de vue : précieux cahier 96 pages, petit format, grands carreaux. Si vous le trouvez, merci de le déposer à la Laverie des Petits Carreaux* (ça ne s'invente pas !), *place du Tertre, à l'attention d'Antoine. Merci.*

Juliette en resta bouche bée. Marceline jubilait. Antoine ! Juliette bondit de sa chaise et enlaça Marceline.

— Oh ! Merci ! Merci !

— Ah ! Quand je dis qu'il faut toujours lire les petites annonces. Et les rubriques nécrologiques aussi !

Nour réfléchit.

— Je la connais, la Laverie des Petits Carreaux... C'est là qu'Hippolyte va laver les torchons de monsieur Yvon. Trop gras pour que je le laisse les mettre dans ma machine... ajouta-t-elle pour elle-même.

— C'est sûr qu'avec les frites...

26

Ce soir-là, autour de la table du dîner, les conversations allaient bon train.

— Ah non, celle-là c'est pour Juliette !

Nour arracha à Marceline l'assiette de semoule et la tendit à la jeune fille. Elle arrosa le tout de carottes, de courgettes, de pois chiches et de sauce. Y ajouta quelques raisins secs. Puis elle fouilla de sa louche dans le plat à couscous et en sortit les meilleurs morceaux de mouton.

— Les yeux, le foie et la cervelle ! Là, ma princesse ! Pour le petit têtard chétif !

Juliette déposa devant son ventre rond l'assiette qui débordait de parfums et d'épices.

— Des yeux de mouton ? Quelle horreur ! s'exclama Marceline.

La cuisinière la foudroya du regard. Même Léon n'avait pas son mot à dire sur la préparation du couscous. Et depuis qu'il était question de la santé du bébé, Nour rivalisait de créativité pour satisfaire les papilles de Juliette.

— Et Paulette, elle dîne avec nous ? interrogea Marceline. S'agirait pas qu'elle descende à minuit pour son goûter ! railla-t-elle, un peu jalouse de l'attention que monsieur Georges montrait à la vieille dame.

Paulette était montée se coucher. Un quart d'heure plus tôt, Belle-de-jour avait coiffé au poteau ses congénères. Tout le bureau de tabac et sa terrasse bondée avaient exulté de joie quand monsieur Georges avait crié : « Belle-de-jour en tête ! » La patronne du bar, qui avait misé gros ce jour-là, avait sauté au cou de Paulette, manquant de la renverser.

— Tournée générale ! avait crié quelqu'un avant de se faire acclamer par la foule.

Paulette avait rejoint monsieur Georges, en sueur et tremblant. Elle avait hoché la tête en silence pour le féliciter, un sourire non feint sur les lèvres. Monsieur Georges lui avait tendu la main.

— Bravo partenaire.

Elle avait levé son verre et trinqué à la santé de Belle-de-jour, du PMU et des vieux qui n'avaient plus peur de rien.

— Qui l'eût cru, hein ?

Paulette avait acquiescé. Trois semaines plus tôt, elle-même n'aurait pas misé un centime sur leur tandem. Dans un silence révérencieux, Paulette avait attendu que la patronne lui transmette le montant des gains sur sa petite machine. Le résultat était exorbitant. Même monsieur Georges n'en revenait pas.

La vieille dame l'avait félicité :

— Un outsider ? C'est comme ça que ça s'appelle ?

Monsieur Georges lui avait souri. Il rayonnait.

— Tout à fait, madame Paulette ! Vous voyez, c'est le métier qui rentre.

— Allez, reprends-en un petit peu, insista Nour.

Juliette fit barrage avec ses mains. Au même moment, le téléphone sonna. Monsieur Yvon glissa sa large silhouette derrière le bar et décrocha d'un *allô, j'écoute* plein d'entrain. Les habitants, tout à leurs assiettes, ne remarquèrent pas le voile sombre qui s'abattit soudain sur le visage du patron. Ils ne prêtèrent pas attention non plus à son air las lorsque, les yeux dans le vague, il salua son interlocuteur d'un *merci, docteur* douloureux. Sa main s'attarda sur le combiné quand il le reposa sur le socle.

La bouche pleine, Marceline interpella monsieur Yvon.

— Dites, vous auriez pas un petit verre de quelque chose pour faire passer tout ça ?

Les regards se tournèrent vers le patron. Ce dernier n'était jamais en reste pour trinquer. La sexagénaire avait une descente qu'il n'aurait pas aimé remonter à vélo. Pourtant, ce soir, il semblait ailleurs.

— Monsieur Yvon ?

Pour toute réponse, il emporta son assiette à la cuisine. Les habitants se regardèrent. Quelle mouche l'avait piqué ?

Nour le rejoignit. Elle vida quelques plats dans la poubelle avant de les déposer dans l'évier.

— Tout va bien ? demanda-t-elle.

Le patron hocha la tête en silence et disparut dans le jardin.

Moins d'une heure plus tard, Juliette s'apprêtait à remonter dans sa chambre quand elle s'arrêta devant la porte de monsieur Georges. Elle toqua doucement.

— Marceline, je vous ai dit que je n'avais besoin de rien ! cria monsieur Georges depuis l'autre côté de la cloison.

— Non, c'est moi ! souffla Juliette.

Monsieur Georges ouvrit la porte et lui sourit.

— Bonsoir, Juliette !

— Bonsoir, monsieur Georges. Comment ça va ? Vous n'êtes pas descendu au dîner ; je voulais m'assurer que tout allait bien.

Monsieur Georges secoua la tête.

— C'est gentil, Juliette. À vrai dire j'ai tellement mangé à midi que la perspective du couscous ne m'était pas des plus agréables. Comment allez-vous ?

— Rondement ! Marceline passe son temps à me demander combien de kilos j'ai pris, Nour s'assure de lui donner de quoi se réjouir en me gavant de couscous et monsieur Yvon ne veut déjà plus que je m'occupe du service de peur que je me fatigue trop…

Elle s'affala sur le lit.

Sur l'écran de la télévision, des chevaux couraient au ralenti.

— Vous ne regardez pas de film ce soir ?

Monsieur Georges éteignit le poste.

— Non, ce soir c'est nous qui faisons l'histoire. Ça vous dit, une balade *downtown* ?

Juliette se laissa glisser au pied du lit et ferma les yeux.

— Je commence, alors ! s'exclama-t-elle. Nous sommes au bord de l'Hudson, assis sur une pelouse, les yeux vers la rivière. Un bateau-taxi traverse la baie en direction de la statue de la Liberté. Il fait doux. Nous nous dirigeons vers…

— … Meatpacking et ses vieux abattoirs, poursuivit le vieil homme. En route, nous observons les tags colorés sur les murs. Et les réservoirs d'eau sur les toits. J'en compte cinq, et vous ?

— Six ! Nous faisons une pause dans ce petit traiteur italien juste à côté de cette immense usine à Oreo à l'angle de la 15e Rue… Hmmm… goûtez-moi ce jambon cru ! Un délice ! Puis nous rejoignons Bleecker Street…

— … ma rue préférée !

Juliette et monsieur Georges sourirent. Le vieil homme poursuivit sa balade imaginaire :

— Sur le bitume du square Horatio, des joueurs à taille de géant taquinent un ballon orange. Et plus bas, au coin de la rue, regardez ce promeneur qui tient huit chiens en laisse ! Nous continuons dans les ruelles ombragées. Les maisonnettes de Charles Street sont décorées de citrouilles et de squelettes en tout genre… C'est bientôt Halloween !

— Arrêtons-nous chez Magnolia Bakery. La vitrine est pleine de *cupcakes* multicolores. Je prends un *banana pudding* – *small size*, leurs portions sont toujours énormes !

— Ah ! On croirait entendre la Paulette !

Ils partirent dans un grand éclat de rire. Juliette attrapa un biscuit.

— C'était quand la dernière fois que vous êtes allé à New York, monsieur Georges ? demanda-t-elle.

L'expression du vieil homme changea.

— C'était… il y a très longtemps.

Juliette l'observa. Elle ne savait pas trop s'il avait envie d'en parler. Était-ce de la gêne ou de la nostalgie ?

— J'aimerais bien y aller, moi… lança-t-elle.

Il lui sembla que les yeux du vieil homme brillaient. Il ne répondit pas. Elle décida de changer de sujet.

— Vous êtes prêt pour votre cours de natation demain ? le taquina-t-elle.

Monsieur Georges s'anima.

— Enfin Juliette, expliquez-moi d'où est venue cette idée que nous devions maintenant faire du sport tous ensemble ? N'est-ce pas déjà suffisant de partager nos repas et nos soirées Cluedo ? – qui finissent toujours mal d'ailleurs, soit dit en passant.

Juliette pouffa. Marceline faisait parfois preuve d'une telle détermination qu'il était difficile de lui résister.

— Allez, monsieur Georges, si j'étais vous je ne m'inquiéterais pas trop. Le sport est à Marceline ce que la diète est à monsieur Yvon… Un fantasme qui mérite de le rester au risque de modifier le sens dans lequel tourne la Terre ! Encore quelques tours à la piscine et on n'en parlera plus. Je vous parie un Petit LU !

Cela ne sembla pas rassurer monsieur Georges.

— Vous venez avec nous à la piscine au moins ? demanda-t-il.

Juliette hésitait. Elle pensait profiter de sa matinée pour aller déposer le cahier de petites phrases à la Laverie des Petits Carreaux.

Monsieur Georges l'interrogea du regard. Juliette plongea sa main dans son tablier et en sortit le petit carnet.

— C'est une longue histoire.

Sans reprendre son souffle, Juliette lui raconta sa découverte à la bibliothèque, les phrases mysté- rieuses, le jeu de piste à la craie avalé par l'orage, et puis le journal de Marceline.

Monsieur Georges l'écoutait, fasciné par l'enquête de Juliette tout autant que par le nouvel éclat dont brillaient les yeux de la jeune femme.

— Et que comptez-vous faire ? demanda-t-il.

C'est le moment que choisit Paulette pour entrer dans la chambre.

— À propos de quoi ? demanda la vieille dame.

Monsieur Georges s'empressa de se lever pour lui laisser sa place. Paulette l'en dissuada d'une main posée sur son poignet. Le cœur de monsieur Georges fit un bond dans sa poitrine.

— Bonsoir, madame Paulette, vous ne dormez pas ? la salua Juliette.

— Je fais des insomnies. Je vous cherchais, justement. Pouvez-vous me faire porter une camomille ?

Sa voix remonta à peine, laissant planer sa phrase
entre l'ordre et la question. Elle saisit le petit carnet
des mains de monsieur Georges.

— Qu'est-ce que c'est encore que ça ?

Juliette raconta une nouvelle fois son histoire, l'occasion pour monsieur Georges de réclamer plus de détails.

— Eh bien, s'exclama Paulette, vous n'êtes pas
encore allée à la rencontre de cet Antoine à la laverie ? Qu'est-ce que vous attendez ?

Juliette rougit.

— Peut-être n'a-t-elle pas envie de le rendre, ce
carnet, finalement ? hasarda monsieur Georges.

Paulette ne comprenait pas.

— Oui, peut-être que Juliette a peur d'être déçue
d'une certaine façon… précisa le vieil homme.

Juliette regarda monsieur Georges. Elle et lui étaient
faits du même bois. Ils se comprenaient à demi-mot,
sans qu'il fût nécessaire d'en dire trop. Juliette se fit la
remarque qu'en son temps monsieur Georges avait dû
rendre des jeunes filles heureuses. Le genre d'homme
qui avait toujours une petite attention, un coucher de
soleil ou un mot tendre à vous offrir.

— Oh ! Cessez donc d'avoir toujours peur de
votre ombre ! lâcha Paulette. Combien de fois
faudra-t-il que je vous le dise ! La vie vous tend les
bras et vous vous cachez dans une auberge du troisième âge ! Enfin Juliette ! Courez ! Volez à la rencontre de cet Antoine ! Et au pire, si vous tombez
amoureuse, vous vous relèverez !

Elle soupira, visiblement agacée. Juliette, piquée au vif, s'exclama :

— Parce que vous n'avez jamais peur, vous, peut-être !

Paulette laissa passer un silence. Monsieur Georges, mal à l'aise, fixait ses souliers avec attention. Si, à y réfléchir, il y avait bien quelque chose qui faisait peur à Paulette. Mais elle n'avait aucune envie d'en parler à Juliette. Ni à qui que ce soit d'autre d'ailleurs.

— Je vous attends avec ma camomille dans ma chambre ! lança-t-elle en se levant. Bonne nuit, monsieur Georges !

Quelques instants plus tard, on frappa chez Paulette.

— Vous avez fait vite ! lança la vieille dame depuis son lit.

Elle replia la lettre qu'elle était en train de lire et la glissa dans sa table de chevet. La large silhouette de monsieur Yvon apparut dans l'encadrement de la porte. Il prit soin de refermer derrière lui.

— Je ne vous dérange pas ? demanda-t-il de sa bouche à moitié immobile.

Paulette, surprise, l'invita à approcher.

— Que puis-je faire pour vous, monsieur Yvon ?

— Avez-vous réussi à joindre votre fils ?

— Pas encore. Il est toujours sur messagerie.

Monsieur Yvon s'étonna du calme de la vieille dame. Où était passée son envie irrépressible de mettre les voiles ?

— C'est pour parler de mon fils que vous êtes venu jusqu'ici ? Ne vous en préoccupez pas, j'en fais mon affaire.

Monsieur Yvon se racla la gorge.

— Madame Paulette, le cabinet du docteur Guillotin a appelé.

Il déglutit. Sa gorge était sèche. La vieille dame ôta ses lunettes et les rangea dans leur étui d'un air désinvolte.

— Monsieur Yvon, je vous saurais gré de ne pas vous mêler de…

— Vous savez pourquoi ils ont appelé n'est-ce pas ? la coupa-t-il.

L'émotion dans ses yeux démentait la fermeté de sa voix. Le géant au cœur tendre n'aimait pas être l'oiseau de mauvais augure. Les mots lui échappaient et ses lèvres se refusaient à en formuler davantage.

Paulette, stoïque, le fixa en silence. Finalement, monsieur Yvon lâcha :

— Je vous conduirai au cabinet mercredi prochain. Nous avons rendez-vous.

Il allait ajouter quelque chose quand on toqua à la porte. Juliette entra avec un petit plateau dans les bras, surmonté d'une tasse fumante. Monsieur Yvon en profita pour saluer la vieille dame et sortit de la chambre, le cœur lourd.

27

Juliette noua un foulard autour de son cou avant de l'enlever aussitôt.

Face au petit miroir de sa chambre, elle avait peint ses lèvres en rose puis avait tout effacé à l'aide d'un mouchoir. Les contours de sa bouche étaient rouges d'avoir été frottés. Elle s'observa un long moment.

Qu'espérait-elle ? À quoi pouvait bien ressembler celui qui passait ses après-midi caché dans les rayons oubliés de la bibliothèque à croquer sa vie à coups de petites phrases ? Que penserait-il en la voyant ?

J'aime pas la taille de ses mollets
J'aime bien ses yeux couleur de cendre
J'aime bien les petites veines bleues au creux de son
poignet
J'aime pas quand elle rit et qu'on voit le fond de sa gorge

Elle observa ses dents dans la glace. Puis l'intérieur de sa bouche. Elle plissa les yeux et tira la langue. Qu'écrirait-elle, elle, dans son carnet ?

J'aime pas les femmes qui ont du rouge à lèvres sur
les dents
J'aime bien celles qui sentent le shampoing
J'aime pas les femmes aux ongles longs
J'aime bien celles qui se coiffent avec un crayon

Léon entra dans la chambre et miaula avant de venir se frotter contre ses jambes.

— Salut, mon Léon… Tu es en manque de caresses, on dirait ?

Elle se baissa et passa sa main dans la fourrure douce du matou. Il ronronna de plaisir. Il leva le menton quand elle gratta doucement sa gorge. Puis elle lissa son pelage jusqu'au bout de sa queue. Une touffe de poils lui resta dans la main.

— Tu dois avoir chaud avec tout ça, mon pauvre Léon…

Elle se lava les mains avant de revenir au petit miroir de la salle de bains. Elle tressa ses cheveux. Depuis le tapis de bain, Léon l'observait avec tendresse. Juliette poursuivit mentalement la liste de son carnet imaginaire :

J'aime pas les hommes qui portent des gourmettes
J'aime bien ceux qui ont une cicatrice près des yeux
J'aime pas les chemises à manches courtes
J'aime bien les hommes qui pleurent au cinéma

Des bruits de voix lui parvinrent depuis l'escalier. Monsieur Georges et son équipe s'apprêtaient à partir à la piscine. Elle sourit. Puis elle repensa à

198

Paulette, saisit son sac à main et sortit de la petite chambre, le matou sur ses talons.

Dehors, le soleil était déjà haut. Elle enfourcha sa bicyclette. Son ventre l'encombrait un peu. Pourtant sa robe d'été le dissimulait et il était impossible de se rendre compte qu'ils étaient presque deux en route pour le village voisin. Juliette pédalait tranquillement, le visage rafraîchi par une brise bienvenue, son nez constellé de taches de rousseur abrité sous un chapeau de paille.

Un papillon se posa sur son panier alors qu'elle accotait son vélo le long d'un muret. De l'autre côté de la rue, l'enseigne à demi effacée de la Laverie des Petits Carreaux semblait avoir fané au soleil.

Juliette approcha doucement son visage de la vitre. Elle colla ses mains autour de ses yeux pour se protéger de la lumière extérieure. Une rangée de machines, la bouche grande ouverte, attendaient qu'on les nourrisse de linge sale. La laverie semblait déserte.

Elle glissa sa main dans son sac. La sensation du carnet sous ses doigts la rassura. Le dos collé au mur, elle fixa le bord du trottoir, pensive. Elle allait entrer dans cette laverie, demander à voir Antoine et lui remettre le carnet. Un vieil homme chauve et sans dents allait s'en saisir et disparaître sans même la remercier. C'en serait fini des rêveries de gamine à l'eau de rose.

Un chat déboula du coin de la rue, une ficelle accrochée au bout de la queue. Il trimballait derrière lui une boîte de conserve. Une bande d'enfants surexcités suivit quelques secondes plus tard. Ils la dépassèrent en courant. Juliette tenta de les arrêter, en vain.

Furieuse, elle se redressa et poussa la porte de la laverie. La vie n'était pas un conte de fées. Les histoires d'amour et les histoires tout court finissaient toujours mal. Et mieux valait s'en accommoder au risque de vivre dans une bulle qui vous asphyxiait à petit feu.

Une odeur de lessive envahit ses narines quand elle entra. Il faisait chaud. Un ventilateur s'essoufflait dans un coin, faisant voler les pages d'un vieux magazine. Près de l'entrée, une machine tournait à côté d'un grand panier vide, dans un roulis de tambour lancinant.

— Y a quelqu'un ?

Le bip d'un séchoir lui répondit.

Elle fit le tour de la petite pièce. Une porte ouverte donnait sur un réduit où tenait tout juste un bureau recouvert de papiers.

Elle hésita à déposer le carnet sur la table avec un mot. Elle cherchait un crayon quand la porte s'ouvrit derrière elle, apportant un peu du bruit de la rue. Juliette se cramponna au carnet.

— Je peux vous aider ?

Il devait avoir dans les trente ans. De grands yeux bleus et un sourire éclatant. Juliette resta sans voix, son carnet au bout du bras. Il s'approcha et la dévisagea des pieds à la tête.

— Désolé, j'étais sorti acheter des cigarettes. Vous avez besoin de monnaie ?

J'aime bien le bruit des pièces qui tombent dans
le panier du péage
J'aime bien les rouleaux de centimes que la caissière
casse dans son tiroir
J'aime bien la petite valve de plastique au cul des tirelires

— Non, pas de monnaie. Je suis venue vous rapporter votre carnet… Enfin le cahier, suite à l'annonce dans…

Sa phrase tenait à un fil. On aurait dit qu'une seule de ses cordes vocales fonctionnait, tentant tant bien que mal de se faire entendre.

Le jeune homme la fixa. Une bulle de chewing-gum éclata au bout de sa langue.

— Vous avez faim ? demanda-t-il.

Elle jeta un œil à la pendule sur le mur. À peine dix heures.

— Oui, eh bien, pourquoi pas ?

— C'est quoi, votre prénom, au fait ?

— Juliette.

Il hocha la tête et l'invita à sortir alors qu'il tenait la porte.

Dehors, ses yeux furent surpris par la lumière. Elle lutta pour les rouvrir. Il l'entraîna vers le bar-tabac. Les cloches de l'église sonnèrent dix coups. Ils s'attablèrent en terrasse sous les marronniers. Les branches feuillues lui procurèrent une fraîcheur bienvenue. Il interpella la serveuse en claquant des doigts.

— Carole, un café, un jambon-beurre et…

Il interrogea Juliette du regard.

— Une menthe à l'eau ! s'empressa-t-elle de répondre.

Il alluma une cigarette, jeta son briquet sur la table et se cala au fond de sa chaise. Le menton relevé, il la fixait, un sourire au coin des lèvres. Juliette tenta de dissimuler sa gêne en relançant la conversation.

— Ça fait longtemps que vous travaillez à la laverie ?

Elle terminait à peine sa phrase qu'elle se maudit. Dans le genre question sans intérêt, on ne pouvait pas trouver mieux !

— On peut dire ça, oui… répondit-il en la fixant toujours.

Un silence s'installa.

Juliette repensa au carnet. Elle savait déjà beaucoup de choses sur lui finalement. Se doutait-il qu'elle l'avait lu ?

J'aime bien les silences
J'aime pas les gens qui ne laissent pas les autres
terminer leurs phrases
J'aime bien aider les gens qui cherchent leurs mots

La serveuse déposa devant eux un bout de baguette craquant et une coupelle de cacahuètes. Antoine laissa échapper de larges ronds de fumée avant d'écraser son mégot dans le petit cendrier.

Soudain, une idée s'immisça dans l'esprit de Juliette. Juste une pensée fugace et un peu désagréable. Elle

202

caressa le dos du carnet qu'elle tenait toujours dans ses mains.

J'aime pas les cendres qui s'accumulent au bout
d'une cigarette

— Vous travaillez dans le coin ? demanda-t-il en sucrant son café.

— Non, enfin… disons, pas très loin. Je fais le service à l'auberge…

— Chez monsieur Yvon ?

— Oui, c'est ça…

Il croqua dans son sandwich. Un bout de jambon atterrit par terre.

— Le vieux avec son visage de Quasimodo ! lança-t-il en riant la bouche pleine. Y a que des croulants là-dedans, non ?

À nouveau, Juliette tiqua.

J'aime pas les gens qui font crisser les fourchettes contre
leurs dents
J'aime pas les gens qui mangent la bouche ouverte

Une fourmi vint agiter ses antennes à proximité du jambon abandonné à terre. Juliette l'observa, comme pour l'encourager en silence. Son voisin suivit son regard tourné vers le sol. Puis, apercevant l'insecte, l'écrasa du bout de sa basket.

Elle décida d'en avoir le cœur net.

— Vous allez souvent à la bibliothèque ?

— Ah non, moi et les livres, ça fait trois : le livre, moi, et la télé !

Il partit dans un rire satisfait.

À cet instant, le cœur de Juliette glissa de sa poitrine et roula à terre dans le gravier. Elle le ramassa, fendu et couvert de poussière.

Elle se redressa et repoussa son verre un peu plus loin devant elle. Autour, quelques hommes lisaient leur journal, attablés devant un café. Juliette se demanda où pouvaient bien être leurs femmes.

— Vous ne m'avez pas dit comment vous vous appeliez ? lança-t-elle, nerveuse.

— Serge. Comme le dessin animé. Sauf que moi je préfère taper dans la caisse que dans un ballon !

Il se remit à rire. Juliette le coupa froidement :

— L'annonce dans le journal était signée Antoine.

— Ouais, je garde un œil sur la laverie en son absence, expliqua Serge.

Elle laissa passer un silence, les mâchoires serrées. Ses ongles s'enfoncèrent dans la couverture du carnet qu'elle n'était désormais plus du tout décidée à rendre.

— Pourquoi prétendez-vous être celui que vous n'êtes pas ? lâcha-t-elle soudain.

La petite phrase claqua sur la place de l'Église. Serge, surpris, ouvrit de grands yeux. Sans prévenir, Juliette l'incendia :

— Vous êtes comme tous les autres ! Un menteur imbu de lui-même et inutile ! Que voulez-vous qu'on devienne, nous autres, avec un monde rempli de gens comme vous ? Où vont les cœurs à prendre, les poètes, les romantiques ? Il doit bien y avoir quelque chose pour nous aussi, non ?

Elle avait les larmes aux yeux. Serge bredouilla, il ne comprenait rien au mélodrame qui se jouait tout à coup sous son nez. Il n'avait rien fait de mal, tout juste lui avait-il proposé un café. Ce n'était quand même pas le bout du monde !

— Et ne venez pas me dire que vous n'y êtes pour rien !

Elle hurlait à présent. Le silence s'était fait sous les marronniers. Soudain, Paulette apparut sur le seuil du café.

— Juliette ?

Elle leva la tête vers la vieille dame. Que faisait-elle là ? Derrière elle, monsieur Georges et Paolo la regardaient d'un air triste.

— Venez, Juliette, on rentre.

Les yeux pleins de larmes, Juliette abandonna sa chaise. Paolo hissa la bicyclette dans la camionnette et ensemble ils repartirent vers la petite auberge.

Ils parcoururent la route de campagne en silence. Juliette, le nez contre la vitre, se maudissait intérieurement.

Derrière le volant, Paolo lui jeta un œil inquiet.

— Ça va aller, Juliette ?

En guise de réponse, Juliette renifla.

Paulette ouvrit son sac d'un geste agacé et en sortit un mouchoir brodé qu'elle tendit à la jeune femme.

— Tenez ! Ça nous épargnera vos bruits vulgaires !

Juliette se redressa.

— C'est vous, madame Paulette ! C'est vous qui m'avez dit d'aller à sa rencontre ! lança-t-elle alors qu'une larme dévalait sa joue.

— Oh ! Cessez donc de gémir ! Si vous étiez moins sotte, les choses ne se seraient pas passées comme ça ! Regardez-vous ! Prête à tomber amoureuse d'un fantasme d'écrivain raté à la seule lecture d'un carnet ! Non, mais franchement ! Réveillez-vous, ma fille ! Vous n'avez plus douze ans ! La vie s'écrit, et elle n'épargne personne, vous entendez ?

Monsieur Georges, embarrassé par la tournure des événements, fixait la route devant lui. Depuis le matin, Paulette n'était plus la même. Mutique, elle lui avait à peine adressé un regard quand il l'avait accueillie avec un bouquet de fleurs des champs. Cette froideur l'avait désarçonné. Il n'avait plus la tête aux courses. Dans ces moments-là, il pariait mal, laissait filer sa chance, en oubliait les règles les plus élémentaires. Il avait fait perdre beaucoup d'argent aux clients du bar, ce qui n'avait pas arrangé l'humeur de Paulette.

Paolo freina devant l'auberge. Juliette bondit hors de la camionnette, entra en courant dans la maison et monta les marches quatre à quatre pour rejoindre sa chambre. Monsieur Yvon, qui rédigeait le menu sur l'ardoise, eut à peine le temps de la saluer qu'elle avait déjà disparu.

Paulette entra à son tour, le visage fermé.

— Oh, madame Paulette, justement je… commença monsieur Yvon pour la prévenir.

206

— Bonjour, Paulette, le coupa une voix aiguë depuis le fond du restaurant.

La vieille dame se figea.

Assise derrière un verre de rosé, Corinne leur souriait.

28

Paulette la rejoignit de mauvais gré sur la banquette.

Sa belle-fille la serra dans ses bras en laissant s'évaporer dans l'air deux bises sonores.

— Mais vous avez une mine superbe, Paulette ! L'air de la campagne vous va bien, on dirait !

Elle fit signe à monsieur Yvon de lui remettre un petit verre.

— Vous prendrez quelque chose ?

Paulette fit non de la tête. Son visage n'exprimait aucune émotion si ce n'est une profonde et terrible lassitude. D'abord monsieur Georges qui misait sur les mauvais chevaux, et puis maintenant Corinne qui se pointait à l'auberge. Cette journée s'apparentait à un cauchemar éveillé.

Corinne fouilla dans un sac plastique tout en continuant de parler :

— Je me suis inquiétée, vous savez ! J'ai cru au pire en entendant votre message ! J'ai même pas osé le faire écouter à Philippe, c'est pour vous dire. Il a déjà assez de soucis, le pauvre ! Et vous voilà en pleine forme ! Monsieur Yvon, vous nous remettrez des chips ?

Paulette la fixa de ses yeux clairs. Sa main tremblait légèrement. Elle la posa sur ses genoux. Ainsi Philippe n'avait pas eu ses messages. Elle se figura ces courtisanes tenues à distance de leur roi par une épouse jalouse. Paulette était prise au piège. Contrainte au silence pour ne pas faire de vagues.

Elle repensa à Philippe, enfant, étendu dans son berceau. Sa peau de velours et sa respiration calme, ses doigts minuscules enroulés autour d'une peluche élimée. Moudi, qu'il l'appelait. Une souris rouge, avec deux boutons à la place des yeux. Elle se remémorait la sensation aussi belle qu'angoissante d'un bonheur fugace. De ses vaines tentatives pour suspendre un peu le cours du temps, pour que cet enfant ne grandisse pas trop vite, qu'il ne parte pas trop loin. Elle repensa aux goûters remplis de rires et de bouches chocolatées, quand elle et ses amies plaisantaient sur le sort qu'elles réservaient à leurs futures belles-filles. Son cœur se serra.

Corinne extirpa de son sac un drôle de paquet emballé dans du papier journal. Les joues roses, elle s'exclama :

— Je vous ai rapporté un cadeau !

Elle lâcha le mot « cadeau » d'un air guilleret, comme un enfant qui attend Noël. Paulette la dévisagea. Avec ses boucles d'oreilles clinquantes et son rouge à lèvres, Corinne avait quelque chose du sapin de fin d'année.

Puis un peu plus fort :

— Et j'ai aussi pensé à vos nouveaux amis !

Nour lui jeta un regard mauvais depuis la cuisine. Cette pie au parfum entêtant et à la voix nasillarde lui courait déjà sur le haricot.

— Ça, c'est pour vous ! dit Corinne en plaçant le paquet dans la main de la vieille dame.

Paulette ne bougea pas.

— Eh bien, allez-y, ouvrez ! Allez, je vous aide ! Regardez-moi ça ! Il est superbe n'est-ce pas ?

Elle saisit le collier des mains de sa belle-mère et entreprit de l'accrocher par-dessus son col en dentelle. Elle plissa les yeux, incapable de trouver le fermoir.

— Jeune fille, vous pouvez m'aider ? Je viens de me faire les ongles et je n'ai pas envie de les abîmer ! dit-elle en interpellant Juliette. Voilà. Su-perbe ! ajouta-t-elle en reculant un peu.

Paulette se demanda à quoi elle pouvait bien ressembler avec ce fatras multicolore en poils de cul de vache autour du cou.

— C'est un collier massaï. Nous l'avons trouvé sur un marché typique, je l'ai choisi avec Alexis ! Il vous embrasse, d'ailleurs.

Depuis le rebord de la fenêtre, Léon, alangui dans un rayon de soleil, suivait la scène d'un œil amusé. Corinne étala sur la table une série de babioles en bois et en tendit une à monsieur Yvon qui les observait derrière le bar.

— Et ça, c'est pour vous ! C'est un zèbre sculpté dans du bois, ça vient de Mombasa. Je suis tombée en amour devant ces petites figurines d'animaux. Époustouflant ! Vraiment, c'est un voyage à ne pas manquer.

Elle fit une pause, le temps de boire une gorgée de son rosé qui se réchauffait doucement, et reprit :

— Tout prend un autre sens là-bas ! Les regards des enfants, la douceur des grands-mères, la simplicité de leurs maisons… Ils n'ont rien et pourtant ils ont tout. Et cette solidarité dans la pauvreté ! Non, mais regardez ça !

Elle brandit un éléphant sous le nez de Marceline.

— Vous avez vu le travail ? J'ai acheté pour nous une girafe en ébène taillée dans le tronc d'un arbre. Un truc grand comme ça, fallait voir la tête de Philippe quand on a dû la trimballer avec nous dans l'aéroport !

Elle rit.

— Et puis vous n'imaginez pas dans quelles conditions ils font ça ! Des outils rudimentaires, assis dans la poussière… Faut voir ce qu'ils en sortent ! Des choses, des choses…

À ce mot, un frisson parcourut les trois habitués accoudés au bar. Toutes ces histoires d'animaux et de cannibales ne leur disaient rien qui vaille. De là à ce que la femme ait ramené une *Chose* dans son fatras de papier journal, ils allaient finir avec un bras anesthésié à vie, ou pire encore. L'un d'eux attrapa sa casquette et lâcha quelques pièces sur le comptoir avant de quitter le restaurant.

Monsieur Yvon observa la vieille dame. Les épaules voûtées, comme alourdie par le poids de son collier multicolore, elle fixait quelques grains de sucre oubliés sur la table.

— Il fait chaud ici, non ? interrogea Corinne à la cantonade.

Seul le bourdonnement du ventilateur lui répondit.

— Vous souhaitez manger quelque chose ? lui demanda Juliette qui passait avec le menu.

— Oh oui, volontiers ! Et vous, Paulette, vous m'accompagnez ? Tenez, si on prenait une bavette et puis le lapin à la moutarde, là, sur l'ardoise. Il vous en reste, mademoiselle ? Allez, on fait ça.

Paulette acquiesça d'un geste de la main. Peu lui importait finalement. Au point où on en était.

— Bon, en tout cas, c'est super de vous voir avec un tel sourire. Quand je vous ai vue entrer dans le restaurant, je vous ai à peine reconnue ! Je lui avais dit, à Philippe, que vous seriez bien ici. Il a hésité, c'est normal. Vous connaissez les hommes, hein ? Toujours besoin d'une femme pour les pousser aux fesses ! Il est pas mal, ce petit rosé, dites donc ! On fait parfois des découvertes étonnantes dans ce genre d'endroits !

Juliette déposa sur la table deux sets en papier et deux couverts. Corinne remarqua son ventre légèrement arrondi.

— Oh ! On dirait que quelqu'un attend un heureux événement ! Félicitations ! C'est vous, le papa ? demanda-t-elle à Hippolyte.

— Non, lâcha froidement Juliette.

Corinne saisit un bout de baguette qu'elle fourra dans sa bouche. Monsieur Yvon profita de cette

212

pause bienvenue pour prendre la parole. Il s'approcha de leur table et attira à lui une chaise sur laquelle il plia sa large silhouette.

— Madame Mercier, le cabinet du docteur Guillotin a appelé, dit-il d'une voix grave.

Elle déposa un peu de moutarde sur son morceau de pain.

— Ah oui ?

— Oui.

Il marqua une pause. Son visage était marqué.

— Comme je n'arrivais pas à vous joindre, j'ai pris rendez-vous pour madame Paulette. Mais puisque vous êtes revenus de voyage… Elle a rendez-vous mercredi à onze heures…

Corinne s'essuya les mains avant de plonger dans son sac, un fourre-tout plus gros qu'elle en peau de crocodile. Elle en sortit un petit agenda doré dont elle parcourut les pages de son doigt rond et manucuré.

— Attendez, laissez-moi voir… Mercredi, mercredi, mercredi… Là, voilà, mercredi ! Ah non, ce jour-là je suis prise. Désolée ! Un truc impossible à déplacer, en plus, ça fait trois mois qu'on cherche une date…

Elle tourna les pages rapidement.

— Et puis toute la semaine est *full*, *full*, *full*, ajouta-t-elle en secouant la tête. La rentrée, vous savez ce que c'est… Ça ne vous dérange pas de vous en occuper ?

Juliette déposa deux larges assiettes fumantes sur la table. Corinne fit claquer son agenda qui disparut sur la banquette.

213

— Oh, ça sent bon ! Pas terrible pour le régime tout ça, hein ?

Puis elle cria en direction de la cuisine :

— Vous utilisez une huile bio, au moins, madame… ? Comment s'appelle-t-elle déjà ? demanda-t-elle à Juliette à voix basse. Ah oui ! C'est ça : Nour ! Hein, madame Nour ?

La cuisinière l'ignora.

— Et c'est pour quand alors ? reprit Corinne, la bouche pleine, en désignant le ventre de Juliette du bout de son couteau.

— Madame Mercier, reprit monsieur Yvon. Je pense sincèrement que votre belle-mère a besoin de…

— Parce que vous savez, moi, mes deux accouchements, ça a été un cauchemar ! Un cauchemar ! Ah oui, je vous assure ! Quand Alexis est né, j'ai attrapé Philippe et je lui ai dit : plus jamais ça ! Et vas-y que ça vous déforme le ventre, et puis les vergetures, quand c'est pas les hémorroïdes ! « Poussez » qu'ils vous disent ! Mais c'est pas eux qui jonglent après l'épisio, hein !

Elle donna un coup de coude à Paulette pour recueillir son approbation et jeta son verre au fond de son palais.

— J'en reprendrais bien un petit, monsieur Yvon.

Le patron la fixa. Il fulminait intérieurement. Et où était passée la Paulette ? Qui était cette vieille dame au regard flou qui subissait les assauts de ce moulin à paroles sans un mot ?

Corinne, qui achevait de saucer son assiette, vola quelques frites dans celle de sa belle-mère. Elle jeta un œil à sa montre et rejoignit monsieur Yvon au comptoir.

— Bon, monsieur Yvon, je n'ai même pas pris le temps de vous remercier. Philippe et moi sommes très touchés par l'accueil que vous avez réservé à Paulette. Combien je vous dois ? Je peux vous régler l'année en une fois ?

— Madame Mercier…

— Si, si, j'insiste. Comme ça on est tranquilles.

Le visage de Nour s'encadra dans le passe-plat. Elle secoua la tête et fit signe à monsieur Yvon de ne pas insister.

Paulette avait besoin d'eux maintenant. Il suffisait de regarder cette femme pour comprendre ce que Paulette avait à subir. Pas étonnant qu'elle ait voulu partir finalement. Nour éprouva soudain de la peine pour la vieille dame. Abandonnée loin de chez elle par son fils qui ne se déplaçait même pas pour la voir, à la merci d'une grue sans cervelle qui faisait tout pour se débarrasser de sa belle-mère. Elle sortit de la cuisine, et se saisit du chèque que Corinne tendait au patron.

— Maintenant, allez-vous-en.

Corinne resta interdite. Elle espérait bien prendre un petit café, quand même ! Qu'est-ce que c'était que ces manières ?

— Allez-vous-en ! gronda Nour.

Corinne regarda monsieur Yvon, espérant qu'il dise quelque chose. Le patron n'esquissa pas même un sourire gêné. Elle se retourna vers la banquette ; Paulette avait disparu.

— J'appellerai votre mari au sujet du médecin, dit monsieur Yvon. Peut-être que lui aura un peu plus de temps à consacrer à sa mère.

Corinne serra les dents, piquée au vif.

— Eh bien, c'est ce qu'on verra ! Paulette ! Paulette ! cria-t-elle en direction des étages. Je m'en vais, Paulette !

— Elle est montée se reposer, dit Juliette.

Corinne souffla, attrapa son sac à main et sortit du restaurant la tête haute.

Non, mais quelle maison de ploucs ! Encore heureux que ça ne lui coûtait pas grand-chose ! Manquerait plus qu'ils se privent pour la vieille, en plus de ça !

29

Monsieur Yvon patientait au volant de la vieille 4L.

Elle pétaradait en attendant Paulette. Il avait mis un veston pour l'occasion. Pour se donner un peu de contenance si les choses ne tournaient pas au mieux.

Il klaxonna et pencha la tête par la vitre.

— Alors madame Paulette ! Vous venez ?

— Mais enfin, monsieur Yvon, lâcha Paulette par la fenêtre, le rendez-vous est dans une heure ! Et vous connaissez les médecins, hein ? Vous voulez que j'attrape un lumbago dans votre vieux tacot ?

Monsieur Yvon klaxonna à nouveau.

Madame Paulette descendit enfin, son sac serré contre sa poitrine. Quelques mèches s'échappaient en désordre autour de son visage. Elle détestait qu'on la presse.

— Allez ! En route !

La 4L démarra, cahin-caha. Paulette, accrochée des deux mains à la poignée, craignait à chaque minute que la vieille carriole ne rende l'âme dans un dernier soupir du moteur. Elle ne consentit à se détendre qu'au moment où monsieur Yvon alluma le vieil autoradio que Paolo avait greffé sur le minuscule tableau de bord. Gilbert Bécaud chantait dans un grésillement rassurant.

Le jour où la pluie viendra
Nous serons, toi et moi,
Les fiancés du monde
Les plus riches du monde

Paulette, le visage tourné vers la vitre, suivait des yeux les platanes centenaires qui défilaient. Les champs de colza réfléchissaient le pâle rayon de soleil du matin. La petite route de campagne était déserte. Sans qu'elle sache trop pourquoi, le bitume chaud lui rappela les funérailles de son mari. C'était un jour d'été. Elle revoyait le corbillard qui se traînait vers le cimetière et les proches qui lui exprimaient leurs condoléances, un sanglot dans la voix. Et elle, dissimulée derrière une voilette en tulle noir, qui mourait d'envie de crier : *Liberté !* Quinze ans avec lui, c'était quinze ans de trop. Elle était passée du joug de son père à celui de son époux. Ces deux-là s'entendaient à merveille pour rappeler à Paulette le peu de cas qu'ils faisaient d'elle et de ses lubies de bonne femme.

— Louis, je suis enceinte, lui avait-elle dit un soir, résolue à vivre sa vie. Et ce n'est pas le tien.

Il n'avait même pas levé les yeux de son journal. Après un silence, il avait lâché :

— Et tu penses qu'il voudra de toi ?

Sur le coup, elle s'était demandé s'il parlait du père ou de l'enfant. Et puis elle avait servi le rôti. Louis l'avait mangé en silence. S'était essuyé la bouche. S'était resservi du vin. Puis, avant de monter se coucher, il lui avait embrassé le front.

C'est à ce baiser – paternaliste, condescendant, imbu de lui-même et sûr de sa victoire – qu'elle avait repensé quand elle l'avait trouvé, quinze ans plus tard, étendu dans la salle de bains. La mort de son époux fut pour elle comme une seconde naissance.

Un mauvais jingle venu du fond des âges annonça une nouvelle tranche musicale. Aux premières notes, monsieur Yvon s'anima. Il tendit sa main épaisse vers l'autoradio et augmenta le volume.

— Monsieur Yvon ! le rabroua Paulette qui aspirait à un peu de silence.

Elle lâcha son sac pour plaquer ses mains sur ses oreilles.

— Allons ! Vous ne reconnaissez pas ?

Le premier couplet démarra et monsieur Yvon se mit à chanter en rythme.

Quand on fait la java le sam'di à Broadway
Ça swingue comme à Meudon
On s'défonce on y va pas besoin d'beaujolais
Quand on a du bourbon

C'est peut-être pas la vraie de vraie
La java de Broadway

— *... Oui, mais c'est elle qui plaît...*

Monsieur Yvon claqua des doigts devant le nez de Paulette. Elle lui fit de gros yeux offensés.

— *C'est peut-être pas la vraie de vraiiie, la java de Broadwaaaay… Oui, mais c'est elle qui plaît !*

La bonne humeur de monsieur Yvon était contagieuse. Paulette se dérida doucement et consentit à hocher la tête en rythme. Monsieur Yvon sourit et se mit à taper sur sa cuisse comme sur une grosse caisse.

— *C'est peut-être pas les vraies de vraiiiies, les nanas de Broaaaadwaaay…*

Paulette laissa échapper un sourire à le voir ainsi se déhancher, le ventre coincé derrière le volant de la petite guimbarde. Monsieur Yvon chantait faux, mais il y mettait du cœur.

— Allez, madame Paulette, à vous !

— *C'est peut-être pas la vraiiiie…* lâcha-t-elle de cette voix fluette propre aux personnes âgées.

— Plus fort !

— Oh ! Monsieur Yvon, je vous en prie !

— *Oui, mais c'est elle qui plaaaaaît !*

Monsieur Yvon leva les mains pour mimer un joueur de saxophone ; Paulette rattrapa le volant alors que la 4L partait dans une embardée.

— Monsieur Yvon !

Cette chanson rappelait à Paulette l'histoire malheureuse de monsieur Georges. « Pauvre homme », pensa-t-elle.

La veille au soir, elle relisait l'une de ses lettres. Elle était à présent quasi certaine que ces courriers n'avaient jamais eu de réponse. Et ce pour deux raisons probables : soit elles n'étaient jamais parvenues à New York, soit elles étaient tombées dans de mauvaises mains. Dans sa correspondance, monsieur Georges évoquait souvent un homme, un danseur qui accompagnait Gloria, semblait-il. L'homme devait avoir une emprise très forte sur la jeune femme. Était-ce lui qui avait mis un terme à cette amourette entre la grande Gloria et le jeune Français que devait être alors monsieur Georges ?

Paulette n'aimait pas les romans à l'eau de rose, mais elle devait bien avouer que cette histoire la passionnait. Ces lettres avaient été écrites pendant plusieurs mois par un homme qui attendait chaque jour une réponse et n'en reçut aucune. En tout cas, c'est ce qui lui semblait. Une des lettres l'avait particulièrement touchée.

Le Havre, le 4 juillet 1953

Gloria,

Je voudrais avoir le courage de te dire que ce sont mes derniers mots. Pourtant, je me connais trop bien pour ignorer que je continuerai de t'aimer tant que je vivrai. Je t'ai attendue au port toute la journée d'hier. J'ai regardé les passagers descendre un à un, espérant voir ton doux visage apparaître enfin. Quelle robe allais-tu porter ? Sans doute la jaune à dentelle qui me fait penser à un tournesol. Le paquebot avait poussé son cri de brume en entrant dans le port. Ce monstre qui fendait la mer, comme je le jalousais, lui qui, quelques minutes encore, t'avait pour lui seul. Il consentit enfin à s'amarrer et à dérouler ses langues métalliques d'où s'échappait déjà un flot de passagers. J'observais chaque chapeau, chaque toilette, chaque sourire. Mes yeux filaient à toute allure d'un visage à l'autre, anxieux déjà à l'idée de te perdre avant même de t'avoir retrouvée.

Les premières classes ont bientôt fini de débarquer sans aucun signe de toi. Mon cœur battait la chamade. Ne me demande pas quel temps il faisait, ce que j'avais mangé le matin ou si l'odeur du mazout me donnait la nausée. Tout ce dont je me souviens, c'est que mon cœur battait tellement fort que j'en avais mal à la poitrine.

J'ai attendu que les secondes classes vident le navire – peut-être aurais-tu sympathisé avec quelqu'un et choisi de changer de pont ? Quand les matelots ont entrepris de décharger les malles, j'ai eu comme un mauvais pressentiment. J'ai donné vingt francs à un homme qui m'a laissé monter à bord. J'ai fouillé chaque cabine, chaque couloir, chaque pont et chaque recoin. Mais tu n'étais pas à bord n'est-ce pas ?

J'ai montré la petite photo que j'ai toujours sur moi à tous les gens que j'ai rencontrés. Aucun ne se souvenait d'avoir vu ton visage. Et puis la nuit est tombée. Un des marins s'est approché de moi et m'a dit : « Ah ! Les femmes, hein ! » avant de m'abandonner sur le quai.

Il est près de minuit. Je me retrouve seul dans la chambre que j'avais louée pour nos retrouvailles.

Le champagne a pris chaud. Le petit couvert dressé pour nous deux fait peine à voir.

Ah, les femmes, hein ?

Gloria, ce soir j'éprouve de la colère. Une colère sourde qui me vrille les tympans et me cisaille les entrailles.

Pourquoi ?

Pourquoi n'es-tu pas montée à bord de ce fichu navire ? Après ces moments qu'on a passés ensemble, ces promesses et ces rêves ? Il y a tout ici pour toi ! J'ai de l'argent, de l'amour à ne plus savoir qu'en faire. Nous aurions un grand appartement, près des Champs-Élysées. Tu pourrais danser autant que tu le souhaites la journée, et le soir nous irions souper dans les meilleurs restaurants. Toi, moi, et Paris.

Ah ! Mon chagrin me submerge et prend le relais de la colère. Écris-moi, Gloria. Réponds-moi. Quant à moi, je ne sais plus quoi te dire.

La voix sympathique de l'animateur radio sortit Paulette de ses songes. Monsieur Yvon ouvrit la fenêtre d'un vigoureux mouvement du coude. Un parfum de jeunes fleurs et d'herbe coupée entra, mêlé à une brise bienvenue.

— Oh ! Écoutez ça ! s'exclama monsieur Yvon.

Paulette sursauta. Il monta un peu le volume.

Regarde…
Le jour se lève
Dans la tendresse…
Sur la ville…

Monsieur Yvon se mit immédiatement à chanter à tue-tête :

— *Besoin de rien, envie de toi, comme jamais envie de personne...*

Paulette, soudain amusée, lui donna aussitôt la réplique :

— *Tu vois le jour, c'est à l'amour qu'il ressemble...*

Ils se répondaient avec enthousiasme et conviction. Monsieur Yvon, en Casanova improvisé, déclarait sa flamme à la vieille dame en criant dans un micro invisible.

— *Besoin de rien, envie de toi, comme le rouge aime l'autooomne...*

Paulette et monsieur Yvon dodelinaient de la tête à l'unisson. Au diable les mauvaises nouvelles ! Bras dessus, bras dessous, la vieille dame et le géant moustachu se trémoussaient comme de joyeux lurons à une fête de village, s'époumonant à qui mieux mieux sans pudeur et sans complexe. Ils hululaient de rire dans la vieille carriole. Chaque nouveau couplet les entraînait un peu plus dans leur fou rire.

— *Besoin de rien, envie de toi, enviiiiie de toiiii...*

Le nez au vent, madame Paulette chantait de toute son âme, tandis que monsieur Yvon se tapait les cuisses, hilare.

Soudain, un gendarme leur fit signe au bord de la route. Monsieur Yvon, pris dans la musique, ne le vit pas. Aucun des deux n'entendit la sirène qui leur intimait de se ranger quelques mètres plus loin.

J'aime quand tu m'enlaces
Quand tu m'embrasses
Je suis si bien

— *Nous on s'aiiiiimeuh…*
— *Besoin de rien, envie de toiii, comme jamais envie de persooooonne…*

À présent, monsieur Yvon et Paulette pleuraient, incapables de chanter davantage, les joues douloureuses d'avoir autant ri. Quand la voiture de la gendarmerie les rattrapa enfin, les deux hommes en uniforme ne purent réprimer un sourire en voyant cette vieille dame bien mise déclarer sa flamme avec autant d'ardeur à son bedonnant chauffeur. Les tourtereaux improvisés repartirent dans leur duo burlesque, à nouveau emportés dans un fou rire incontrôlable, sans un regard pour la maréchaussée derrière la vitre.

— Vos papiers s'il vous plaît, monsieur…

Monsieur Yvon sursauta à la vue du visage penché à la portière. Horrifié, il porta une main à sa poitrine. C'est qu'ils lui avaient fait une sacrée frousse ! Pris en faute sans sa ceinture, les yeux encore pleins de larmes et la musique à plein volume, il s'empressa de tendre son permis de conduire au gendarme. Il baissait la tête comme un enfant. Madame Paulette, qui gloussait de plus belle sans pouvoir se retenir, baissa le son de la radio avant de se pencher vers la fenêtre du conducteur :

— Pardonnez-moi, monsieur le gendarme. C'est-à-dire que c'est ma faute, j'aime tellement cette chanson…

Elle se mordit les lèvres dans un effort surhumain pour contenir les spasmes du fou rire qui agitaient son ventre. Le gendarme observa les papiers, vérifia qu'ils étaient en règle et jeta un coup d'œil à l'intérieur de la voiture. Paulette en profita pour lui décocher un sourire d'une douceur telle que le jeune sous-lieutenant en perdit ses moyens.

— Bon… Ça ira pour cette fois. Mais que je ne vous y reprenne plus, hein ?

Monsieur Yvon repartit calmement, sa ceinture harnachée autour de son estomac et la radio réduite au silence. Paulette, elle, pouffait comme une jeune fille.

Dix minutes plus tard, monsieur Yvon, dégrisé, se gara devant le cabinet.

— Voilà, on y est, madame Paulette.

La vieille dame ne répondit pas. Monsieur Yvon défit sa ceinture et éteignit le moteur. Il jeta un œil à sa voisine : Paulette, droite dans son col en dentelle, ne bougea pas.

— Vous êtes pile à l'heure. Voulez-vous que je vous accompagne ? Sinon je vous attends là, tenez ! J'ai même emporté mon journal…

Elle le coupa :

— À quoi bon, monsieur Yvon ? À quoi bon ? Vous savez comme moi que les nouvelles ne sont pas bonnes. Deux mois, trois si j'ai de la chance ! Et Dieu sait que de la chance, je n'en ai jamais eu. « La chance, ça se provoque », disait ma mère. Tu parles ! Moi, pour ce qui est de la provocation, j'en connais

226

un rayon ! Et pourtant je mets mon billet que je ne serai pas là pour Noël. Allez, monsieur Yvon. Faites ça pour moi. Épargnons-nous les magazines périmés, la salle d'attente feutrée, et les regards navrés. Le « Par ici, madame » et le « Asseyez-vous, je vous en prie ». Les schémas, les radios, les airs contrits. Les pronostics, les suppositions, les « dans le meilleur des cas » qui laissent présager le pire. Les détails du traitement qui ne guérira personne. Les silences, le cabinet étouffant, les « Vous avez des questions ? ». Non, monsieur Yvon. Permettez-moi de garder la tête haute et de vivre ces derniers moments comme je l'ai toujours fait : sans me soucier de demain. Car il n'y a pas pire conseiller que celui qui vous dit : « Profitez ! » Profiter, profiter… Quelqu'un pourrait me dire comment on fait pour profiter ? Voilà, merci, au suivant. Moi je passe mon tour. Et avec enthousiasme. Je préfère encore vous écouter chanter à tue-tête. Et Dieu sait que vous chantez faux !

Monsieur Yvon l'observa. Il ne savait pas quoi dire. Résigné, il tourna sans un mot la clef de contact et passa la première.

— Merci, monsieur Yvon. À défaut de faire de bonnes frites, vous êtes quelqu'un de bon.

La vieille voiture repartit doucement sur la petite route de campagne. Les platanes les saluèrent, étonnés de les voir déjà de retour. Monsieur Yvon les ignora ; ces arbres étaient de mauvais soldats, fourbes et dangereux. L'un d'eux avait emporté son frère dans le fracas d'une vie qu'on brise quand elle commence à peine. Les platanes lui évoquaient la mort. Il abaissa le pare-soleil, incommodé par cette lumière indécente qui lui vrillait les pupilles.

Le silence lui sembla soudain trop lourd pour ses seules épaules. Il ralluma la radio. Une publicité pour une fête foraine voisine détourna son attention sur des images plus légères. Ces voix enthousiastes, ces promotions déclamées d'un ton enjoué et leurs blagues faciles levèrent le voile sombre qui planait sur son esprit. Il se redressa derrière le volant.

Un jingle mit fin à la coupure publicitaire. Trois notes de piano mélancoliques résonnèrent. La voix grave de Léo Ferré, posée sur le trait langoureux d'un archet, s'immisça entre leurs deux corps immobiles.

Avec le temps...
Avec le temps, va, tout s'en va...

Du bout des lèvres puis à pleine voix, le chanteur projeta dans l'air toute l'absurdité d'une vie. La mélancolie douloureuse que monsieur Yvon avait noyée quelques instants plus tôt dans les grésillements de l'autoradio revint s'abattre sur lui avec une violence insoupçonnée.

Le samedi soir quand la tendresse s'en va toute seule...

Une boule dans la gorge, il tendit la main en direction du poste noir, oiseau brailleur de mauvais

228

augure, sans pudeur ni décence pour le public en présence. Paulette interrompit son geste. Il la regarda, si petite et si frêle derrière son sourire triste. Elle détourna la tête, les yeux brillants. Monsieur Yvon remit les mains sur le volant. Léo Ferré poursuivit sa rengaine traînante au son d'un piano tendre, mais désolant.

Avec le temps...
Avec le temps, va, tout s'en va
On oublie les passions et l'on oublie les voix...

Monsieur Yvon et Paulette étaient rentrés, l'air de rien. La vieille dame s'était assise à sa place habituelle et avait râlé pour qu'on lui apporte le menu. Et Juliette, d'un pas rond et chaloupé, le lui avait apporté avec un sourire bienveillant. Le soir venu, madame Paulette s'était éclipsée. Pas de Cluedo ce soir-là pour elle. Ce jeu comportait trop de hasards quand sa vie à elle n'en comptait plus.

30

Juliette glissa trois cartes dans la pochette noire marquée d'un point d'interrogation.

Puis elle battit les cartes et entreprit de les distribuer entre les pensionnaires. Monsieur Yvon fixait d'un air absent le plateau de jeu. Il avait les traits tirés. Nour se demanda à quoi il pouvait bien penser.

— Vous voulez quelle couleur ? demanda Hippolyte qui s'occupait de donner les pions.

— J'ai un autre jeu à vous proposer, dit monsieur Yvon.

Les habitants se regardèrent.

Il se leva, attrapa du papier et un stylo derrière le comptoir, puis regagna la table d'un pas traînant. Il griffonna quelques mots puis plia les feuilles avant de les déchirer proprement en petits rectangles de tailles identiques. Marceline se tordait la tête pour lire par-dessus son épaule. En vain. Monsieur Yvon était gaucher et écrivait encore plus mal qu'un médecin.

Quelques instants plus tard, dans un silence religieux, il demanda à Hippolyte la permission d'emprunter son chapeau et y glissa les bouts de papier.

Léon, curieux, profita de ce moment pour sauter sur la table. Marceline sursauta avant de hurler :

— Ah non, hein ! Il va encore nous mettre des poils partout ! Ouste ! Sale matou chevelu !

Comme pour prouver ses dires, elle éternua.

— Bien.

Monsieur Yvon posa les mains à plat sur la table et les regarda un par un. Il avait toute leur attention.

— Alors ! Allez-y, mon vieux ! On va pas y passer la nuit, si ? s'agaça Marceline.

Nour lui fit les gros yeux. Monsieur Yvon l'ignora.

— Ça s'appelle « Le Jeu de la Bienveillance ».

Monsieur Georges hocha la tête. Marceline le regarda sans comprendre.

— Je vous explique. À l'intérieur du chapeau d'Hippolyte figurent des bouts de papier. Vous allez chacun votre tour en tirer un au hasard. Puis, sans le révéler à personne, vous lirez le nom écrit à l'intérieur. Cette personne sera votre protégée pour les prochaines semaines.

— Notre « protégée » ? Qu'est-ce que ça veut dire ? demanda Juliette tout en caressant son ventre.

— Cela signifie que vous devrez discrètement faire en sorte de rendre cette personne heureuse. À vous de trouver comment.

Hippolyte le fixait de ses grands yeux ébahis.

— Tenez, poursuivit monsieur Yvon. Imaginons que j'ai tiré le nom de Léon. C'est un exemple, car Léon ne joue pas. Bon. Donc je vais réfléchir à toutes les façons de rendre heureux Léon. Par exemple en lui préparant un bol de lait chaud le matin ou euh…

— En lui gardant les bouchons de liège des bouteilles ! s'exclama Hippolyte qui commençait à comprendre. Léon adore jouer avec les bouchons !

— En quelque sorte, oui, voilà.

— Et ça vient d'où ce jeu ? demanda Nour.

Monsieur Yvon se gratta la gorge.

— Eh bien, c'est un jeu qui a beaucoup de succès aux États-Unis. Inventé par euh… par un homme qui voulait mesurer l'impact de l'individu sur… sur le niveau de bonheur national, improvisa-t-il.

— Vous avez déjà entendu parler de ça, monsieur Georges ? s'enthousiasma Juliette.

Monsieur Georges fit non de la tête.

— Enfin bref, l'idée est de créer une chaîne de petits gestes : la personne à qui l'on sourit sera plus encline à aider à son tour quelqu'un, qui lui-même changera la vie de quelqu'un d'autre, etc.

— Mais comment sait-on si on a gagné ? demanda Hippolyte.

Monsieur Yvon ne sut que répondre.

— Eh bien, on verra à la fin qui est le plus heureux de tous ! répondit Nour, pressée d'aller se coucher. Allez ! On tire les noms !

Monsieur Yvon remua d'un air solennel les papiers au fond du chapeau avant de le tendre à la cuisinière. Monsieur Georges pria intérieurement pour ne pas tirer le nom de Marceline. Elle était un peu envahissante ces derniers temps, le poursuivant de ses ardeurs dès qu'il partait faire un jogging et le harcelant de questions pour savoir où il passait ses matinées.

— À vous l'honneur, Nour.

Les habitants de l'auberge piochèrent l'un après l'autre. Puis ils se jetèrent des regards mystérieux, un sourire au coin des lèvres. Monsieur Georges se détendit. Juliette bâilla. Elle avait de plus en plus de mal à garder les yeux ouverts passé vingt et une heures. Nour la regarda avec tendresse.

— Et si on allait dormir ?

Les locataires, perdus dans leurs pensées quant à la meilleure façon de participer au bonheur de leur nouveau protégé, acquiescèrent. Les chaises raclèrent le sol. Nour emporta à la cuisine l'assiette de madeleines et quelques tasses vides. Elle qui déchiffrait aisément l'écriture du patron s'étonna du petit jeu auquel s'était livré monsieur Yvon. Sur tous les bouts de papier, il avait écrit le même nom. Nour se demanda ce qui pouvait justifier que l'on s'intéressât de si près à la Paulette.

Soudain, la porte de l'auberge s'ouvrit. La silhouette d'un homme se dessina dans la pénombre. Monsieur Yvon tressaillit. L'homme s'arrêta sur le seuil, son regard noir fixé sur le patron, un mauvais sourire au coin des lèvres. Il hocha très rapidement la tête, le menton en avant. Un geste qui tenait plus de la provocation que de la courtoisie.

Il prit place au bar. Il portait la même veste en cuir abîmée que la première fois. À nouveau, il en tira un cigare qu'il renifla avant de l'allumer lentement. Puis il le pointa vers la table où traînait encore le plateau du Cluedo.

— Qui c'est qui gagne ?

— Vous pouvez y aller, lâcha monsieur Yvon à l'intention des habitants.

Monsieur Georges encouragea Hippolyte et Juliette à le suivre dans les étages. Marceline hésita un instant. Cet homme l'intriguait. Elle ramassa ses affaires et tira sur son gilet.

— Bonne nuit, monsieur Yvon, lança-t-elle en dévisageant l'homme.

Dissimulée dans la cuisine, Nour respirait à peine. Cette voix lui était familière. Une voix qui ressurgissait du passé pour anéantir son présent. Elle frissonna.

— Allez-vous-en, lâcha monsieur Yvon d'une voix métallique.

— Je suis juste venu prendre de vos nouvelles, répondit l'autre. Comment va votre cuisinière ?

— Foutez-moi le camp ! Je vous ai donné ce que vous demandiez !

Marceline, dissimulée dans l'escalier, ne perdait pas une miette de leur échange. Elle tâcha de se remémorer le visage de l'homme. Si ça tournait mal, elle pourrait témoigner pour le portrait-robot auprès de la police.

— Je sais bien, monsieur Yvon. Mais les temps sont durs, ce n'est pas à vous que je vais l'apprendre, hein ? Nour manque à certaines personnes et…

Le dos collé à la porte de la cuisine, Nour tremblait. L'homme n'eut pas le temps de terminer sa phrase que monsieur Yvon lui décochait un crochet du droit en plein milieu du nez. Un bruit sourd d'os brisé résonna dans la salle. Nour plaqua une main sur sa bouche.

L'homme se releva. Il essuya son nez du bout de sa manche. Du sang coulait le long de son menton. Son regard glacial de prédateur blessé laissait entrevoir tous les sévices dont il était capable. Il fixa monsieur Yvon avant de hocher la tête. Puis, d'un revers du bras, il renversa la cagette que Paolo avait déposée sur le comptoir une heure plus tôt. Les tomates juteuses volèrent avant de s'écraser par terre dans un bruit sourd. Une flaque rouge se forma sur le sol.

La porte claqua quelques instants plus tard. Un silence s'abattit sur la petite auberge. Monsieur Yvon ne bougea pas. Dans la cuisine, une larme roula sur la joue de Nour.

31

Hippolyte, ses chaussettes dépareillées remontées jusqu'aux genoux, déposa une cocotte en papier près du bol de la Paulette. Marceline apparut dans l'escalier, serrée dans un kimono jaune.

— Oh ! Des croissants ! C'est pour moi, Hippolyte ?

Le jeune homme leva les mains en l'air en souriant. Puis il remonta une fermeture éclair imaginaire sur sa bouche. Marceline lui fit un clin d'œil avant de prendre place à la table du petit déjeuner.

Paulette descendit quelques instants plus tard, le visage fermé et le chemisier boutonné jusqu'au col. Elle apportait avec elle une odeur fraîche de muguet. Monsieur Georges, vêtu, comme toujours, avec élégance, la suivit de près.

— Bonjour, bonjour ! lança-t-il d'un air guilleret avant d'attraper le journal.

— Bien dormi ? demanda Marceline, la bouche pleine.

Paulette versa du thé dans sa tasse et la cala au creux de ses mains. Son regard se perdait derrière la vitre, quelque part entre les bottes de foin et le clocher de l'église.

— Ils sont rudement bons tes croissants, Hippolyte ! le remercia monsieur Georges. Je vais en reprendre un deuxième, je peux ?

Hippolyte acquiesça, un sourire jusqu'aux oreilles. Marceline tourna la cuillère dans son bol avant d'y plonger sa tartine de confiture. Paulette leva les yeux au ciel.

— Bon alors, d'après vous, c'était qui ? interrogea Marceline, goguenarde.

Monsieur Georges la regarda sans comprendre.

— Bah, le visiteur hier soir ! C'était qui ?

— Aucune idée… marmonna monsieur Georges qui n'aimait pas mettre son nez dans les affaires des autres.

— De quoi parlez-vous ? lança Juliette en rejoignant sa place, les yeux pétillants. Oh ! Des pains au chocolat ! J'ai une faim de loup, moi !

— De l'homme au cigare ! M'enfin, c'est évident, non ? s'agaça Marceline.

Juliette et monsieur Georges la dévisagèrent, perplexes. Marceline reposa lourdement son bol sur la table. Quelques gouttes de Ricoré éclaboussèrent la nappe.

— Bah ! Monsieur Yvon a des ennuis ! Et à cause de Nour en plus de ça !

Ils tournèrent la tête vers la cuisine où d'habitude la cuisinière s'affairait déjà à la préparation du déjeuner.

— Il n'y a personne ! dit Marceline. Vous voyez ? Puisque je vous dis que c'est louche !

Elle essuya du bout du doigt quelques gouttes de lait sur la table avant de le porter à sa bouche. Puis, sur le ton de la confidence :

— Et vous ne devinerez jamais ce qui s'est passé après !

Monsieur Georges et Juliette étaient suspendus à ses lèvres. Paulette feignait de ne pas écouter.

— Monsieur Yvon l'a... Oh ! Bonjour, Monsieur Yvon ! Bien dormi ?

Le patron apparut dans l'escalier, les yeux cernés et une barbe au creux des joues qui lui donnait un air malade.

— Nour n'est pas là ? s'étonna-t-il.

Ils secouèrent la tête. Monsieur Yvon se laissa tomber lourdement sur sa chaise. Il fixa un long moment le pot de confiture, l'air absent.

— Tout va bien ? s'enquit Marceline qui mourait d'envie de faire étalage de son savoir tout autant que d'interroger le patron.

En guise de réponse, monsieur Yvon recula sa chaise et se dirigea vers le comptoir où il se servit un verre qu'il avala cul sec avant de s'en servir un deuxième. Les habitants se regardèrent, inquiets. Marceline, quant à elle, jubilait. Toute cette histoire l'excitait au plus haut point.

Léon miaula et se frotta aux jambes du patron. Celui-ci le chassa sans ménagement avant de disparaître dans le jardin.

Sitôt la porte refermée, Marceline exulta :

— Il y a anguille sous roche, c'est moi qui vous le dis !

Le petit déjeuner était terminé depuis un bon moment, mais Marceline ne tarissait toujours pas de suppositions et d'hypothèses quant au sac de nœuds dans lequel Nour et monsieur Yvon semblaient s'être fourrés. Paulette, exaspérée de l'entendre soliloquer en boucle, se leva et tapa sur la table.

— Oh ! Taisez-vous donc !

Marceline, vexée, chercha du regard un soutien chez les autres convives. Monsieur Georges, plongé dans son journal, l'ignora. Juliette se leva à son tour et emporta son bol à la cuisine. En revenant, elle lança, les yeux brillants :

— Que diriez-vous d'aller passer la journée à la mer ?

Hippolyte battit des mains. Marceline était partante : ça les changerait un peu, vu l'ambiance qu'il y avait ici ! Elle coula un regard mauvais à Paulette qui pliait sa serviette.

— On pourrait aller en Normandie ? En prenant le train, on y serait pour le déjeuner.

— Oh oui ! À Cabourg ! Avec le temps qu'il fait, on pourra même déjeuner au soleil !

Monsieur Georges s'anima.

— En voilà une riche idée !

Il se leva et entreprit de secouer la nappe par la fenêtre.

— Monsieur Yvon ! cria-t-il au patron occupé à arracher les mauvaises herbes quelques mètres

plus loin. On passe la journée à la mer aujourd'hui !
Venez, ça vous changera les idées !

Le patron grommela quelque chose sous sa moustache à moitié endormie.

Paulette remonta sans un mot dans sa chambre.
D'humeur maussade, elle n'avait aucune envie d'aller
piétiner au bord de la mer. Elle détestait le sable et
tout ce qui allait avec. Qu'ils y aillent, eux ! Ça lui
ferait des vacances ! Tout ce qu'elle souhaitait c'était
qu'on l'oublie. Surtout monsieur Yvon et ses yeux
larmoyants qui la fixaient à la dérobée à longueur
de journée. Il pensait qu'elle ne le voyait pas, peut-
être, traîner son air de chien battu aux quatre coins
de l'auberge ? Et puis tous les autres dont le visage
dégoulinait de gentillesse ! Quelle plaie ! Monsieur
Yvon n'avait donc pas su tenir sa langue ! Elle enrageait. Tenez, ce matin encore quelqu'un avait déposé
un petit bouquet de fleurs sur sa commode. Elle
s'était empressée de le jeter dans les toilettes tant il
lui rappelait ceux qui fleuriraient bientôt sa tombe.
Toutes ces fleurs qu'on entasse dans les églises pour
les défunts ! Était-ce pour couvrir l'odeur de mort
que Paulette dégageait déjà malgré elle ? Elle les
soupçonnait de parler d'elle en son absence, la larme
à l'œil et l'air contrit : que pouvait-on faire pour
l'aider, pauvre femme, on l'aimait bien finalement,
hein ? Elle serra les dents. Tout ça lui donnait la nausée ! Hier matin encore, elle avait été réveillée par un
vacarme de piafs qui pépiaient sous sa fenêtre. En se
penchant, elle avait découvert un nichoir tout neuf

que monsieur Yvon – ou bien était-ce un coup de ce grand dadais d'Hippolyte ? – avait installé là, juste pour elle, s'imaginant peut-être qu'il n'y avait rien de plus doux que de se faire réveiller par les cui-cui de cette volaille déplumée ! Et les tricots de Marceline, et les gâteaux de Nour, et les petits mots de Juliette ! Elle ne savait plus comment leur dire de lui ficher la paix ! Laissez-moi vivre ce qu'il me reste dans la délicatesse et la pudeur ! Je ne veux pas de ces spots braqués sur moi qui m'aveuglent et m'épuisent ! Cessez donc ces regards de pitié, qui sondent sans relâche mon pouls et mon humeur ! Prétendez que je ne suis déjà plus là, ça vous habituera ! Rendez-vous compte : votre plus beau cadeau serait votre ignorance. Oui, ignorez-moi, faites comme si j'étais éternelle, inondez-moi de votre mauvaise humeur, de votre pessimisme et de votre impatience ! Soyez vous-mêmes enfin !

Elle l'avait pourtant prédit : au moindre signe de faiblesse, ils lui tomberaient tous dessus, prompts à décider de ce qui était bon pour elle, anticipant ses supposés désirs, étouffant ses moindres volontés. Voilà pourquoi elle avait voulu fuir à l'autre bout de la France, loin des regards terrifiés de Philippe, de l'omniprésence de Corinne, des visites contraintes, des regards affligés tout autant qu'affligeants. Voilà pourquoi elle avait tout misé sur le Domaine des Hauts-de-Gassan. Là-bas, elle le savait, elle n'aurait pas eu à subir leur bienveillance nauséabonde. « Discrétion et intimité garanties », assurait la plaquette. Mais non ! Il avait fallu qu'on lui gâche jusqu'à son dernier rêve, celui de terminer sa vie dans la plus agréable des compagnies : la sienne !

Comme en écho à ses pensées, on toqua à la porte. Elle reconnut la voix de monsieur Georges.

— Madame Paulette, vous êtes là ?

Elle feignit de ne pas l'entendre et tourna la tête vers la fenêtre. Sur le rebord de celle-ci, un moineau l'observait. Dans un accès de rage, elle saisit un coussin et le lança sur le volatile. L'oiseau déguerpit dans un battement d'ailes inquiet.

— Madame Paulette, je sais que vous êtes là. Que se passe-t-il ? Allez, ouvrez !

Elle l'ignora avant de percevoir le bruit sourd d'un corps qui s'avachissait contre la porte. Monsieur Georges prenait ses aises.

— Madame Paulette, si ça ne vous dérange pas, j'aime autant rester là avec vous. Figurez-vous que j'aimerais connaître votre avis sur la prochaine course en trot.

Ce faisant, monsieur Georges partit dans un monologue où il était question de paris, de canassons et d'autres choses encore dont Paulette se souciait comme de son premier mari. Il s'interrompait parfois, le temps d'une question oratoire et, sans attendre de réponse, repartait dans une logorrhée assommante. La vieille dame leva les yeux au ciel en soupirant. Elle repensa aux lettres enflammées du jeune Georges à sa maîtresse américaine. Sous ses dehors polis, le vieil homme était plus têtu qu'une mule.

— Je vois bien que vous hésitez, madame Paulette. Laissez-moi aller trouver Marceline, je suis sûr qu'elle sera ravie de nous donner un conseil.

Paulette, chapeautée, apparut soudain sur le seuil. Monsieur Georges la regarda. Elle le contourna sans un mot et se dirigea vers le rez-de-chaussée où les habitants se préparaient à partir. Il était évident qu'elle ne trouverait jamais la paix ici.

Arrivée dans l'escalier, elle lança :

— Et je ne veux entendre que les mouettes ! À bon entendeur…

Monsieur Georges sourit, ravi d'avoir gagné la compagnie de celle qui ces derniers temps lui manquait quelque peu.

Quelques instants plus tard, tout le monde était réuni dans la salle de restaurant, chapeau à la main. Marceline sortit de la cuisine, un sac à dos rempli de provisions sur l'épaule.

— On est prêts ?

Monsieur Yvon jeta un œil à l'horloge. Comment Nour pouvait-elle encore dormir à cette heure ?

— Je monte chercher Nour, dit-il.

Marceline soupira. On allait rater le train ! Ça ne servait à rien d'y aller si c'était pour y rester une heure !

Monsieur Yvon gravit les deux étages en soufflant. Il ne montait pas souvent là-haut. Il tapa à la porte de Nour et nota mentalement de changer l'ampoule du couloir.

— Nour ?

Seul le silence lui répondit.

— Nour ? appela-t-il un peu plus fort.

Il colla son oreille contre la cloison avant de se décider à entrer. La chambre était plongée dans la pénombre. Le lit était fait au cordeau. Un coussin coloré habillait un fauteuil et un tapis en laine brodé achevait de réchauffer la petite pièce. La chambre était impeccable, ce qui ne surprit pas monsieur Yvon. Ce qui l'interpella davantage fut le petit mot qu'il trouva sur la commode. Il reconnut sans difficulté l'écriture de la cuisinière.

Monsieur Yvon,

Je m'excuse de vous laisser ainsi, mais c'est la seule solution. J'ai besoin d'un peu de temps, mais je reviendrai.

Je regrette que vous ayez été mêlé à tout ça. J'espère que vous me pardonnerez.

Prenez soin d'Hippolyte en mon absence.

Signé : Nour

32

Le train les déposa en gare de Cabourg.

Monsieur Yvon avait passé le trajet à s'interroger. Qu'est-ce que cela signifiait ? Nour avait-elle décidé de fuir pour se protéger ? Où pouvait-elle être à l'heure qu'il était ? Avait-elle pris l'avion ? Il réalisa qu'il n'avait même pas vérifié si elle avait vidé ses placards. Reviendrait-elle un jour ? Fallait-il la chercher ? Appeler la police ?

Son estomac était noué. Il refusa les cacahuètes que lui tendait Marceline.

— Peut-être qu'elle est partie rendre visite à sa famille pour le week-end ? tenta Juliette qui tâchait de se rassurer autant que d'apaiser le patron.

Pourtant, aucun d'entre eux n'était dupe : la disparition de Nour était liée au mystérieux visiteur de la veille. Était-il dangereux ?

— Allez, venez, on traverse !

Moins de vingt minutes plus tard, le petit groupe rejoignait la promenade. Le long de la mer, des couples et des enfants profitaient du soleil de fin d'été.

Hippolyte ferma les yeux et goûta le sel que le vent déposait sur sa langue. Puis il ôta ses chaussures et s'élança dans le sable. De son sac émergea bientôt un cerf-volant multicolore. Monsieur Georges, le pantalon retroussé aux chevilles, l'aida à le faire décoller.

Depuis la balustrade, Monsieur Yvon les observait en tirant sur sa pipe. « Prenez soin d'Hippolyte », lui disait Nour. Ce message le laissait perplexe. D'autant que le jeune homme n'avait pas montré de signe d'inquiétude après le départ de la cuisinière, son sourire bienheureux toujours en bandoulière. Avait-elle peur que monsieur Yvon soit trop dur avec lui ? Il avait pourtant pour lui beaucoup de tendresse. Ses sorties l'amusaient et il aimait le regard qu'il posait sur le monde. Hier encore, Hippolyte avait organisé une course de limaces dans le jardin, une façon discrète de les encourager à quitter le potager du patron. Monsieur Yvon avait souri ; ces derniers temps, les gastéropodes ne lui laissaient aucun répit, et ce malgré ses efforts redoublés pour les éloigner de ses salades. Cela n'avait pas échappé à Hippolyte qui tentait ainsi de ménager la limace et le chou, soucieux de contenter le patron autant que de sauver quelques vies.

Le regard de monsieur Yvon balaya la plage. Un peu plus loin, le jeune homme jouait comme un enfant avec le fil de son cerf-volant, déroulant soigneusement la bobine sous les conseils de monsieur Georges. Son regard glissa sur la Paulette quelques mètres plus loin. Assise sur le sable, elle fixait l'horizon.

Monsieur Yvon avait de la peine pour la vieille dame. Elle ne parlait presque plus, mangeait encore moins, et passait beaucoup de temps dans sa chambre. De quand datait ce changement d'attitude ? Était-ce leur visite chez le médecin, ou bien la venue de sa belle-fille ?

Il soupira. Comment agirait-il, lui, s'il assistait impuissant à ses derniers couchers de soleil ? Paulette s'était montrée discrète sur le sujet – tout juste savait-il que le diagnostic était mauvais. Le médecin avait insisté pour la voir de toute urgence. Depuis leur rendez-vous manqué, le cabinet ne cessait d'appeler pour parler à Paulette. En vain.

La veille, le téléphone avait de nouveau sonné pour la vieille dame. Monsieur Yvon, las de subir les discours culpabilisants de la secrétaire médicale, s'apprêtait à mettre fin à la conversation mais la voix guillerette le surprit dans le combiné :

— Je cherche à joindre madame Mercier. Elle nous a appelés depuis ce numéro et nous sommes sans nouvelles d'elle. Savez-vous si elle souhaite maintenir sa réservation pour la suite Azalée ?

Monsieur Yvon avait mis quelques minutes à comprendre. De quelle suite parlait-elle ?

La jeune fille lui avait expliqué que madame Paulette avait réservé une chambre dans une résidence de luxe du sud de la France et qu'ils étaient toujours en attente du paiement. Le genre de maisons raffinées qui faisaient tout pour ne pas être confondues avec un hospice. Elle avait évoqué un chef étoilé, un centre de balnéothérapie et un golf privé. Rien que ça !

C'était donc là que la Paulette avait prévu de passer les derniers mois qu'il lui restait. Vivre la grande vie en sachant que le temps lui était compté. À l'abri des regards et de la compassion douloureuse de ceux qu'elle aimait. Et sa belle-fille qui l'avait remisée à la campagne avec frites maison et piscine municipale ! Certes, le coin était beau. Mais de là à dire qu'il méritait cinq étoiles…

Une idée traversa l'esprit de Monsieur Yvon. Il regretta de ne pas avoir Nour à ses côtés pour pouvoir lui en parler. Il aurait aimé partager avec elle un peu du poids qui depuis quelques jours lui oppressait la poitrine. Leurs soirées sous les étoiles allaient lui manquer. Qui allait l'aider à entretenir le potager ? Et surtout, qui allait s'occuper de la cuisine ? Il allait devoir se remettre aux fourneaux et laisser tout le service aux mains de Juliette – pauvre petite, ce n'était vraiment pas le moment ! Il n'avait aucun doute que Nour avait en tête les conséquences de son départ lorsqu'elle avait pris sa décision. Celle-ci avait dû être d'autant plus difficile à prendre.

De l'autre côté de la plage, monsieur Georges était lui aussi perdu dans ses pensées. Le cerf-volant d'Hippolyte claqua dans l'air, faisant jouer une ombre mouvante sur le visage rieur du jeune homme. Monsieur Georges avisa la mer qui se retirait doucement. Des flaques sombres apparaissaient ici et là. Il se remémora les heures passées, enfant, à y chercher des crabes, les genoux dans le sable. Devant lui, Paulette longeait la mer, seule. Les vagues venaient de temps à autre lécher ses pieds nus.

Depuis quelque temps, elle ne venait plus jouer au PMU. Les parieurs aussi se faisaient plus rares. Sans elle, monsieur Georges n'osait pas miser gros et la magie n'opérait plus. Que s'était-il passé ? Certes, ils avaient essuyé quelques débâcles. Mais dans l'ensemble, leur système marchait plutôt bien. Et surtout, ils s'amusaient. Paulette ne riait pas, mais il savait au fond de lui qu'elle prenait du plaisir à être là. Et puis récemment, sans qu'il sache dire pourquoi, quelque chose s'était mis à clocher. Paulette l'évitait et lui adressait tout juste la parole. L'avait-il vexée d'une quelconque manière ? À cette idée, il s'en voulut terriblement.

Juliette et Marceline le rejoignirent, mettant un terme à ses questionnements. Les cheveux de Juliette bouclaient autour de son visage. Elle rayonnait.

— Ça va, monsieur Georges ?

— Très bien, et vous ?

— Marceline me disait qu'elle essaierait bien un nouveau sport.

Juliette sourit en dedans. Elle aimait bien taquiner le vieil homme. Celui-ci ne laissa rien paraître de son impatience. La piscine, le jogging… que lui fallait-il encore ? Des cours de planche à voile ?

— Et pourquoi pas un peu d'aérobic ? proposa Marceline. On n'a pas testé encore l'aérobic ! Ça bouge, c'est jeune ! On pourrait utiliser la salle du fond, en poussant les tables, on aurait une vraie salle de danse, avec des miroirs et tout !

Monsieur Georges frémit. L'aérobic, sûrement pas ! En revanche… Comment n'y avait-il pas pensé plus tôt ? Il s'anima. Un sourire malicieux éclaira son visage. L'affaire était conclue. Il leur donna rendez-vous quelques jours plus tard, le temps de préparer un peu son cours.

Un peu plus tard, le cerf-volant d'Hippolyte s'affala dans le sable. Le vent était tombé. Il remonta avec monsieur Georges vers la promenade. Monsieur Yvon et Paulette les attendaient, assis en silence sur un banc. Juliette et Marceline, les bras pleins de beignets, leur firent signe depuis une baraque en bois colorée. Hippolyte s'empressa de venir les aider à transporter leur butin gourmand. Marceline, la bouche barbouillée de sucre, offrit avec plaisir quelques churros à monsieur Georges. Après tout, on avait pique-niqué dans le train sans prendre le temps d'un dessert. C'est qu'on avait une femme enceinte dans le groupe ! On n'allait pas la laisser dépérir tout de même !

Assis en rang d'oignons face à la mer, ils savouraient les beignets avec gourmandise. Le temps de quelques bouchées, monsieur Yvon en oublia ses soucis. Il fit remarquer que la pâte était grasse, mais accepta d'en goûter encore un, juste pour vérifier qu'il ne s'était pas trompé. Hippolyte léchait ses doigts tandis que Marceline suggérait qu'on essaie avec du Nutella. Juliette confirma que ce n'était pas mauvais du tout. On pourrait en mettre à la carte ?

Ils rirent à l'idée de la tête que ferait Nour à la vue de leur nouveau menu diététique. Frites maison et churros à volonté ! À ce compte-là les cours de sport ne pourraient plus rien pour Marceline ! Monsieur Georges sourit. Puis, en voyant Paulette assise au bout du banc, son churro intact entre les doigts, son sourire s'évanouit. Il frotta ses mains pour en chasser le sucre et lança :

— Et si on allait faire un tour à l'hippodrome ?

Paulette se redressa. Un éclair discret illumina sa pupille l'espace d'un instant. Monsieur Georges lui sourit.

— L'hippodrome ? interrogea Marceline, soudain très intéressée.

Elle songea que ce genre d'endroits devait héberger de bons partis. Elle sortit son miroir de poche.

Quelques instants plus tard, la troupe se mit en route pour le champ de courses, monsieur Georges en tête, porté par un élan que Juliette ne se rappelait pas lui avoir déjà connu.

Moins d'une heure plus tard, ils franchirent les grilles de l'hippodrome. Les parieurs étaient nombreux et l'excitation palpable. Le regard rivé sur le champ de courses ou sur les écrans, des hommes, souvent seuls, invoquaient le dieu canasson en espérant repartir les poches pleines. Marceline frémit. Elle déposa une nouvelle couche de rouge sur ses lèvres et abandonna le groupe.

— On se retrouve un peu plus tard, hein ? Je vais faire un petit tour.

Elle avait à peine terminé sa phrase qu'elle prit place à une table où s'affairait un parieur. L'homme comparait les résultats de deux pur-sang dont il espérait beaucoup.

— Belle journée, n'est-ce pas ? lança Marceline, la bouche en cœur.

Juliette gloussa. Marceline ne manquait pas d'aplomb. Hippolyte tira la jeune femme par la manche et l'entraîna vers les écuries où des soigneurs lavaient, brossaient et pansaient les chevaux. Une jeune écuyère proposa à Hippolyte de l'aider à nourrir l'un d'entre eux. Hippolyte, un peu effrayé, tendit sa main vers la bouche de l'animal avant de laisser tomber la carotte au sol en riant. Juliette s'assit sur un seau retourné. Ça sentait le foin et le crottin. Un rayon de soleil lui chauffait le dos. Elle était bien.

J'aime bien l'odeur des écuries
J'aime pas curer les sabots des chevaux
Mais j'aime bien le bruit qu'ils font en résonnant sur le sol

Faute d'en trouver l'auteur, elle s'était approprié le petit carnet et le complétait à sa guise. Elle aimait bien le feuilleter rapidement et voir son écriture se mélanger à celle de son premier auteur dans un ballet de petites phrases sans queue ni tête.

Un cheval s'approcha d'elle et la fixa de ses grands yeux sombres. Ils s'observèrent un bon moment. On aurait dit qu'il essayait de lui dire quelque chose sous ses longs cils recourbés.

J'aime bien le vent qui soulève doucement leur crinière
J'aime bien le bruit de leurs molaires qui
s'entrechoquent sur le grain

Une caresse au creux du ventre, comme le frôlement d'une aile de papillon, déposa un sourire sur son visage. Juliette posa une main sur son abdomen déjà rond. À l'intérieur, le bébé s'étirait et lui faisait signe. Elle lui décrivit à voix basse ce qu'elle avait sous les yeux, lui promettant un tour de poney un jour prochain. Enfin, quand il aurait fini de fabriquer ses orteils.

Ils allaient être heureux tous les deux. Ils n'avaient besoin de personne. Ni d'un père, ni de grands-parents, ni d'une famille de sang. Juliette eut une pensée pour Nour. Elle lui en voulait d'être partie ainsi, sans même un mot pour elle. C'était la vie. On tentait de se convaincre qu'on était entouré. Mais les épreuves de l'existence se vivaient seul. Même Mamino, qui pourtant l'aimait comme sa fille, n'avait rien pu faire pour la consoler de son départ. Mamino était partie, la laissant sans personne avec qui partager son chagrin.

Une coccinelle se déposa sur la cuisse de Juliette et chassa ses pensées négatives. L'insecte remonta à petits pas jusqu'à son genou et s'arrêta, comme pour profiter de la vue. Quelques chevaux, sellés et coiffés, s'apprêtaient à rejoindre les champs de course.

Paulette et monsieur Georges se retrouvèrent seuls.

— Alors on joue ? demanda monsieur Georges dans un sourire.

Paulette haussa les épaules. Depuis ce matin, ses jambes la portaient sans que son esprit puisse dire où elles allaient. Une vague grise et gluante l'avait recouverte, la laissant poisseuse et apathique. Sa vie comme cette journée traînait en longueur, mauvais repas de famille dont on attend qu'il se termine, le ventre au bord des lèvres, un dimanche de novembre.

— Je vous laisse jouer, monsieur Georges. Vous savez bien que je n'y comprends rien, répondit-elle, agacée.

Elle espérait qu'ils rentreraient bientôt. Elle avait du sable dans ses chaussures, la chaleur l'incommodait ; elle n'aspirait qu'à retrouver la solitude de sa chambre.

— Allez, à d'autres, madame Paulette ! Venez par là, je vais vous montrer.

Elle le suivit de mauvaise grâce, davantage pour échapper au soleil que par intérêt. Monsieur Georges, volubile, se réjouissait d'être là. Il l'attira vers le rond de présentation. Des chevaux tournaient dans le manège, un jockey sur le dos, guidés par leur entraîneur.

— Ça, c'est le paddock. C'est un moment important où l'on peut observer les montures et leur allure.

Il jeta un œil à son journal avant de pointer un gringalet en rayures jaunes.

— Lui, c'est Langelin. Je le suis depuis un moment. Un vrai crack ! Le genre de jockeys qu'on ne voit pas tous les jours.

254

Paulette n'écoutait pas. Ces chevaux lui faisaient de la peine. On les stressait, on les affublait de cagoules de super-héros et d'œillères, on les privait d'herbe fraîche et de grand air, et on les enfermait dans des boîtes. Où finissaient-ils ? Que devenaient-ils le jour où ils commençaient à ralentir ? Quand leurs genoux faiblissaient ou que l'âge les prenait par surprise ? Est-ce qu'on leur offrait enfin un pâturage vert où se laisser vivre ? Ou finissaient-ils écartelés sur un crochet de boucher pour nourrir ceux qu'ils avaient enrichis ?

Sa tête tournait. Elle s'agrippa à la barrière. Monsieur Georges, tout à ses explications, n'avait d'yeux que pour la ronde silencieuse qui se déroulait à quelques mètres d'eux.

Un homme en gilet jaune les dépassa, équipé d'un piquet métallique.

— Ça, c'est la personne qui va déterminer l'état du terrain. Venez, on va le suivre au champ.

Ils approchèrent bientôt des haies derrière lesquelles se déployait la piste. L'homme au gilet fit un signe : le terrain était bon et souple. Monsieur Georges griffonna sur son papier.

Paulette l'observait. Il avait l'air encore jeune sous ses cheveux blancs. Les yeux rieurs et le sourire éclatant. Elle se demanda ce qu'aurait été sa vie si elle avait rencontré quelqu'un comme monsieur Georges quand tout était encore à écrire. Se seraient-ils aimés ? L'aurait-il trouvée belle en son temps ? Aurait-elle fini par le haïr comme elle avait haï son mari ?

Monsieur Georges tendit quelques billets à l'agent derrière la vitre.

— Je mise pour vous aussi, madame Paulette. Queen Birdie est inédite, mais elle a de l'allure ! C'est sa première course, un peu comme vous. Elle devrait vous porter chance ! Quant à moi, je mise tout sur Sinbad !

La chance était avec lui, ça ne faisait aucun doute. Avec Paulette à ses côtés, il se sentait invincible.

Ils s'assirent dans les gradins. Monsieur Georges, le cou tendu vers la piste, ne s'arrêtait plus de parler. Il lui montrait chaque cheval, lui détaillait son histoire, ses points forts et les enjeux de la course. Mais en lieu et place des chevaux, Paulette ne voyait que des points noirs qui dansaient comme des mouches devant ses yeux. Soudain, une cloche retentit et les stalles s'ouvrirent brutalement. Les montures partirent en trombe. Le champ résonna du bruit de leurs sabots, comme un troupeau de gnous surpris par l'orage. Monsieur Georges s'immobilisa. Une casaque rouge s'élança en tête du peloton, bientôt rejointe par Queen Birdie dans un fracas de tonnerre, laissant Sinbad à la traîne. Les jockeys tendus dans l'effort sursautaient sur leur monture. Paulette ferma les yeux. Les pur-sang entraient dans la dernière ligne droite. Les cravaches s'abattirent sur les croupes. Un fil de fer brûlant lui perfora le crâne. Tout juste perçut-elle le frôlement de monsieur Georges quand il bondit de son siège. Sinbad s'anima, comme porté par le vent. Il remonta le groupe en un éclair. Des cris s'élevèrent des gradins. Emporté à toute allure, son jockey retint sa respiration. Paulette sentit son corps l'abandonner. Sinbad et Queen Birdie franchirent la ligne en tête. Celle de Paulette partit en avant. Des hurlements lui parvinrent dans un écho étouffé. Quelque part, une voix lança « Dead-head ! ». Paulette eut un dernier regard pour monsieur Georges avant que la pénombre ne l'avale tout entière.

33

Le médecin ferma la porte de la chambre derrière lui.

Dans le couloir, inquiets, monsieur Georges, Juliette et monsieur Yvon attendaient son verdict.

— Alors, docteur ? demanda monsieur Yvon, la voix enrouée.

— Son état est stationnaire. Il va lui falloir du repos pour commencer, et très probablement des soins intensifs. Nous allons lui faire des examens demain.

Monsieur Georges s'avança ; il tordait sa casquette entre ses mains.

— Mais est-ce que... est-ce qu'elle va vivre ?

— Elle est en vie, c'est déjà une chose. Pour le reste, je ne peux pas vous en dire davantage tant que nous n'aurons pas les résultats.

Une infirmière apparut dans le couloir et héla le docteur. Lui et sa poche remplie de stylos disparurent rapidement dans un salut fugace.

Monsieur Yvon se laissa tomber sur une chaise en plastique, son menton affalé sur sa poitrine. Monsieur Georges, les sourcils froncés, cherchait en vain quelque signe d'espoir dans ces corridors blafards qui sentaient le désinfectant. Il saisit au hasard un prospectus posé sur une table et feignit de se plonger dans sa lecture.

Juliette frappa à la porte avant d'abaisser lentement la clenche. Elle entra à pas feutrés dans la chambre. Le lit était éclairé par une veilleuse. Paulette, étendue sur le dos, respirait lentement. Son petit corps frêle disparaissait derrière une farandole de fils, de tubes et d'électrodes. Son visage était paisible, ses mains posées à plat sur le drap rose.

— Madame Paulette… C'est Juliette.

Elle chuchotait.

— Madame Paulette, on est là, vous savez. N'ayez pas peur.

Elle s'assit à demi sur le bord du lit.

— Le docteur dit que vous allez vous remettre très bientôt. Et puis quand vous reviendrez, on sera là pour prendre soin de vous. Vous serez sur pied bien vite, hein, madame Paulette ?

Un sanglot se coinça dans sa gorge. Elle déglutit et posa sa main sur celle de la vieille dame. Elle lui parut soudain très fragile. Des tuyaux perçaient son avant-bras, déjà assombri d'un hématome. Elle n'avait jamais remarqué combien son poignet était fin. Elle caressa doucement ses cheveux blancs, doux comme de la soie. Puis elle se leva et sortit sans un mot. Une fois dehors, elle fondit en larmes au creux de l'épaule de monsieur Yvon.

— Allez, venez Juliette. Il faut vous ménager…

Le patron fit un petit signe de tête à monsieur Georges, lui indiquant qu'ils se retiraient. Lui allait rester un peu. Comme vous voudrez, lui répondirent les épaules de monsieur Yvon. Ils se saluèrent d'une accolade bienveillante.

Lorsque Paulette ouvrit les yeux, elle mit du temps à comprendre où elle était. Quelle heure était-il ? Son dernier souvenir incluait des chevaux et des cris. Soudain, tout lui revint. Sinbad et Queen Birdie, les stalles et les cravaches, et puis… Elle tourna la tête : près du lit, abandonné dans un fauteuil, monsieur Georges dormait. Elle se figea. Que faisait-il là ? Était-ce bien elle qu'il veillait ainsi ?

Elle avisa un plateau-repas qui patientait sur le coin d'une desserte médicale. Elle avait la bouche sèche ; elle tendit le bras pour saisir la carafe. Un yaourt se renversa dans un tintement de verre. Elle suspendit son geste en vol. Monsieur Georges ne réagit pas. Elle respira à nouveau et porta silencieusement le verre à ses lèvres. Mais à peine eut-elle le temps d'avaler quelques gorgées d'eau que monsieur Georges s'agita sur sa chaise. Il ouvrit les yeux.

Paulette reposa brusquement sa tête sur l'oreiller, les yeux clos. Elle se sentait très mal à l'aise et incapable d'affronter le regard du vieil homme. Elle les maudit, elle et lui. Elle pour le triste portrait qu'elle lui offrait ce soir, les cheveux aplatis par l'oreiller, étendue dans un lit, nue sous cette blouse informe, molle et légumineuse, nourrie par une seringue. Lui pour son manque de savoir-vivre. Ne pouvait-on même plus mourir tranquille, avec pudeur, en compagnie de soi-même ?

Depuis son fauteuil, monsieur Georges, les yeux encore pleins de sommeil, l'observait dormir. Déjà trois heures qu'il la veillait. Il s'était fait surprendre par la fatigue. Elle était belle dans son lit blanc, ses cheveux fins dispersés sur l'oreiller. Un bout de lui se serait même aventuré à être heureux de ce moment partagé, dans l'intimité de la nuit. Mais il éprouvait surtout de la peur. Il ne parvenait toujours pas à y croire. Paulette ne pouvait pas être malade ! Elle était bien trop forte pour ça ! Et puis de quelle maladie parlait-on, d'abord ? Peut-être était-ce juste un coup de chaud provoqué par l'émotion du champ de courses ? Ou bien la fatigue du voyage ? Il lui sembla se rappeler que Paulette souffrait d'insomnies. Il soupira. Comment n'avait-il pu se rendre compte de rien ? Même monsieur Yvon n'avait pas semblé surpris. Il s'en voulut terriblement.

Il tourna son visage vers le moniteur cardiaque. Le bip rassurant lui parut soudain plein de poésie. Comme si Paulette lui parlait de l'intérieur et lui ouvrait son cœur. Bip, bip, bip, bip… Le métronome régulier résonnait dans la petite chambre, à peine troublé par l'écoulement discret du goutte-à-goutte. Monsieur Georges leva une main qu'il approcha du lit avant de la reposer sur ses genoux. Il n'osait pas. Il gratta quelques grains de sable oubliés dans les plis de son pantalon. Et si elle se réveillait ? Il l'observa avec tendresse. Il tentait de mémoriser les petits détails de son apparence que les mouvements de la vieille dame empêchaient d'ordinaire de saisir. Un grain de beauté au coin de l'œil. Des lèvres fines. L'ourlet de son oreille. Et puis là, près de la tempe, cette petite cicatrice, vestige d'une varicelle d'enfant. Il songea avec nostalgie que le corps restait un allié solide quand les souvenirs s'effaçaient peu à peu des mémoires fragiles.

Que dirait le docteur aux stylos, demain ? Les prendrait-il à part avec son air grave, pressé de leur annoncer le pire ? Combien de jours, d'heures, le sablier de Paulette lui offrirait-il encore ? Quand les Parques abattraient-elles leurs ciseaux monstrueux sur le fil de la vieille dame ?

Il s'essuya les yeux. Puis il se leva, et se pencha lentement jusqu'à ce que ses lèvres rejoignent le front de Paulette. Sa bouche s'attarda un moment sur cette peau fine et parcheminée. Elle était fraîche et sentait bon la fleur d'oranger. Une rougeur courut jusqu'aux oreilles du vieil homme.

Derrière le lit, le bip du moniteur s'accéléra sensiblement.

Paulette, qui pressait ses paupières de peur qu'elles ne s'ouvrent, songea alors que tout n'était pas perdu. Qu'elle allait sortir de cet hôpital la tête haute et les jambes solides. Que les examens, elle les passerait haut la main. Et que ce n'était pas un crabe malveillant qui allait avoir raison d'elle, et encore moins de ces papillons colorés qui prenaient leur envol, là, juste derrière son nombril.

Quelques heures plus tard, quand l'infirmière de nuit entra dans la chambre, elle trouva deux tourtereaux endormis l'un près de l'autre. Monsieur Georges, la main dans celle de Paulette, leurs cheveux blancs mêlés dans une étreinte pudique.

34

On ne peut pas vivre avec des fantômes. C'est en tout cas ce dont Paulette avait convaincu Juliette.

À leur retour de Normandie, encore sous le choc de l'hospitalisation de la vieille dame, Juliette s'était donc résolue à remettre le carnet là où elle l'avait trouvé. Elle avait d'autres soucis que de courir après son auteur. Hippolyte était passé plusieurs fois à la Laverie des Petits Carreaux en éclaireur, mais aucun Antoine n'était à signaler. Juliette s'était dit qu'il s'agissait d'un signe : il était temps de passer à autre chose. Et puis un bout d'elle-même n'était plus vraiment sûr de vouloir faire sa connaissance. La vie était parfois décevante et mieux valait se prémunir contre ses coups bas. Elle avait donc reposé le carnet dans le rayon oublié de la bibliothèque où elle l'avait ouvert la première fois. Peut-être son propriétaire viendrait-il le récupérer. Ou peut-être pas. Cela n'était plus son problème.

Enfin, à ce qu'elle prétendait.

Quelques semaines plus tard, alors que Paulette et Nour lui manquaient terriblement, fatiguée par le service et par son ventre de plus en plus rond, Juliette vint prendre des forces au milieu des livres. Sans bien qu'elle sache pourquoi, ses pas la ramenèrent devant ce même rayonnage de la bibliothèque. Le cahier y était toujours, comme un animal qu'on aurait accroché à un arbre à l'occasion d'un départ en vacances. Il semblait seul, si fin et si étroit en comparaison des pavés prétentieux qui l'entouraient.

Juliette avait hésité longuement. Puis soudain, prise de compassion, elle l'avait ouvert. Juste pour lui dire de ne pas s'inquiéter. Son propriétaire reviendrait bientôt le chercher. Peut-être était-il parti en vacances, peut-être avait-il oublié où il l'avait laissé. Mais il reviendrait.

Elle feuilleta les pages qu'elle connaissait par cœur quand ses doigts s'arrêtèrent sur l'une d'elles. Face aux phrases qu'elle avait ajoutées elle-même quelques semaines plus tôt, de nouvelles y étaient apparues. Juliette écarquilla les yeux. C'était impossible. Se pourrait-il qu'elle n'ait pas tout lu ? Juliette se laissa tomber par terre, s'adossa au rayonnage et lut avec avidité ces nouvelles maximes tout en retenant son souffle. L'écriture était toujours la même, un peu bancale et irrégulière. En y regardant de plus près, Juliette réalisa que leurs mots se répondaient.

Quand Juliette avait écrit :

J'aime bien glisser mes pieds dans le sable

Juste en face avait été ajouté :

Mais j'aime pas avoir du sable dans mes chaussures

Lorsqu'elle notait sur la page de gauche :

J'aime bien le bruit des glaçons qui tombent dans un verre

Lui complétait sur la page de droite :

*Mais j'aime pas celui des glaçons qu'on croque avec
les dents*

Elle tenta de regarder cela avec détachement – pourtant il était difficile de n'y voir qu'une coïncidence.

*J'aime bien l'idée que quelque part existe un monde
identique au nôtre*

*Mais j'aime pas l'idée qu'on mourra avant d'en avoir
la preuve*

*J'aime bien le mot « bicyclette »
J'aime pas le mot « vélo »*

*J'aimerais savoir d'où on vient
J'aimerais savoir où l'on va*

Juliette tressaillit. Elle se redressa et leva la tête pour vérifier que personne ne l'observait. L'allée était déserte et la bibliothèque silencieuse. Tout juste entendait-on au loin la préposée mettre à jour ses fiches sur son ordinateur.

J'aimerais savoir où l'on va

Cette petite phrase lui était-elle destinée ? Un marque-page s'échappa du carnet et glissa sur ses genoux. Elle ramassa le petit rectangle de cuir du bout des doigts. Dessus était écrit au feutre noir :

Vous rencontrer ?

Le cœur de Juliette s'accéléra. Elle referma le carnet d'un coup sec en prenant soin d'y laisser le marque-page. Puis elle replaça le tout à l'endroit même où elle l'avait trouvé.

En enfourchant sa bicyclette d'un mouvement un peu alourdi, elle regretta que Nour ne l'attende pas à l'auberge. Elle aurait déposé ses craintes, ses peines et ses questionnements sur la table, en vrac, au milieu d'une feuille de papier journal. Ensemble, elles auraient trouvé des réponses, cachées dans les gousses des petits pois, sous les robes des salades, au cœur des oignons. Elles auraient tranché ces racines qui l'enserraient aux chevilles, l'empêchant de grandir et de reprendre son souffle. Et puis sous des épluchures sales, elles auraient mis au jour la Juliette qui peinait encore à prendre son envol, dissimulée derrière des oripeaux affreux, chargés de la protéger de cette grande folle qu'on appelait la vie.

Juliette vivait chaque jour avec la peur au ventre. Elle s'en accommodait, recroquevillée dans le peu d'espace que celle-ci lui laissait, habituée de ses coups d'éclat, de ses crises incessantes, conditionnée à voir le mal partout. « Souviens-toi », lui soufflait-elle. Et en quelques mots à peine, elle ramenait Juliette à la raison. Pourtant, Juliette le savait : si Paulette était là, elle lui crierait de mettre un terme à ces atermoiements. « Aimez-vous ! lui ordonnerait-elle. Aimez-vous comme personne d'autre ne vous aimera jamais ! Et prenez soin de vous-même comme une mère. C'est en s'aimant soi-même qu'on peut un jour aimer les autres. Qu'avez-vous à perdre à essayer ?
— Rien, et tout à la fois », lui répondrait Juliette. Car c'est ce tout-là que Juliette craignait, tant il était fuyant, sombre et insaisissable.

Elle déposa son vélo contre le mur de l'auberge. Les graviers crissèrent sous ses pieds puis elle entra dans le restaurant. Monsieur Yvon, déjà transpirant derrière ses casseroles, lui cria le menu du jour depuis la cuisine. Elle s'empressa de nettoyer l'ardoise d'un coup d'éponge humide, regrettant de ne pouvoir faire de même avec les phrases de ce fichu carnet.

35

Paulette ouvrit les yeux.

Comme chaque matin désormais, monsieur Georges l'attendait au pied de son lit, souriant et rasé de près. Elle gardait parfois les paupières fermées un peu plus longtemps, juste pour savourer le parfum d'eau de Cologne qui flottait dans la pièce, mêlé à celui, chaud et tout aussi réconfortant, des croissants frais que le vieil homme rapportait de la boulangerie.

— Bien dormi ? demanda-t-il, de ses yeux qui l'enlaçaient déjà avec tendresse.

— Comme une jeune fille ! répondit-elle, mettant un mouchoir sur sa nuit hachée par les insomnies et les mauvais rêves.

Puis, comme à son habitude, il lui fit la lecture du journal, prenant soin de ne sélectionner que les articles susceptibles de la faire sourire. Il lui narra ensuite les dernières facéties d'Hippolyte et de Léon, s'emmêlant un peu dans les détails récoltés la veille auprès de Juliette qui lui faisait chaque soir un récit coloré des activités de l'auberge. Monsieur Georges, qui passait plus de temps à l'hôpital qu'au restaurant, lui faisait en retour un rapport enthousiaste sur l'état de santé de madame Paulette. À l'entendre, celle-ci débordait d'énergie et serait bientôt de retour parmi eux.

Les deux complices s'offraient chaque jour une promenade dans les jardins de l'hôpital. L'automne prenait ses aises, repeignant les arbres et rafraîchissant l'air. Son bras sur celui de monsieur Georges, Paulette savourait ces moments comme une bonne nouvelle qu'on n'attendait plus, ragaillardie par la présence du vieil homme à ses côtés. Elle se retenait par moments de crier de joie, d'enlacer les arbres et de chanter à tue-tête sa confiance retrouvée dans l'univers tout entier. Elle savourait le mouvement vif des nuages, le chant du vent dans les feuilles, et les gouttes de pluie qui les surprenaient parfois au détour d'une balade. Elle aimait leur fraîcheur sur ses joues tout autant que les gestes maladroits de monsieur Georges qui se débattait avec son parapluie, ses cheveux blancs malmenés par le vent. Ce qu'ils pouvaient rire ensemble ! Paulette feignait parfois un peu de mauvaise humeur, comme ça, juste pour qu'il ne soit pas trop perdu. Mais ce n'était pas chose facile, tant il savait, de ses bons mots, mettre à distance tout ce qui pouvait assombrir son quotidien.

Lorsqu'il posait ses grands yeux clairs sur elle – qui a dit que le bleu était une couleur froide ? – Paulette sentait monter une colonie de fourmis le long de sa colonne vertébrale. Quand elle attendait sa visite, guettant son pas dans le couloir, des papillons se débattaient sous son nombril, dans un ballet d'une telle énergie qu'elle craignait à chaque instant que son cœur y succombe. Ironie du sort, ce corps moribond qui courait à sa perte était le même qui exultait la joie et l'énergie retrouvées par tous ses pores. Comme s'il subissait, au crépuscule de sa vie, un regain de vitalité qui le poussait à multiplier des cellules malveillantes tout autant qu'à s'étourdir de la présence de monsieur Georges. C'était une bataille haute en couleur qui se jouait en ce moment au plus profond de Paulette. L'armée du mal, prête à tout pour la mettre au tapis, se trouvait confrontée aux forces inattendues de l'amour. Quel bazar ce devait être là-dedans ! Elle sentait bien que chaque caresse de monsieur Georges, chaque minute passée à son contact, était une munition supplémentaire pour affronter ce crabe malveillant.

Elle ne se rappelait pas avoir jamais été aussi heureuse – quelle ironie que de vivre les plus belles journées de son existence sur un lit d'hôpital ! Il y avait bien eu cet homme pour qui son cœur avait frémi dans sa jeunesse. Un amour contrarié bien vite par l'autoritarisme de son père, résolu à décider lui-même de sa vie sentimentale. C'était un amour aussi naïf que fragile, teinté de culpabilité chrétienne et de beaucoup d'inexpérience. Un brouillon, en quelque sorte, comparé au terrible tsunami des sens qui la submergeait depuis bientôt un mois au contact du vieil homme. Jamais elle n'avait connu une telle déflagration.

Monsieur Georges demandait de temps à autre l'autorisation de sortir Paulette de l'hôpital, pour un tour chez le coiffeur ou une visite au salon de thé. Ces balades en ville constituaient une parenthèse bienvenue dans la routine pesante du centre hospitalier. Il y avait les soins, les piqûres et puis les rayons. Ces séances laissaient Paulette abasourdie, privée de repères et à bout de souffle. Dans ces moments-là, la vieille dame s'enfermait dans un mutisme douloureux. Monsieur Georges prétextait alors un rendez-vous à l'auberge ou une course hippique incontournable pour s'éclipser d'un baiser sur le front blême de sa protégée. Puis, sans qu'elle le sache, il passait la nuit derrière sa porte, guettant son sommeil fragile d'un coup d'œil inquiet à travers le hublot. Les infirmières prenaient soin de lui comme lui prenait soin de Paulette, l'invitant à dormir dans une chambre voisine et le rassurant autant qu'elles le pouvaient.

Cet après-midi-là dans la petite chambre pâle, monsieur Georges alluma la radio. Depuis son lit, Paulette haussa un sourcil circonflexe.

— Monsieur Yvon a une surprise pour vous, lui dit-il. Il s'excuse de ne pas pouvoir venir aujourd'hui, mais il pense à vous.

Ce disant, il tourna le bouton du petit poste, jusqu'à obtenir la fréquence que le patron lui avait notée sur un papier. Il jeta un coup d'œil à sa montre.

— Encore trois minutes.

Paulette soupira. Elle détestait les réclames criardes et la voix surexcitée des animateurs. Un jingle démodé se fit entendre. Monsieur Georges monta le volume.

— *Chérie FM, il est seize heures. Nous commen-
çons ce nouveau quart d'heure musical par une dédi-
cace de monsieur Yvon à madame Paulette.*

Paulette tendit l'oreille.

— *Regarde, le jour se lève...*

Quelques notes familières se firent entendre. La
vieille dame partit alors dans un éclat de rire commu-
nicatif et lumineux qui la secoua tout entière. Elle se
mit à chanter de sa petite voix frêle :

— *Besoin de rien, envie de toiiii...*

Monsieur Georges, surpris par les notes disco qui
prenaient d'assaut la petite chambre, la regarda avec
curiosité. Paulette poursuivit avec tout l'entrain dont
elle était capable :

— *Comme le rouge aime l'autooomne...*

L'infirmière passa une tête par la porte. Interloquée, elle vit madame Paulette descendre de son lit et
augmenter le volume de la radio. Puis s'approcher de
monsieur Georges et lui prendre les mains avant de
lui déclamer son amour :

— *Tu sais l'amouuuur, c'est à Vérone qu'il res-
seeemble...*

Monsieur Georges répondit avec enthousiasme
à sa déclaration et tous deux se mirent à danser. Ils
effectuèrent quelques pas rythmés autour du lit,
Paulette tournoyant sur elle-même, emportée par
les mouvements experts de monsieur Georges. Son
pas calé sur celui de son cavalier, Paulette sautil-
lait entre deux éclats de rire. L'infirmière coula un
regard bienveillant aux deux tourtereaux. Bientôt, un

chœur enthousiaste d'aides-soignantes attirées par la musique accompagna madame Paulette.

— *Besoin de rien, envie de toiiii…*

Le personnel de l'hôpital profitait de cette pause bienvenue, qui donnait à l'étage des allures de sur-boum adolescente. La vieille dame riait de plus belle, ravie de voir que monsieur Yvon avait une fois encore réussi son pari : faire taire les fantômes et ensoleiller sa journée.

La nuit s'insinua doucement dans la bonne humeur partagée. Monsieur Georges, jamais à court de sucreries, s'assura de compenser le triste plateau-repas qui avait été servi à Paulette par quelques macarons frais. Il s'installa à ses côtés et déposa sur le lit le petit écran d'ordinateur prêté par Paolo. Celui-ci l'avait rempli de films à l'intention de madame Paulette. Romance et aventure côtoyaient les derniers blockbusters.

Monsieur Georges pianota sur le clavier avant de revenir se poser près du lit. Il prit délicatement sa main dans la sienne alors que le générique plongeait la chambre dans une douce lumière rosée.

La silhouette familière de Manhattan se dessina sur l'écran. Paulette glissa un regard en coin à monsieur Georges. Les yeux brillants, ce dernier était fasciné par les images qui donnaient à voir le quartier favori du réalisateur. Le vieil homme n'aimait pas trop qu'on l'interrompe pendant ses visionnages, mais, n'y tenant plus, Paulette s'exclama :

— Sacrée ville tout de même !

Monsieur Georges hocha la tête sans pour autant détourner le regard de l'ordinateur. Paulette réfléchissait depuis un certain temps déjà à la meilleure façon de l'amener à parler de son passé sans dévoiler qu'elle en savait bien plus qu'il ne pouvait l'imaginer. Mais malgré tous ses efforts, monsieur Georges restait aussi muet qu'une tombe, répondant laconiquement à ses questions faussement naïves, changeant de sujet quand celles-ci se faisaient plus précises et embrassant carrément Paulette quand elle se montrait trop insistante.

Ce soir encore, la vieille dame tenta sa chance :

— Dites-moi, Georges, en quelle année êtes-vous allé à New York déjà ? Ça devait être bien différent d'aujourd'hui, non ?

Monsieur Georges enfourna un macaron dans sa bouche et acquiesça d'un mouvement de sourcils. Soudain, la porte s'ouvrit. Depuis le couloir, une infirmière appela :

— Monsieur ! Les visites sont terminées, vous n'avez rien à faire ici ! Monsieur !

Une silhouette entra d'un pas vif dans la petite chambre plongée dans la pénombre et s'empressa de fermer la porte.

Monsieur Georges se leva prestement :

— Dites donc, mon cher ami, je vous prierais de bien vouloir sortir !

Paulette posa une main sur son bras. Devant eux se tenait Philippe, le visage défiguré par le chagrin. Il avait maigri, de grands cercles bruns se dessinaient sous ses yeux. Le peu de cheveux qu'il lui restait avaient blanchi. Il paraissait dix ans de plus.

275

Il fixa Paulette un instant avant de se décider à s'approcher du lit. Monsieur Georges comprit à l'expression de la vieille dame qu'il était temps pour lui d'aller faire un tour. Il en profita pour rassurer l'infirmière et négocier une entrevue entre Paulette et son fils.

Philippe observa sa mère un long moment, les yeux brillants. Lorsque Paulette, enfin, lui ouvrit ses bras frêles, reliés à des fils comme ceux d'une marionnette fragile, il s'y réfugia dans un sanglot long et douloureux. La vieille dame l'étreignit avec toute la force qui était encore la sienne, anéantie par le désespoir qui inondait sa poitrine.

36

Corinne était partie.

Emportant avec elle les enfants, l'argenterie, et les espoirs d'une vie. Elle avait brisé le cœur de Philippe, en même temps que ses rêves d'amour éternel, s'étonnant qu'il ait pu y croire – la vie était si longue, comment pouvait-on imaginer la passer avec une seule et même personne ? Philippe n'avait pas su quoi répondre. Lorsqu'elle lui avait fait parvenir le courrier de son avocat, Philippe, pourtant bien placé pour voir qu'elle en demandait trop, s'était retrouvé à la porte de chez lui. Dans ses bras, l'album photo de leur mariage.

Paulette veilla avec lui jusqu'au petit matin, essuyant ses larmes, essayant de comprendre, d'expliquer, d'apaiser, agitant la tête de droite à gauche au récit du désastre. Corinne avait tout anéanti. Paulette avait trop de peine pour en rajouter auprès de son fils. Il n'avait rien vu venir – elle songea qu'elle n'avait peut-être pas fait assez pour l'y aider.

À présent, Philippe venait la voir chaque soir à l'hôpital. Il se joignait à elle pour le dîner avec l'accord tacite des infirmières qu'il amadouait tantôt avec des fleurs, tantôt avec son désespoir. On se demandait parfois qui de la mère ou du fils nécessitait le plus de soin et d'attention. Monsieur Georges avait su garder sa place auprès de Paulette tout en respectant leur intimité retrouvée. Ensemble, ils regardaient un film ou le journal télévisé, et puis la lune qui montait et qui descendait. Ils avaient appris à se connaître, avec peu de mots, quelques larmes, et autant de verres de merlot.

Elle les observait parfois tous deux du coin de l'œil, debout devant la fenêtre. Le vieux aux cheveux blancs et le moins vieux, un peu plus dégarni. Veilleraient-ils l'un sur l'autre quand elle serait partie ? Ou se diraient-ils adieu le jour de l'enterrement comme deux étrangers isolés dans leur peine ? Elle éprouvait du chagrin pour son fils. Son cœur de mère souffrait à le voir si mélancolique. Les enfants, on les élevait en les gonflant de rêve, d'amour et d'espoir, et on les retrouvait un matin, déçus et brûlés par la vie. Elle n'avait peur que pour les autres. Pour le vide qu'elle laisserait, pour le bout d'eux qu'elle emporterait avec elle. Elle s'en voulait d'avance du deuil qu'elle causerait à Philippe, redoutant d'ajouter encore à sa tristesse. Comme si perdre la femme de sa vie ne suffisait pas, voilà que Philippe perdrait bientôt celle qui la lui avait donnée.

Parfois pourtant, un sourire de monsieur Georges, sa main sur son épaule, et les papillons revenaient. Elle y croyait à nouveau, se sentait invincible. Elle était encore là pour un paquet d'années. Au moins suffisamment pour remettre Philippe entre de bonnes mains et célébrer avec lui le bonheur retrouvé.

Et puis, un soir, Philippe ne se présenta pas à l'hôpital à l'heure du dîner comme il en avait l'habitude. Monsieur Georges et Paulette regardèrent les informations, traînèrent un peu en discutant avec les aides-soignantes, firent une dernière crapette. Mais vers vingt et une heures, ils commencèrent à s'inquiéter. Peut-être Philippe avait-il été retenu par des amis ? La vieille dame avait du mal à y croire. Au fil des années, Philippe et Corinne voyaient de moins en moins de monde. Corinne prétendait que c'était parce qu'ils étaient trop occupés ; Paulette savait bien que les amitiés s'effritent souvent au passage du temps comme à celui d'une épouse mal intentionnée. Non, ça ne pouvait pas être ça. Une nouvelle amie alors ? suggéra poliment monsieur Georges qui croyait depuis peu à la possibilité d'une idylle pour chacun. Paulette hocha la tête. Si seulement.

Avec l'aide de l'infirmière, ils tentèrent de le joindre au téléphone. Sans succès. Sa messagerie les renvoyait sans cesse à leurs questionnements. Après tout, à cinquante ans passés, Philippe n'était plus un enfant, il était encore libre de profiter de ses soirées comme il l'entendait ! Il viendrait sûrement les voir demain. Il valait mieux se reposer.

L'infirmière encouragea monsieur Georges à quitter les lieux. Il embrassa Paulette sur le front une première fois, puis une deuxième, juste pour le plaisir. Il rentrerait dormir à l'auberge cette nuit. Il en profiterait pour prendre des nouvelles de monsieur Yvon, qui semblait toujours aussi affecté par la disparition de Nour.

On éteignit les lumières, Paulette se retrouva seule avec ses craintes et ses démons. Elle n'aimait pas ce moment, quand on entrait dans la nuit, épaisse et métallique. Elle tourna et se retourna dans son lit, accompagnée par le bruit des machines qui la couvaient de leurs grands yeux rouges. Un mauvais pressentiment lui serra la poitrine. Philippe n'allait pas bien. Et elle, coincée dans cette chambre, ne pouvait rien faire pour l'aider. Quelle empotée ! Elle avait envie de se gifler. Le pauvre n'avait plus rien, et elle en rajoutait encore avec ses problèmes de santé !

Quand l'infirmière de nuit fit sa ronde, elle trouva Paulette les yeux grands ouverts.

— Encore vos insomnies, madame Paulette ? demanda-t-elle.

Paulette haussa les épaules. Elle ne pouvait rien leur cacher. Ces dames connaissaient son pouls, sa tension et le nombre de ses globules sur le bout des doigts. Elles l'aidaient à se laver et à se vêtir, parfois même à manger, les jours où c'était plus difficile.

Paulette avait dû renoncer à toute pudeur, et cela lui coûtait.

— La pudeur n'a pas lieu d'être ici, madame Paulette, lui disait souvent Solange, l'infirmière du matin. Tout ce qui m'importe est que vous conserviez votre dignité.

Paulette aimait bien les petites phrases de Solange. Elle savait dire des choses compliquées avec des mots simples.

L'infirmière administra à Paulette un petit somnifère. Elle avait entendu dire que la vieille dame s'inquiétait pour son fils – les autres en parlaient dans la salle de pause. Faut dire qu'on s'échangeait souvent des nouvelles des patients et de leurs proches, ils faisaient presque partie de la famille.

Paulette partit finalement dans un sommeil sans rêves.

Monsieur Georges, quant à lui, sortit de l'hôpital et s'assit sur un banc. Monsieur Yvon avait proposé de venir le chercher. On était dimanche, le restaurant était fermé, et puis le bus n'était pas direct pour rentrer.

Il faisait froid dehors ; personne à l'horizon. Il fit rouler quelques cailloux sous ses chaussures, frotta ses mains l'une contre l'autre, puis, n'y tenant plus, se mit debout pour faire quelques pas. Il était frigorifié.

Tout en guettant les phares de la vieille 4L, il marcha dans le parc pour se réchauffer. Ces grands conifères, témoins de leurs balades quotidiennes, lui étaient maintenant familiers. Il sourit. Ce qu'il pouvait l'aimer, cette Paulette ! C'était comme un choc électrique qui lui pulvérisait la poitrine et illuminait son âme quand elle lui souriait. Il avait envie de faire des claquettes et de danser sur les tables. De taper des mains et des pieds sur cette musique des sens qui l'inondait tout entier.

Il se mit à siffloter, les mains dans les poches, quand un râle attira son attention. La nuit était sombre et le parc mal éclairé. Il eut d'abord du mal à localiser d'où pouvait venir le bruit. Un autre gémissement, plus profond cette fois, se fit entendre. Monsieur Georges s'approcha et porta une main à son cœur. Philippe gisait sur le sol, le visage griffé par les arbustes et l'arcade sourcilière en sang. Le vieil homme s'empressa de le redresser autant qu'il le pouvait. Philippe était lourd, mais encore conscient. Il parvint à s'asseoir. Ses yeux étaient vitreux ; sa tête roula sur sa poitrine de droite à gauche. Il empestait l'alcool.

— Philippe ! C'est moi, Georges ! Il faut vous relever, vous ne pouvez pas rester dans cet état !

Philippe ne réagit pas. Monsieur Georges entreprit de l'aider à se mettre debout, mais Philippe retomba au sol, face contre terre.

Soudain, un coup de klaxon discret se fit entendre. Monsieur Georges reconnut la large silhouette de monsieur Yvon qui s'extrayait péniblement de la petite guimbarde.

— Monsieur Yvon ! Monsieur Yvon ! Par ici !

Le géant moustachu et le vieil homme eurent tôt fait de rapatrier Philippe à l'auberge. Ils l'installèrent dans la chambre de Paulette. Juliette quant à elle se chargea de panser ses blessures tout en le réchauffant avec du thé.

Philippe était dans un triste état. Il ne fallait surtout rien dire à madame Paulette. On le garderait ici aussi longtemps qu'il le faudrait.

37

Les premiers temps, Philippe, honteux, n'était pas sorti de sa chambre.

La triste ironie de la situation le rendait malade. Quelques mois plus tôt, c'est lui qui abandonnait sa mère dans cette auberge, sur les conseils insistants de Corinne qui, il l'apprendrait plus tard, s'envoyait déjà en l'air avec son dentiste. Pas une fois il n'était venu voir sa mère, se contentant des nouvelles que lui donnait sa femme, la tête dans le guidon, sans chercher à en savoir davantage. Et il était là maintenant, seul et pitoyable, à cuver son vin et son désespoir pendant que sa mère se mourait à quelques kilomètres de là. Il aurait voulu en finir. Que tout ce cirque s'arrête pour tout le monde du même coup. Pas de regret, rideau.

Juliette lui portait ses repas sur un plateau. Elle prenait de ses nouvelles, il répondait par monosyllabes, le dos tourné vers la porte. Monsieur Yvon passait le voir entre deux services, triste de voir cet homme qui aurait pu être son frère s'abîmer ainsi dans son chagrin. Seul monsieur Georges gardait ses distances, conscient par expérience que Philippe avait besoin de temps.

Le vieil homme prévint les infirmières et tous s'entendirent sur le fait que madame Paulette devait être ménagée. Elle avait besoin de calme. On prétendit donc que Philippe était parti en voyage pour quelques jours. Paulette feignit de les croire tout en sachant qu'ils mentaient. Elle ne dormait plus, ou très peu. Elle se sentait terriblement coupable. Peu à peu, elle perdit l'appétit, les repas comme les balades ne suscitaient plus chez elle aucun enthousiasme. Monsieur Georges ne trouvait plus en elle une oreille attentive. Paulette devint distante et avare de ses mots. Elle prétextait qu'il faisait froid, ou qu'elle était fatiguée, remettant au lendemain leurs sorties, leurs lectures et leurs soirées ciné. Les infirmières s'alarmèrent. Les examens n'étaient pas bons, il fallait faire quelque chose. Ne pouvait-on pas faire revenir son fils ?

Monsieur Georges secouait la tête : Philippe avait encore besoin de temps. La nuit, à l'auberge, il l'entendait pleurer de l'autre côté de la cloison. Le pauvre homme était en pleine tourmente, incapable de reprendre le dessus. Mais cette période de deuil était nécessaire. Monsieur Georges se rappelait comme si c'était hier la profonde mélancolie dans laquelle l'avait plongé sa première histoire d'amour déçue. Il lui avait fallu du temps et de la solitude.

Un matin, monsieur Georges arriva à l'hôpital comme à son habitude, un sachet de viennoiseries à la main. Les infirmières l'accueillirent d'un air soucieux et embarrassé. Madame Paulette avait fait savoir qu'elle ne souhaitait pas recevoir de visite aujourd'hui. Elle avait été très claire. Monsieur Georges resta sans voix. Que s'était-il passé ? Les croissants formèrent une tache de beurre sur le petit sachet blanc. Les infirmières l'abandonnèrent, appelées par d'autres patients. Le vieil homme resta seul dans le couloir qui suintait le désinfectant. Tout lui parut soudain lugubre et moribond. Sans doute Paulette avait-elle besoin de temps. Cela lui arrivait parfois.

Il s'apprêtait à partir quand, dans un sursaut, il se dirigea d'un pas décidé vers la chambre. Il toqua à sa porte et jeta un œil à travers le hublot. La vieille dame, tournée vers la fenêtre, semblait dormir.

Il entra à pas de loup, conscient qu'il outrepassait ainsi la règle tacite qui régissait leur relation : madame Paulette avait parfois besoin de mettre de la distance entre elle et le reste du monde. Il s'assit sans un bruit sur la chaise près du lit. Il sut à son souffle que la vieille dame ne dormait pas.

Il déposa les croissants sur la table, mais garda son manteau.

— Paulette, ma chérie. Je ne resterai pas longtemps. Je tenais juste à vous dire que je suis là. Quoi qu'il arrive, je suis là. Je vois bien que depuis quelque temps cela ne semble plus vous faire autant plaisir qu'avant. Je ne parviens plus à vous faire rire, à éclairer ce regard que j'aime tant. Peut-être que je vous ennuie, ou même que je vous agace. Cela me déchire le cœur que d'imaginer ça. Car je vous aime, Paulette. Profondément.

Il fit une pause. De l'autre côté du lit, Paulette serrait les poings. Allait-il enfin se décider à partir ? Ouste ! Du balai que diable ! Ils n'avaient plus rien à faire ensemble. Elle n'était plus bonne à rien, fantôme d'elle-même qui encombrait la Terre. Qu'il s'en aille ! Elle n'en pouvait plus de le voir là ! Il avait encore de belles années devant lui. Il pourrait rencontrer quelqu'un, voyager, rire, aimer. Quel besoin avait-il de s'accrocher à elle de la sorte ! Elle enrageait.

Comme s'il pouvait l'entendre, monsieur Georges poursuivit :

— Vous savez, Paulette, notre histoire, moi non plus je ne m'y attendais pas. Je n'attendais rien en réalité. La vie coulait, douce et morne. Je ne peux pas dire que je m'ennuyais, non, disons que la vie n'avait pas de saveur. Comme un plat qu'on aurait oublié d'assaisonner et qu'on remplacerait soudain par quelque chose de très épicé.

Elle devina qu'il souriait.

— Oui, voilà, vous êtes un peu mon épice, Paulette. Et croyez-moi, quand on y a goûté, tout le reste vous paraît fade et sans intérêt. Maintenant, écoutez-moi bien, jeune fille. Que vous le vouliez ou non, je serai là. Dans votre chambre, ou derrière la porte, c'est vous qui choisissez. Mais vous ne m'aurez pas. Je vous connais, vous et vos humeurs, votre éducation et puis votre obsession de ne pas déranger. Cette façon que vous avez de toujours vous assurer que vous n'êtes pas de trop. Que vous n'encombrez personne. Il y a en moi une place infinie pour les vieilles dames de votre espèce. Il se trouve qu'il n'y en a qu'une comme vous, ce qui vous offre le loisir de prendre vos aises. Si vous avez besoin d'air, je le comprendrai. Mais par pitié, n'égratignez pas ce que nous avons.

Paulette avait les larmes aux yeux.

Monsieur Georges se leva, remit son chapeau et s'approcha du lit. Puis, très doucement, lui souffla à l'oreille quelques mots tendres.

Sitôt la porte refermée, Paulette se laissa aller à son émotion, sidérée qu'il ait pu lire en elle comme à livre ouvert. Les larmes coulaient sur ses joues ridées. Les mots de monsieur Georges avaient mis au jour en elle une brèche insoupçonnée. Hébétée, elle se voyait d'un nouvel œil, comme étrangère à elle-même, et en même temps pleine de bienveillance envers cette vieille dame qu'elle était devenue. Elle resta ainsi immobile à méditer. Il fallait bien une vie pour apprendre à s'aimer.

De retour à l'auberge, le vieil homme toqua à la porte de Philippe. Il était temps à présent qu'il ait une conversation avec le fils. Il entra dans la chambre sombre, qui avait bien besoin d'être aérée. Sans demander la permission, il ouvrit la fenêtre et les volets, laissant entrer l'air frais de ce matin d'automne. Philippe grogna. Pour toute réponse, monsieur Georges tira la couette à lui et lui tendit son pantalon.

— Venez, Philippe, on va faire un tour.

Depuis la fenêtre du restaurant, monsieur Yvon, Juliette et Marceline observaient les deux hommes marcher dans les prés. Les bras derrière le dos, ces deux-là n'en finissaient plus de parler. Que pouvaient-ils bien se raconter ? Ils revinrent enfin. Philippe serra monsieur Georges dans ses bras avant de regagner sa chambre.

Les jours passèrent, ponctués par leurs promenades et les services au restaurant. Philippe reprit des couleurs et retrouva la parole. L'auberge était son refuge. Il ne s'en éloignait jamais très longtemps. Il n'accompagnait pas monsieur Georges à l'hôpital. C'était encore trop tôt. Il avait besoin de retrouver des forces pour en donner à son tour à sa mère.

Philippe passait donc ses journées avec les autres pensionnaires. Il n'était bon à rien en cuisine, mais donnait un coup de main bienvenu à monsieur Yvon en salle et au jardin. Aidé d'Hippolyte, il arrosait les fleurs, désherbait les plates-bandes, coupait du bois et servait parfois quelques bières aux habitués. Lui se contentait d'une grenadine. La nuit dans le parc avait été un choc. Il avait touché le fond.

Ses yeux couleur de pluie firent rapidement de lui la coqueluche de Marceline. Contre toute attente, Philippe apprit à apprécier cette retraitée aux tenues excentriques, au point de la trouver franchement sympathique. Il n'y avait – de son côté à lui tout du moins – aucune ambiguïté dans leur relation. Marceline n'était pas du tout son genre de femmes. Et puis les femmes, il en avait soupé. Bruyante et pas toujours très finaude, elle compensait néanmoins ses défauts par une bonne humeur à toute épreuve qui s'avéra rapidement contagieuse. Philippe se surprit à rire en sa compagnie.

Et puis, un beau jour, Philippe se présenta à l'hôpital, parfumé et rasé de près. Il avait repris du poil de la bête ; le fantôme de Corinne disparaissait doucement à l'horizon. Habillé d'un jean bien coupé et d'une chemise neuve, il était entré dans la chambre de Paulette en poussant un fauteuil roulant.

— En voiture, Simone ! s'exclama-t-il, un sourire doux sur son visage bonhomme. Aujourd'hui, on sort !

Paulette leva le nez de ses mots croisés avant de l'observer par-dessus ses lunettes. Il lui fallut un moment avant de réaliser qui était cet homme fringant et jovial qui se tenait devant elle. Philippe faisait à nouveau son âge. Il avait retrouvé l'allant de sa jeunesse. Paulette sourit.

Il était midi, le déjeuner ne tarderait pas à être servi. Assis près de sa bien-aimée, monsieur Georges rayonnait.

— Quelle excellente idée ! Venez, Paulette, je vais vous aider.

Lui et Philippe emportèrent le petit corps fin sur la chaise, après avoir pris soin de l'envelopper de laine et de cachemire. La moitié du visage dissimulée derrière une écharpe aussi grande qu'elle, Paulette, qui n'était pas au mieux de sa forme, ne voyait pas l'aventure d'un très bon œil.

— Quel besoin y a-t-il de me couvrir autant ! J'étouffe ! Et cette chaise roulante, grands dieux, est-ce vraiment indispensable ?

Sans attendre de réponse, elle s'appuya sur ses avant-bras et se dressa sur son siège. Elle fit quelques pas, le dos droit, avant de partir sur le côté. Philippe la rattrapa avant qu'elle n'atteigne le sol, la reposa délicatement sur le fauteuil et enchaîna comme si de rien n'était :

— Je t'emmène en vacances dans les années 1960. On est jeudi, y a pas école !

Paulette sourit : avant, le jeudi, c'était jour de fête. Elle allait chercher Philippe à la sortie. Haut comme trois pommes, sourire incomplet et cartable sur l'épaule. Elle l'emmenait au restaurant. Son mari et elle n'y mettaient jamais les pieds – qu'auraient-ils pu se dire ? – tandis qu'elle et son fils avaient toujours mille choses à se raconter. L'interro de poésie qu'ils avaient révisée ensemble s'était-elle bien passée, combien avait-il gagné de billes, et les maths, c'était pas trop difficile, et le gros Jean par qui il ne fallait pas se laisser emmerder, on lui collait trois baffes et puis c'était terminé, et le cahier de correspondance qu'il ne faudrait pas oublier de signer, oui, on verrait ça après le déjeuner, il prendrait un dessert, une île flottante, ou des profiteroles, avec deux cuillères, c'était meilleur quand on partageait.

Monsieur Georges les salua depuis le perron de l'hôpital alors que Paulette s'éloignait, un peu sonnée tout de même, dans le petit cabriolet. Philippe s'était résolu à vivre avec enthousiasme son célibat retrouvé.

La décapotable rouge n'était qu'une première brique posée dans la lente reconstruction de lui-même.

Philippe se gara bientôt dans le petit centre-ville. Il s'empressa d'ouvrir la portière à sa mère. Une table les attendait à la brasserie du Galant, près de la fenêtre.

Paulette frissonna, les lumières et le bruit l'étourdissaient. Elle ajusta son foulard sur sa tête, gênée de ces cheveux qui se faisaient de plus en plus rares. Elle serra l'écharpe un peu plus près de son cou. Non, elle n'avait pas froid, vraiment, quelle bonne idée d'être venus là.

On lui servit un cocktail excentrique, de ceux qu'on ne choisit que pour le parasol en papier. Philippe la prit en photo, elle riait. Le serveur nota leur commande et, alors qu'il emportait les menus avec lui, un silence s'installa à la table. Philippe semblait ailleurs. Tout à coup, il leva la tête et dit :

— Je suis désolé.

Ses yeux parlaient pour lui. Il y avait dans ce regard ému toutes ses erreurs de jeunesse, et celles, plus douloureuses, de la maturité. Sa négligence, ses silences, son absence. Le terrain laissé à Corinne, terrain qu'il reconquérait enfin. Et puis son égoïsme, à ne parler que de lui et de ses soucis conjugaux quand Paulette, elle, comptait les mois, les semaines, les jours.

Elle lui prit la main. Son regard alors se fit plus doux qu'il ne le fut jamais. Elle cligna des paupières avec insistance, comme pour acquiescer en silence. Elle comprenait. Puis elle se redressa et s'exclama :

— Tout ce que j'espère c'est que la prochaine saura cuisiner !

Philippe éclata de rire, chassant par là même les larmes qui flirtaient avec ses cils. Il en profita pour tirer de sa veste un papier. Lorsqu'il le posa sur la table, Paulette reconnut le logo du Domaine des Hauts-de-Gassan.

— Ils t'attendent. Quand tu voudras. Quand tu pourras. Ils sont même prêts à accueillir monsieur Georges.

Elle saisit le courrier et lui frappa doucement la tête. Il lui embrassa le front, bientôt interrompu par le serveur apportant les plats. C'était une belle journée.

38

— Juliette, vous savez faire les nœuds de cravate ?

Juliette rangea son rouge à lèvres et s'empressa au secours de monsieur Yvon. Hippolyte, à moitié dissimulé sous un borsalino trop grand pour lui, achevait un dessin pour Paulette en tirant la langue.

— Tout est prêt ? Elle ne devrait plus tarder maintenant.

Monsieur Yvon jeta un œil à l'horloge et s'assura que tout était en ordre. Il tira sur la nappe blanche pour y chasser un pli, arrangea les marguerites dans leur vase, déplaça l'assiette d'un centimètre. Là, elle était centrée.

Dans la cuisine, Paolo avait déposé un fraisier. À la demande de monsieur Georges, deux petits chevaux avaient été plantés au sommet. Marceline avait fait savoir qu'elle trouvait cela plutôt de mauvais goût : pensait-il vraiment que la Paulette gardait un bon souvenir de son passage au champ de courses ? Des bleus et un sérieux mal de tête, probablement, mais pour le reste ? C'était quand même une drôle de façon de fêter leurs retrouvailles à tous, non ?

Monsieur Georges n'avait rien voulu savoir. Pour lui, même s'il se garda bien de le dire, les chevaux étaient ce qui les avait rapprochés, la première fois au PMU, la seconde à l'hôpital. Il chérissait ces souvenirs ; à leur âge, il ne fallait pas être trop exigeant. Certains bonheurs venaient dans un drôle de papier cadeau.

L'ambulance se gara quelques instants plus tard devant les deux gros massifs d'hortensias. Marceline, Juliette, Hippolyte et monsieur Yvon sortirent d'un pas pressé pour accueillir Paulette qu'ils n'avaient pas vue depuis plusieurs semaines. On avait dû négocier longuement avec l'hôpital pour qu'ils la laissent sortir. Monsieur Georges avait insisté : c'était l'anniversaire de Paulette, on ne pouvait rien lui refuser.

Philippe et monsieur Georges sortirent les premiers de la voiture. Le vieil homme portait avec panache une chemise à fines rayures achetée pour l'occasion. À sa vue, Marceline minauda, charmée par ces grands yeux bleus qui brillaient d'une flamme nouvelle. Mais déjà le vieil homme s'affairait de l'autre côté de la voiture. Il ouvrit cérémonieusement la portière. Paulette le remercia d'un signe de tête. Elle trembla légèrement quand elle s'appuya sur sa canne pour s'extraire de la décapotable. Juliette la trouva amaigrie ; son cœur se serra. Comme si elle pouvait lire dans ses pensées, Paulette se redressa, impeccable dans sa robe mauve, avant d'esquisser un sourire discret à leur intention. Puis, sous leurs regards émus, elle lança :

— Eh bien alors, qu'est-ce que vous attendez ! Le déjeuner ne va pas se servir tout seul !

Ils l'entourèrent, ravis de retrouver son ton ronchon et ses coups de canne au sol. Monsieur Yvon lui prit le bras, Juliette les précéda.

Lorsque Paulette entra dans l'auberge, les habitués applaudirent. Léon se glissa dans ses jupons en ronronnant. Une guirlande à son nom avait été tendue entre deux poutres et des ballons roses et blancs décoraient le bar.

— Non, mais qu'est-ce que c'est que ces fioritures ? J'espère que vous ferez preuve de plus de goût pour mon enterrement ! lança-t-elle à la cantonade.

Monsieur Yvon, élégant dans son complet bleu ciel, une serviette blanche sur le bras, se redressa, comme un soldat au garde-à-vous.

— Madame Paulette, si vous voulez bien vous donner la peine…

Il lui indiqua sa table habituelle, dressée pour l'occasion comme dans un restaurant étoilé. Elle prit place gracieusement derrière l'assiette aux multiples couverts alors que Juliette lui avançait un fauteuil.

Monsieur Yvon lui servit pompeusement un verre d'eau gazeuse.

— Vichy Célestins, cuvée 2016. Si madame veut bien goûter.

Le dos droit, le regard lointain, monsieur Yvon, une bouteille enroulée dans une serviette en tissu, attendait son verdict.

— Mais enfin, monsieur Yvon, je…

— Aujourd'hui, le chef vous propose son menu « Appétit d'oiseau ». Souhaitez-vous du pain aux céréales, du pain complet, du pain blanc ?

Hippolyte, toujours coiffé de son chapeau, lui présenta un panier rempli de quignons – ces derniers avaient la préférence de Paulette. Celle-ci se mordit les joues avant d'opter pour celui aux graines de pavot. Un instant plus tard, Juliette, dans son tablier impeccablement repassé pour l'occasion, apparut des cuisines et glissa une verrine dans son assiette.

— Concassé de tomates et mozzarella di bufala sur son lit de pesto.

Monsieur Yvon déposa une serviette sur les genoux de la vieille dame et la laissa savourer son repas gastronomique.

Face à elle, monsieur Georges ne manquait pas une miette de la scène. Il sourit avec tendresse alors que Paulette attaquait du bout des lèvres sa portion minuscule.

Il soupira. Ces dernières semaines avaient été riches en émotions. Leur histoire s'épanouissait, avec pudeur et délicatesse, se nourrissant de ces moments à deux dans l'intimité de la chambre d'hôpital. Ils vivaient chaque nouveau lever de soleil comme une victoire. Pourtant, Paulette n'était pas hors d'affaire – elle allait devoir poursuivre les soins, sans garantie de rémission. Mais quand le médecin aux stylos jouait les rabat-joie, monsieur Georges et Paulette haussaient les épaules de concert. Quelques mois, c'était déjà beaucoup pour deux âmes qui, un été plus tôt, n'espéraient plus rien de l'amour.

Paulette faisait les gros yeux quand monsieur Georges s'épanchait en présence du personnel soignant. Les infirmières, elles, soupiraient à chaque mot tendre du vieil homme, charmées par ces tourtereaux qui leur donnaient envie d'aimer beaucoup et de vivre longtemps. Monsieur Georges et Paulette illuminaient de leur optimisme inébranlable les couloirs du service.

— Allons, monsieur Georges ! le rabrouait la vieille dame quand il s'égarait à lui prendre la main devant le médecin.

Monsieur Georges rougissait, un sourire accroché aux oreilles. Chaque jour, il lui inventait des voyages dans les plus jolis coins de France, lui récitait des poèmes, sans oser avouer que certains étaient de lui. Il la laissait gagner au Scrabble et s'enthousiasmait à chacune de ses anecdotes, même celles qu'il connaissait déjà. Et parfois, à la lumière de la veilleuse, elle se laissait embrasser, répondant timidement à ses baisers, les joues roses de plaisir.

Sitôt la verrine terminée, Juliette réapparut pour débarrasser. Monsieur Yvon claironna :

— Croustillant de lapin à la moutarde de Meaux et ses tagliatelles fraîches.

Hippolyte, perché sur un tabouret, riait sous cape devant la performance de monsieur Yvon et les portions minuscules qui étaient servies à la vieille dame. On aurait dit qu'ils jouaient à la dînette.

— Petite Truite au four et son fenouil braisé. Bonne dégustation, madame !

— Ça va peut-être aller, non ? Combien de temps va durer cette mascarade ?

Paulette avait pourtant du mal à feindre sa mauvaise humeur habituelle. Se retrouver là, assise dans un rayon de soleil et entourée d'autant d'attentions, la comblait de joie. Elle jetait de temps à autre un coup d'œil à monsieur Georges, juste pour le frisson que cela suscitait à la naissance de son cou.

— Madame semble avoir apprécié, commenta le chef en débarrassant l'assiette vide.

— Monsieur devrait savoir qu'on ne commente jamais ce qu'il reste dans une assiette ! le rabroua Paulette.

Monsieur Yvon dissimula un sourire.

— Les trois fromages affinés du chef. Désirez-vous une miette de baguette pour accompagner cela ?

— Oh ça va ! N'en faites pas trop non plus ! lâcha-t-elle, l'œil rieur. Ce n'est pas moi qui ai un appétit de moineau, c'est vous qui étouffez les clients avec vos portions gargantuesques de pommes de terre frites !

Le fromage terminé, Hippolyte fit rouler avec cérémonie un chariot à desserts jusqu'à la table. Celui-ci était composé de trois étages de gourmandises que le jeune homme avait pris soin de décorer ici et là de pâtes de fruits et de fleurs en papier. Au premier, tout chocolat, s'entremêlaient des dizaines de mini-moelleux, de toutes petites tasses remplies de mousse, ainsi que des brownies minuscules. Un peu plus haut, une farandole de tartelettes aux fruits illuminait le plateau de couleurs chatoyantes. Au sommet, enfin, une dizaine de babas au rhum miniatures qu'Hippolyte s'empressa de flamber au chalumeau.

Une douce odeur de vanille et de citron vert se répandit dans le restaurant.

Paulette ne put s'empêcher d'applaudir.

— Je prendrai un peu de tout !

— À la bonne heure ! répliquèrent Juliette et monsieur Yvon en chœur.

Monsieur Georges apparut derrière eux avec le fraisier. Lorsqu'elle vit les chevaux en pâte d'amande, museau contre museau, une larme glissa au coin de sa paupière.

Quelques instants plus tard, la bouche pleine de chocolat, monsieur Yvon les abandonna pour répondre au téléphone. Depuis le bar, il cria :

— Madame Paulette, les Hauts-de-Gassan à l'appareil !

— Oh ! Dites-leur d'aller se faire voir ! lui répondit-elle aussi sec par-dessus le brouhaha du restaurant.

Monsieur Yvon s'exécuta poliment.

39

Paulette émergea de sa sieste au chant des oiseaux.

Elle avait profité de son passage à l'auberge pour retrouver sa chambre le temps de reprendre des forces. Les émotions du déjeuner avaient eu raison d'elle et de son énergie légendaire. Elle jeta un œil à l'horloge ; elle s'en voulut d'avoir dormi autant. L'ambulance reviendrait bientôt la chercher et elle voulait profiter encore un peu de ses amis. Elle sourit. Qui eût cru qu'elle parlerait d'eux comme ça un jour ! Ses amis ! La vie vous réservait de drôles de surprises.

Elle jeta un regard circulaire autour de son lit. La chambre était impeccable. Quelqu'un – probablement Juliette – avait pris soin de déposer son courrier sur la commode. Une enveloppe suscita sa curiosité. Le format était inhabituel. Sur le coin droit, un timbre multicolore qu'elle n'avait jamais vu auparavant lui souhaitait un *Merry Christmas*.

Pour un mois d'octobre, c'était original. Intriguée, elle l'ouvrit aussi vite que ses mains tremblantes le permettaient. Elle en tira une feuille au papier épais, couverte d'une écriture vacillante ; l'auteur devait lui aussi avoir du mal à tenir son stylo fermement.

À l'attention de madame Paulette Mercier

New York, le 15 septembre 2016

Chère Madame,

Tout d'abord, permettez-moi de m'excuser pour mon français qui ne soit pas aussi bon que je le veux ni comme il avait l'habitude d'être. Mon nom est Jonathan Clayton Smith et je suis le président du fan-club de Gloria Gabor.

Je chéris toujours des lettres venant de France en souvenir de quand je me suis combattu sur vos belles plages de Normandie.

Je suis très heureux de recevoir votre message. Les lettres manuscrites que vous avez jointes à votre courrier n'avaient jamais été portées à ma connaissance. Ni l'un ni l'autre des personnes autour de moi à qui j'ai eu l'occasion de les montrer n'ont pu m'aider davantage. Il est en effet une belle histoire, mais puis-je demander si vous êtes sûre que c'était une lettre destinée à Miss Gloria Gabor ? Il n'y a aucune trace d'une correspondance entre Miss Gabor et monsieur Georges Neveu, l'homme que vous avez été parlé dans votre lettre.

Miss Gloria Gabor s'est mariée en printemps 1953 avec monsieur Jeremy Abbott, son partenaire sur scène et dans la vie. Ce mariage n'a pas été très heureux. Miss Gloria est restée seule lorsque son époux l'a quittée, jusqu'à sa mort, malheureusement il y a six années.

J'ai jamais entendu du tout une histoire d'amour avant monsieur Abbott, mais Miss Gloria était une femme de secrets et autant que de charme.

Je suis désolé de ne pas être en mesure de vous en dire plus à ce sujet. Je vous souhaite tout le meilleur pour poursuivre votre enquête. J'espère que vos futurs contacts seront d'une plus grande aide.

Meilleurs vœux,

Jonathan C. Smith

Elle relut la lettre attentivement, amusée par le français laborieux de son auteur, bien que déçue par ce qu'il exprimait. Malheureusement, la requête de Paulette n'avait pas abouti. Elle avait fait parvenir à l'association des amis de Gloria Gabor quelques-unes des lettres trouvées chez monsieur Georges, résumant autant qu'elle le pouvait ce qu'elle avait compris de leurs échanges – si tant est qu'il fût possible de parler d'un échange. Elle se doutait bien que la probabilité était infime que quelqu'un se souvienne du jeune Georges venu à New York, soixante ans plus tôt, s'amouracher d'une danseuse, aussi connue soit-elle. Le fait est que la pauvre Gloria était décédée, emportant avec elle le souvenir d'une idylle malheureuse.

Quelques semaines plus tôt, au cours d'une de leurs promenades quotidiennes dans le parc de l'hôpital, Paulette s'était ouverte à monsieur Georges à propos de son passé. Elle avait évoqué son enfance à Paris, son éducation stricte et ses quelques moments de bonheur. Alors que le soleil réchauffait leurs vieux os, elle lui avait parlé à mots couverts de son père, de son mariage malheureux, des premiers pas de Philippe, des vacances à La Baule. Et puis aussi de la maladie qui avait doucement envahi son corps, l'obligeant à quitter sa maison et son allée de glycine. Un mélange d'éducation et d'amour-propre lui interdisait de se laisser aller sous les yeux de son entourage. Les larmes, les soins et la ronde morbide des visites : très peu pour elle. Elle préférait affronter ça seule. Elle avait donc fait promettre à son médecin de ne rien dire ; quant à elle, elle se chargeait de trouver un lieu adapté où passer le temps qu'il lui restait à vivre. Elle avait jeté son dévolu sur cette villa médicalisée de luxe dans le sud de la France. Mais les événements avaient pris une tournure un peu différente…

Elle avait souri. Monsieur Georges lui avait fait remarquer avec malice qu'en plissant les yeux l'hôpital avait un petit quelque chose des Hauts-de-Gassan, avec ses jardins entretenus et son service en chambre. Et puis ils avaient ri en se remémorant l'arrivée de

Paulette à l'auberge. Son bras posé sur celui de monsieur Georges, elle avait feint de perdre la tête à nouveau, s'adressant aux promeneurs qui passaient comme à son majordome. Les infirmières, alertées par le fou rire du vieil homme, s'étaient jointes à eux pour l'entendre relater sa rencontre avec madame Paulette.

— Et quand vous m'avez parlé de votre poney, au PMU ! Vous vous souvenez ?

Paulette, intimidée par le public des infirmières, fit semblant d'avoir oublié.

— En tout cas, ça vous fera des choses à raconter à vos enfants ! avait lâché l'une d'elles.

L'expression de monsieur Georges avait changé, ce qui n'avait pas échappé à Paulette.

Le soir venu, juste avant qu'il ne reparte à l'auberge, elle avait essayé d'en savoir plus sur le vieil homme. Il était resté vague : la vie était passée bien vite, il n'avait pas eu beaucoup de chance en affaires ni en amour, enfin jusqu'à aujourd'hui. Elle avait esquivé son baiser, curieuse d'en apprendre davantage.

— Mais vous n'êtes jamais tombé amoureux auparavant ?

— Non, pas vraiment. Enfin, quelques amourettes, par-ci, par-là… Rien de comparable à ce que je ressens aujourd'hui pour vous, avait-il ajouté élégamment, les yeux pleins de tendresse.

Monsieur Georges était pudique et soucieux de ne pas jeter d'ombre sur leur idylle naissante. Bien sûr qu'il avait connu l'amour. Une déflagration des sens qui l'avait englouti tout entier, jusqu'à lui faire perdre conscience de la réalité. Il avait vingt ans et la vie devant lui. Elle avait du talent et du charme à revendre.

Encore étudiant, il avait convaincu son père de la nécessité d'un voyage outre-Atlantique pour élargir son horizon. New York ! La ville de tous les possibles ! Celui-ci avait d'abord mis son veto : il n'était pas question que son fils s'égare dans cette cité connue pour ses vices autant que pour sa vulgarité. Mais son épouse l'avait gagné à sa cause : le fils, bientôt acquis aux techniques modernes américaines, serait d'une aide précieuse pour l'affaire familiale. Monsieur Georges était donc parti, de bonnes résolutions plein sa valise.

Mais en chemin il avait croisé celui de Gloria.

Gloria, ses yeux immenses et son rire lumineux. Sa silhouette élancée qui chaque soir captivait un public venu pour le seul spectacle de ses jambes interminables glissant sur la musique. Et puis cette peau, blanche, presque translucide, qu'on devinait très douce, et qui irradiait sous les projecteurs.

Ils s'étaient aimés, durant deux saisons, sous les gratte-ciel et les lumières de la ville. À l'arrière des taxis, au fond des bars de jazz. Sur les grandes avenues et dans les ruelles silencieuses. Sous les arbres centenaires de Central Park et le regard bienveillant des écureuils. Dans la flamboyance de l'automne et les premiers frimas de l'hiver. Dans la chaleur moite de sa chambre minuscule et l'agitation fébrile des coulisses. Ils s'étaient promis de ne plus se quitter.

Les promesses avaient duré jusqu'à la veille de son départ : Gloria n'était même pas venue lui dire au revoir. Monsieur Georges avait pourtant espéré jusqu'au dernier moment qu'elle le rejoigne. À genoux devant le poêle qui peinait à réchauffer sa mansarde, le blizzard cognant contre la petite fenêtre embuée, il avait prié pour qu'elle embarque avec lui pour la France. En vain. Le bateau était parti, emportant avec lui un jeune homme au cœur déjà meurtri, résolu pourtant à retrouver dès que possible celle qu'il appelait encore l'amour de sa vie.

Monsieur Georges ne comprit jamais la raison de ce revirement, suivi d'un silence douloureux. Il lui avait écrit sans faillir, se refusant à douter et à abandonner. Il avait appelé le théâtre, tâché de retrouver sa trace à l'aide d'un enquêteur qui l'avait soulagé de plusieurs centaines de dollars sans parvenir à lui en dire davantage que ce que lui-même apprit par les journaux : Gloria s'était mariée à Jeremy Abbott, son partenaire sur scène.

Monsieur Georges ne pouvait croire que Gloria l'ait trompé de la sorte ; cet homme violent et jaloux l'humiliait en public et la harcelait en privé. Il rêvait de la mettre dans son lit, elle se moquait de son air suffisant. Georges était resté prostré dans sa chambre pendant plusieurs semaines jusqu'à ce que son père l'en sorte à coups de pied aux fesses. Ce dernier avait été clair avec lui : soit il se ressaisissait, soit son père le renierait. Mais le jeune homme qu'il était n'avait pas pu faire face. Il avait aimé trop vite, trop fort. La vie n'avait plus de goût, et lui plus d'appétit. Son père, inflexible, avait mis ses menaces à exécution. Et monsieur Georges s'était retrouvé à battre le pavé avec une mallette de vendeur, seule façon pour lui de survivre.

C'est en se rendant au chevet de Jean, le majordome de la famille, qui lui léguait en partant tout ce qu'il possédait, y compris ses secrets, que Georges avait compris. Son père s'était assuré que les lettres d'amour dont se fendait son fils ne quittassent jamais le sol français. Jean les avait gardées dans une vieille boîte à chapeau ayant appartenu à sa mère, réduisant ainsi à néant les efforts déployés par le jeune homme pour reprendre contact avec Gloria. Le père de Georges avait suivi de près son majordome dans la tombe ; son fils n'avait pas daigné se rendre à l'enterrement.

Voilà en somme ce qu'il y avait à dire sur la vie amoureuse de monsieur Georges, un feu soudain suivi d'une odeur écœurante de tabac froid que les années n'avaient pas dispersée. Jusqu'à la rencontre avec Paulette. Paulette qui, par sa seule présence, lui donnait envie de croire à nouveau en la possibilité d'un sentiment amoureux.

Paulette quant à elle n'envisageait pas une seule seconde de dire à monsieur Georges qu'elle en savait bien davantage sur ses amours que ce qu'il imaginait. Lui parler des lettres qu'elle avait trouvées dans sa chambre était hors de question. Elle passerait pour une menteuse malhonnête et, pire encore, pour une midinette obsessionnelle. Paulette avait une théorie bien à elle sur la meilleure façon de faire durer un couple et la vérité en toutes choses n'en faisait pas partie. Pourtant, bien qu'elle ait lu une bonne partie de cette correspondance, des zones d'ombre demeuraient. Pourquoi la danseuse ne l'avait-elle pas suivi en France ? Pourquoi n'avait-elle même pas tenté de lui écrire ? Paulette, qui n'aimait pas les secrets, en tout cas ceux des autres, s'était donc résolue à contacter le fan-club de Gloria Gabor pour obtenir quelques réponses. Malheureusement, la lettre de son président ne lui en apportait aucune.

Juliette frappa doucement à sa porte. Paulette glissa la lettre de monsieur Smith dans son sac à main.

— Tout va bien, madame Paulette ?

Paulette lui fit signe de venir s'asseoir près d'elle.

— Et vous ? demanda-t-elle en plongeant son regard dans celui de la jeune fille.

Un voile passa sur le visage de cette dernière. Comme Paulette l'avait appris à ses dépens, les malades étaient malgré eux coupés du monde par un entourage trop bienveillant. Juliette n'échappait pas à la règle ; ses soucis lui paraissaient bien futiles à l'aune de la santé de la vieille dame. Il n'était pas question de l'embêter avec ses problèmes. Paulette insista :

— Vous n'avez pas eu de nouvelles de Nour ?

— Non… Monsieur Yvon fait comme si de rien n'était, mais il passe ses nuits dans le jardin à fumer la pipe. Il s'épuise en cuisine et a des cernes jusqu'aux genoux.

Voyant le visage inquiet de la vieille dame, Juliette enchaîna, l'œil rieur :

— Mais il faut voir comme Marceline se rend utile ! Elle m'a laissée entendre que monsieur Yvon et elle formaient une super équipe. Allez savoir ce que ça signifie ! Elle me remplace parfois au service quand je ne tiens plus debout ! Ça part d'un bon sentiment, mais elle a tendance à trinquer un peu trop avec les clients si vous voyez ce que je veux dire…

— J'imagine que ses cours de sport avec monsieur Georges doivent lui manquer !

— Vous ne croyez pas si bien dire ! Elle l'a convaincu de mener à bien le cours d'aérobic qu'il nous avait promis sur la plage, juste avant que…

— Que je vous fasse faux bond !

Juliette, gênée, la prit soudain dans ses bras.

— Vous nous manquez, Paulette.

La vieille dame, surprise, resta les bras ballants. Puis, voyant que la jeune fille ne relâchait pas son étreinte, elle posa une main délicate sur son dos. Juliette, les larmes aux yeux, s'abandonna avec émotion aux notes de rose et de jasmin qui émanaient de la vieille dame.

40

Une feuille se détacha du poirier. Elle rejoignit sans bruit ses congénères, affalées dans un tapis teinté de jaune, d'orange et de rouge.

Monsieur Yvon soupira. Il faisait encore doux, mais l'automne, déjà, confirmait sa venue. Il scruta la pelouse dans la lumière déclinante du jour. Il faudrait bien vite la débarrasser de ses mousses pour lui permettre de passer l'hiver sans trop de peine. L'hiver ! Il lui semblait qu'hier encore c'était le printemps. Les saisons se succédaient à une vitesse folle ; il soupçonnait le temps de courir à sa perte. Les journées passées à attendre un signe de Nour étaient interminables ; les mois quant à eux défilaient sans prévenir.

Il saisit son râteau et regroupa quelques feuilles dans un tas que le vent de la nuit disperserait bientôt. Les bras nus, son tablier encore autour des hanches, il frissonna avant de réprimer un bâillement. Depuis quelques semaines, l'auberge ne désemplissait pas. Interpellé par ce succès grandissant, un journaliste avait demandé à venir déjeuner. Monsieur Yvon tâcha de se rappeler la date de sa visite. Était-ce ce mardi ? Ou bien mercredi ? Cela ne ferait qu'ajouter à l'agitation ambiante !

Depuis le départ de Nour, Marceline aidait Juliette en salle tandis que le patron s'activait derrière les fourneaux ; Hippolyte quant à lui donnait un coup de main à la plonge. Hippolyte qui enchantait les clients de ses récits passionnés quand il n'était pas occupé à domestiquer les limaces. Le départ de Nour n'avait eu aucun effet sur lui ; tout juste regrettait-il de ne plus voir de couscous au menu. L'ambiance restait joyeuse, mais le quotidien était usant : une fois la salle nettoyée, il fallait faire les comptes, s'occuper de la paperasse, commander les produits nécessaires au menu du lendemain, remplir le frigo à desserts, et Dieu sait quoi encore que Nour gérait auparavant d'une main de maître. Elle lui manquait terriblement. Le soir venu, les parties de Cluedo se faisaient plus rares. Souvent, le soleil était à peine couché que résonnaient déjà dans les étages les ronflements des pensionnaires.

Un bruit venu de l'autre côté du jardin lui fit lever la tête. Monsieur Yvon plissa les yeux : la pénombre troublait sa vue. Un oiseau pépia au sommet du poirier. Il le chercha du regard, curieux d'apercevoir celui qui s'attardait encore à batifoler ainsi dans les branchages. Soudain, une silhouette se dessina derrière la haie. Monsieur Yvon, sa pipe collée aux lèvres, se figea. L'oiseau chantait toujours, comme porteur d'une bonne nouvelle. Il fallut moins de quelques secondes à monsieur Yvon pour reconnaître ce pas rassurant, cette silhouette familière et ce parfum frais de savon.

Nour.

Nour était là, un sourire timide sur les lèvres.

Le cœur de monsieur Yvon s'agita dans sa poitrine. Ils restèrent un moment en silence à se dévisager. Elle n'avait pas changé, sa longue jupe plissée posée sur les hanches. Il crut discerner quelques cheveux blancs sur ses tempes sans parvenir toutefois à se remémorer s'ils étaient déjà là avant.

Le cœur de Nour se serra à la vue des cernes sur ce visage de guingois. Son regard courut sur le râteau abandonné aux pieds du géant à moustache, avant de revenir sur ses grands yeux ébahis. Nour lui aurait déjà sauté au cou, n'eût été la pudeur qui sous-tendait leur relation, tout autant que la gêne qu'elle éprouvait à être partie si brusquement.

— Ils sont encore beaux, vos asters, dit-elle soudain en désignant le massif couleur de rubis.

Monsieur Yvon fit la moue, il n'aimait pas ces fleurs, elles donnaient à ce coin du jardin un air de cimetière.

— Peut-être attendaient-ils aussi votre retour ? répliqua-t-il.

Son ton était plus rude qu'il ne l'aurait voulu. Sans doute qu'un bout de lui ne pouvait se résoudre à célébrer sans amertume le retour de la cuisinière. Sans doute aussi rechignait-il à laisser paraître le désespoir inattendu dans lequel l'avait plongé son départ. Elle baissa la tête et s'approcha doucement. Il lui proposa l'un des fauteuils de jardin rendus humides par la rosée tombante. Ils s'assirent côte à côte, le regard vers les champs. La terre, fraîchement labourée, répandait dans l'air un parfum familier.

Monsieur Yvon tira sur sa pipe en silence. Nour cherchait ses mots, incapable de se remémorer ceux qu'elle répétait depuis l'aube devant sa glace.

— Pardon, finit-elle par lâcher simplement.

Les deux syllabes, prononcées d'une voix douce, flottèrent dans l'air un instant, emportées dans les volutes de monsieur Yvon.

— Comment allez-vous ? grogna-t-il, inquiet pour elle au fond.

— Je vais bien.

Elle se tourna vers lui. La lune, déjà haute, faisait tomber une lumière étrange sur sa joue immobile.

— Monsieur Yvon, je vais tout vous raconter. Mais d'abord, je veux que vous sachiez que, si je suis partie, ce n'était pas de bon cœur, et uniquement parce que j'y ai été forcée. Je ne pouvais pas tolérer de vous mettre en danger, vous et les habitants de l'auberge… Je regrette sincèrement tout le désagrément que cette histoire a pu causer.

Le silence se fit. On n'entendait que la pipe de monsieur Yvon. Le bruit de piston doux, enrobé dans des arômes de tabac chaud, illumina le regard de Nour. Ces moments à deux, où ils regardaient côte à côte la lune se lever, lui avaient manqué.

Le soir de la visite malheureuse du corbeau, Nour s'était résolue à accepter la proposition du commissaire en charge de l'enquête. Il lui offrait sa

314

protection en échange de son témoignage. Plusieurs témoins étaient déjà attendus à la barre ; le procureur avait besoin d'elle pour donner encore plus de poids au dossier sur lequel il travaillait depuis bientôt deux ans. Un réseau de narcotrafiquants qui infiltrait tout le bassin méditerranéen, et toutes les couches de la société. Le procès allait être retentissant. Ils avaient besoin de son aide et elle était déterminée à la leur apporter, et ce malgré toutes les promesses qu'elle s'était faites de ne plus jamais rien avoir à faire avec les fantômes de son passé.

De sa discrétion dépendait sa survie. Elle était donc partie sans un mot cette nuit-là, emmenée bien vite à plusieurs centaines de kilomètres par une voiture banalisée. On l'avait préparée au procès avec patience et rigueur. Rien ne pouvait être laissé au hasard. Elle avait raconté son quotidien, trente ans plus tôt, en convoquant des souvenirs qu'elle croyait enterrés. C'était une épreuve, certaines blessures s'étaient rouvertes, sans certitude de les voir un jour se refermer.

Le verdict était tombé après plusieurs semaines d'audiences : elle était libre. Libre de rentrer chez elle. Libre de vivre au grand jour, sans craindre pour sa vie et celle de ceux qu'elle aimait. Le réseau avait été, sinon démantelé, tout au moins sérieusement mis à mal. Les gros caïds étaient derrière les barreaux et ne devraient pas revoir la lumière du jour avant un moment.

Monsieur Yvon, sa pipe à la main, buvait ses paroles, les yeux écarquillés. Il n'en croyait pas ses oreilles. Nour, sa cuisinière, témoin clef dans une affaire sulfureuse de règlements de comptes et de poudre blanche ! Nour, qui parlait avec un chat et rouspétait après un plat de courgettes, ancienne épouse d'un patron de la drogue ! Le contraste entre le récit de Nour et le calme de la campagne environnante rendait tout cela bien difficile à croire.

Il se redressa, incapable de formuler une question pertinente ni d'exprimer quelque mot de compassion. Il était bouche bée. Pour se donner une contenance, il ralluma sa pipe. Nour contempla les pommes de pin peinturlurées qu'Hippolyte avait disposées en circuit pour ses courses de limaces. Elle sourit. Tout à coup, un bruit sourd se fit entendre de l'autre côté du jardin. Comme le souffle d'un cochon, ponctué de petits cris stridents. Monsieur Yvon tendit l'oreille : Séverin était de retour. Le hérisson trotta pesamment jusqu'au potager, ses épis brinquebalant, en quête d'une limace à se mettre sous la dent.

— Eh bien, il était temps ! s'exclama monsieur Yvon, fâché contre l'animal. Faut voir toutes les laitues que ces sales bêtes m'ont volées ! Où étais-tu passé, espèce de bon à rien ?

Nour éclata de rire.

— Je vous promets que Séverin n'a pas comparu à la barre ! dit-elle. Il se sera probablement entiché d'une femelle du côté de Montmalin, mais les flirts d'été ont la vie dure, vous savez !

Monsieur Yvon s'égaya.

— Il a intérêt à se remettre au boulot, le Séverin ! Sinon c'est lui qui finira au menu du jour !

Nour se leva et prit les mains de monsieur Yvon dans les siennes. Celui-ci se figea, mal à l'aise.

— Je suis contente de vous retrouver.

Ils restèrent un instant à se regarder – cela parut à monsieur Yvon une éternité. Gêné et heureux à la fois, le patron se racla la gorge.

— Bon, c'est pas le tout, mais…

Nour lissa sa jupe, monsieur Yvon rangea son râteau. Ensemble, ils rentrèrent dans l'auberge, non sans avoir jeté un œil à Séverin qui tournait autour des salades à la recherche de son dîner.

Nour s'empressa d'aller saluer sa cuisine. Sur le plan de travail, une cagette remplie de courgettes semblait n'attendre qu'elle.

— Je vois que les bonnes résolutions ont survécu à mon départ ! s'exclama-t-elle, ravie, à l'intention du patron qui l'observait depuis le passe-plat.

Il grogna, gêné d'être pris en flagrant délit de diététique.

— Comment va Paulette ? demanda-t-elle à voix basse.

Monsieur Yvon, perplexe, se figea. Comment pouvait-elle savoir ?

— Vous ne croyiez quand même pas que j'allais rester sans nouvelles de vous ! s'exclama Nour, le nez sur une barquette de fraises. Hmm, délicieuses ! Je crains malheureusement que ce ne soient les dernières de la saison. Vous me mettrez une soupe de fraises demain au menu, monsieur Yvon.

Ce disant, elle noua son tablier autour de ses hanches et sortit le lait du frigo tandis que, de l'autre main, elle attrapait quelques ramequins. Léon apparut et s'empressa de se glisser entre ses jambes.

— Alors, mon Léon ! Tu pensais que j'allais te laisser faire la loi sans moi, hein ? Allez, viens donc par là, tu vas me dire ce que tu penses de ces crèmes à la vanille...

Monsieur Yvon laissa le chef et sa brigade à leurs marmites. Les discussions entre Nour et Léon le dépassaient toujours autant. Il songea à Paulette, et s'interrogea à nouveau sur l'omniscience de la cuisinière. Comment avait-elle su ? Bah ! Mieux valait laisser aux femmes leurs mystères. Tout juste se hasarda-t-il à penser qu'Hippolyte en savait bien plus sur cette affaire qu'on ne l'imaginait.

41

Nour toqua doucement à la porte de Juliette.

Une petite tête endormie émergea de la couette. Juliette cligna des yeux, les frotta, cligna encore. Son cerveau embrumé ne parvenait pas à faire le point sur la silhouette qui se tenait devant elle.

Nour s'assit délicatement sur la couette moelleuse. Les cheveux en broussaille, encombrée par son ventre rebondi, Juliette sourit avant de lui sauter dans les bras.

— Oh ! Ma chérie ! s'exclama Nour à voix basse, le nez dans sa nuque.

Puis, la repoussant tendrement :

— Laisse-moi te regarder !

Elles s'étreignirent un long moment en silence. Pressées d'en savoir plus sur ce qu'elles avaient manqué de la vie de l'autre, soucieuses aussi de prendre le temps de savourer ces retrouvailles.

Nour se fit une place dans le lit de Juliette. La pièce était fraîche, et la chaleur des draps bienvenue. Elle lui chuchota son histoire, les raisons de son départ et celles de son retour ; Juliette lui murmura le vide qu'elle avait laissé à l'auberge, les caprices de Léon, et son impatience à voir naître le bébé.

— Moins de trois mois ! souffla-t-elle, un sourire jusqu'aux oreilles.

Nour, ravie de voir la sérénité avec laquelle Juliette envisageait à présent sa maternité, réprima la culpabilité qui lui tenait le ventre. Elle s'était promis d'être là pour la jeune femme, et ces deux mois où elle n'avait pu prendre soin d'elle lui avaient été pénibles.

— Mais tu ne vas plus repartir alors ? demanda Juliette.

— Manquerait plus que ça ! Si Marceline pensait que j'allais lui céder ma place aussi facilement... Et puis il faut bien que quelqu'un garde un œil sur Léon et ses caprices !

Elles rirent.

— Monsieur Yvon t'a dit pour madame Paulette ? demanda soudain Juliette.

— J'ai appris, oui... On sait quand elle pourra sortir ?

— Non, ce n'est pas très clair. Elle est en soins intensifs, mais prétend que tout va bien. Et quand tu la vois, tu as envie de la croire. Elle est rayonnante ! C'est l'effet des rayons à ce qu'elle dit. Et puis tu sais que monsieur Georges lui rend visite tous les jours...

— Monsieur Georges ? s'exclama Nour, surprise.

Juliette sourit.

— Ils font semblant de rien, mais Hippolyte les a vus main dans la main dans le parc de l'hôpital. Ils sont inséparables depuis ton départ.

Nour sourit, touchée.

— Ça fait rêver… soupira Juliette.

Nour acquiesça, les yeux dans le vague. Puis elle jeta un œil à la table de chevet où trônait habituellement le petit cahier.

— Et ton mystérieux inconnu ?

Le visage de Juliette s'éclaira à nouveau.

— On est en pleine conversation, lui et moi !

Nour leva un sourcil, perplexe. Juliette lui raconta le carnet où s'entremêlaient leurs écritures, l'un répondant à l'autre pour lui faire part de ses goûts et de ses dégoûts. Elle lui parla du marque-page qui avait ouvert la porte à leur rencontre. Et comment elle avait choisi de prendre son temps.

— C'était quand, ça ?

— Oh, il y a un mois environ…

— Un mois ! Et qu'avez-vous fait depuis tout ce temps ? demanda Nour, amusée.

Juliette rougit.

— Eh bien, on a appris à se connaître, en s'échangeant des phrases par carnet interposé… Il me dit ce qu'il aime, je lui réponds en lui parlant de mes goûts à moi… Crois-le ou non, mais on ne s'est jamais croisés à la bibliothèque ! C'est étrange, non ? J'imagine qu'il doit travailler le matin, quand j'y vais, on n'a pas les mêmes horaires, enfin quelque chose comme ça… Si tu savais tout ce que je connais de lui sans même l'avoir rencontré ! s'enthousiasma-t-elle.

Nour fronça les sourcils.

— Quoi ? Qu'est-ce qu'il y a ?

— Juliette…

Nour écarta une mèche qui tombait sur les yeux de la jeune fille. Puis, d'une voix douce et profonde, elle lui parla d'un temps pas si lointain où les gens préféraient mourir d'amour que de solitude. Un temps où l'on pouvait rater un coup de téléphone et ne jamais le savoir. Où l'on pouvait sentir l'odeur de l'être aimé et contempler ses larmes dans le papier d'un billet doux. Où les mots d'amour se rangeaient, entourés de rubans, dans des tiroirs. Où les rencontres se vivaient à cœur ouvert, sans écran, sans filet. À cette époque, les vies étaient plus courtes, ce qui laissait croire que l'amour ne s'éteignait jamais. On sautait dans une histoire à pieds joints, sans se soucier de savoir si l'autre aimait les chiens, les chats ou les oiseaux. S'il votait à droite ou buvait du thé au petit déjeuner. Notre époque et ses technologies avaient englouti de leurs mâchoires intelligentes tout ce qui faisait le sel de nos histoires d'amour. Aujourd'hui on choisissait l'élu de son cœur dans un catalogue, en s'assurant que son métier, son lieu de vacances et son sport préféré correspondaient en tout point à ce que l'on en attendait. Les relations s'enchaînaient comme des kleenex. Mais le cœur, avide d'aventure, peinait souvent à s'enthousiasmer pour celui ou celle qu'on lui servait sur un plateau téléguidé. Et Juliette, avec son carnet de petites phrases où elle guettait la faute de goût, la différence, le point de non-retour, procédait à sa façon à la même dissection. Sous des dehors plus romantiques, leurs mots griffonnés sur du papier n'avaient rien à envier aux échanges électroniques de leurs contemporains ! Pour se prémunir d'on ne sait quel danger, Juliette scrutait à la loupe le profil de son prétendant, sans voir que par là même elle le vidait de tout son charme.

— Quand comprendrez-vous que l'amour ne rentre pas dans des cases, des carreaux et des carnets ! s'agaça Nour. L'amour vient sans préméditation, sans courbe mathématique, sans statistique. Il fuit les inventaires, la logique, se complaît dans l'irrationnel et se nourrit de mystère.

Juliette écoutait avec attention les paroles sages de la cuisinière. Elle repensa à Mamino, mariée à dix-neuf ans à celui qu'elle connaissait à peine et qu'elle avait veillé jusqu'à sa mort avec tendresse. Ils avaient appris à vivre et à aimer ensemble, s'accommodant de leurs différences, fermant les yeux sur leurs désaccords. Parce que c'était ainsi : on s'était choisi, on formait un tandem, et à tout prendre, puisqu'il n'était pas envisageable d'y mettre un terme, mieux valait faire en sorte que le voyage soit agréable.

Juliette soupira.

— Nour, comment je ferais sans toi ?

42

Juliette arracha un lambeau de sucre poudré et le porta à sa bouche.

Dissimulée derrière le nuage rose d'une immense barbe à papa, elle observait les arabesques d'une navette multicolore. Un wagon émergea de la bouche d'un monstre cornu, sous les cris d'enfants réjouis. Le flocon de sucre se volatilisa au contact de sa langue. Un couple d'amoureux s'arrêta devant elle et croqua dans une pomme d'amour sous l'œil torve d'un appareil photo. Blanche-Neige des temps modernes, la fille souriait à pleines dents.

Juliette jeta un coup d'œil à sa montre. Il était encore tôt. Elle avait choisi d'arriver en avance. Pour se donner le temps de s'approprier le décor, de faire siennes les allées sablonneuses de la petite fête foraine, et de se placer au bon endroit. Son genou tressautait au rythme de la fanfare, plus par nervosité que par mélomanie.

Une jeune femme en bas résille se fraya un chemin à travers la foule, des cerceaux multicolores autour des genoux et des poignets. Cela rappela à Juliette ce spectacle de fin d'année – elle devait avoir dans les sept ans – où elle s'était pris les pieds dans son ruban de gymnaste, entraînant dans sa chute la moitié de sa classe. Ce souvenir lui était encore désagréable et ne l'aida pas à se sentir mieux.

Elle décida de s'offrir un tour de manège pour calmer son appréhension. Elle se glissa dans un fauteuil suspendu et posa ses mains sur les chaînes métalliques. Quelques instants plus tard, les nacelles s'envolèrent dans les airs. Elle eut très vite une vue imprenable sur le parc. Les passants minuscules ressemblaient à des insectes. Ses jambes flottaient dans l'air, lui donnant une sensation grisante d'apesanteur.

Son cœur aussi semblait emporté dans une montagne russe. Tantôt, pleine d'angoisse, elle regrettait sa présence ici et peinait à refréner la panique qui l'envahissait. Tantôt elle avait presque hâte, ravie d'être parvenue à dépasser ses craintes et à jouer le tout pour le tout dans cette histoire aussi improbable qu'inattendue. Tout dans cette rencontre imminente la terrorisait et l'excitait à la fois.

Quinze jours plus tôt, le cœur battant, elle avait déposé le ticket d'une attraction dans le carnet à grands carreaux de la bibliothèque. Dessus, elle avait écrit :

Samedi de pleine lune, 20 h 05, apportez des fleurs

Et elle avait remis le carnet dans le rayon avant de repartir très vite, de peur de changer d'avis avant d'avoir dépassé la porte de la bibliothèque.

Elle savait par ses lectures que l'auteur des petites phrases aimait les fêtes foraines. Les chenilles multicolores, les défis lancés entre copains et les petits ballons qu'on dégonfle à coups de fléchettes. Elle savait aussi qu'il n'aimait pas les machines à pince d'où ne sortait jamais aucune peluche. Il aimait les bûches qui dévalaient les cours d'eau agités, et les petits trains des enfants, surtout la locomotive à l'avant. Mais ce qu'il aimait le moins, elle l'avait bien compris, c'était le palais des glaces et ses vitres labyrinthiques. Elle ne pouvait pas le blâmer : ces couloirs de verre lui donnaient à elle aussi la chair de poule. Mais elle aimait au moins autant l'idée qu'il doive se résoudre à y entrer pour faire sa connaissance.

À présent, elle tenait au creux de sa main le précieux sésame : un ticket, identique à celui qu'elle avait abandonné à la bibliothèque. Dessus était écrit en lettres d'or :

CRISTAL PALACE

L'attraction n'avait de palace que le nom. Mais elle aimait les lettres lumineuses sur la devanture, les vitres dispersées sous les néons, et puis la décoration multicolore et tape-à-l'œil.

Les nacelles redescendirent lentement, redonnant aux passants une apparence humaine. Elle abandonna le manège à regret. L'heure approchait.

Du regard, elle fit le tour des environs. L'emplacement le plus stratégique pour guetter son invité était une petite baraque lumineuse. Devant étaient penchés deux petits garçons. Ils devaient avoir trois ans à peine. Concentrés sur leurs cannes à pêche minuscules, ils tentaient sans grand succès d'attraper des petits canards virevoltants. L'un d'eux se vit remettre un dinosaure en plastique. À la vue de son regard émerveillé, Juliette passa la main sur son ventre arrondi. Il n'y avait plus moyen de le dissimuler à présent. Loin de la gêner à l'approche de cette rencontre, son abdomen était comme un étendard. Acceptez-moi telle que je suis ou passez votre chemin, criait sa silhouette.

D'une certaine façon, cela la rendait aussi plus tolérante sur l'apparence que prendrait son invité. Elle le connaissait par ses petites phrases et devait bien admettre qu'il avait déjà dans son esprit un physique particulier. Elle l'imaginait grand, avec un visage d'enfant et des yeux clairs. Des joues imberbes et de grandes mains. Elle repensa aux conseils de Nour et s'empressa de chasser cette image de ses pensées. Elle avait attendu bien trop longtemps avant de le rencontrer. Avec cette relation hors du temps, il y avait fort à parier que la réalité ne serait pas à la hauteur du fantasme.

Juliette haussa les épaules. Tant pis ! Elle et son têtard au creux du ventre avaient plein de bonnes choses dans le viseur. Elle allait lui offrir une belle vie, et peu importait qu'elle ait ou non un chevalier à son bras pour en traverser les jours pluvieux.

Absorbée dans le ballet joyeux des canards en plastique, Juliette ne vit pas l'homme qui s'approcha soudain de l'attraction voisine.

Antoine était tendu, sa veste sur le bras alors que le temps fraîchissait déjà – l'émotion lui donnait chaud. Il s'essuya le front, gravit la petite rampe métallique et aboutit devant la guérite. Une grosse femme, l'œil sur un téléviseur, lui proposa un ticket. Il déclina poliment avant de jeter un œil à sa montre. Il hésitait. Il pourrait toujours dire qu'il n'avait pas eu le message. Ou qu'il était venu et n'avait vu personne. Il déglutit et déboutonna sa chemise au niveau de sa gorge.

Juliette leva la tête distraitement et se figea. Juste devant l'entrée du palais des glaces se tenait un jeune homme, d'une trentaine d'années à peine. C'était difficile à dire, tant sa tenue n'avait pas d'âge. Il portait un chapeau dans le bord duquel était plantée une allumette. Juliette se plaqua contre la baraque aux canards, dans un réflexe pour ne pas être vue. Elle tenta de ne pas le regarder, terrorisée soudain à l'idée qu'il puisse la voir et venir lui parler. Elle fixa les autos tamponneuses de l'autre côté de l'allée, le souffle coupé. Puis, d'un élan, elle se mit à courir en direction du palais des glaces. Elle jeta vivement son ticket à la grosse femme avant de se réfugier dans le labyrinthe, manquant de renverser le jeune homme sur son passage. Des lumières fluorescentes l'accueillirent alors qu'elle s'enfonçait, les bras tendus, dans les méandres transparents.

Antoine, agrippé à son bouquet, eut à peine le temps de voir passer une silhouette que déjà elle disparaissait dans l'attraction. Il n'avait rien vu d'elle si ce n'est son dos et, l'espace d'un instant, il douta que cette personne pressée puisse être celle qui lui avait donné rendez-vous dans le carnet. Lorsqu'il constata qu'il était l'heure et que le manège était désert, il se décida à entrer.

Juliette serpentait toujours entre les vitres. Un stroboscope rendait sa progression difficile et lui faisait perdre tout sens de l'orientation. Était-elle déjà passée là auparavant ? Elle avançait sans réfléchir, consciente toutefois de l'absurdité de sa réaction. Pourquoi n'était-elle pas tout simplement rentrée à l'auberge ? La galerie la déporta doucement vers l'allée centrale. Elle jeta un œil dehors, le cœur battant. Le mystérieux inconnu avait disparu. Elle poussa un soupir.

Lorsqu'elle se retourna, en quête de la sortie, elle sursauta. Derrière la glace, face à elle, se tenait Antoine. Un sourire au coin des lèvres, droit dans sa drôle de tenue de jeune vieux, ou de vieux jeune, elle ne savait pas trop, il l'observait. Le regard de Juliette glissa sur le bouquet qu'il tenait entre les mains. De loin, elle y avait vu des fleurs blanches. Mais en y regardant de plus près, elle réalisa qu'il s'agissait de fleurs en papier. Sur les pétales de l'une d'elles, elle reconnut son écriture. Sur la tige d'une autre, celle de son mystérieux inconnu. Antoine portait un bouquet de phrases.

Il la dévisagea avec douceur. Son air mutin et ses taches de rousseur étaient bien loin du portrait qu'il s'était fait d'elle. Sans parler du coéquipier qu'elle abritait sous son nombril.

Juliette, prise de court, tourna à droite. Puis à gauche. Leurs corps s'éloignèrent. Puis les couloirs les rapprochèrent, avant de les éloigner encore. Lorsqu'ils se retrouvèrent de nouveau face à face, Antoine leva une main, comme un mime enfermé dans une boîte. Elle fit de même, levant la sienne à hauteur de celle d'Antoine. Le stroboscope se fit plus intense. Ils s'observaient à la volée entre deux flashs lumineux, volant un sourire, un détail, une expression, avant que leurs silhouettes ne disparaissent à nouveau dans le noir. Soudain, les crépitements s'arrêtèrent et une lumière rose et pâle tomba sur eux. Calmement, Antoine avança sa main vers celle de Juliette. Une chaleur douce atteignit sa paume. Ils se faisaient face, au milieu de cet enchevêtrement de vitres qui les reflétaient à l'infini. À son tour, Juliette s'approcha doucement jusqu'à ce que leurs fronts se touchent. Ses yeux plongés dans les siens, elle pouvait voir toutes les nuances de vert, de noisette et d'or qui ponctuaient ses iris. Elle remarqua les petites veines rouges qui s'éparpillaient autour de ses pupilles. Et les longs cils qui caressaient les siens à chaque battement de paupière. Elle pouvait sentir son odeur, le souffle chaud sortant de ses narines, la douceur de sa joue. Et puis, naturellement, dans ce désordre fantastique, sans crainte ni précipitation, elle posa ses lèvres sur les siennes.

43

— Monsieur Georges, reprenez donc un peu de couscous !

Nour versa une pleine louche de semoule dans l'assiette creuse du vieil homme. Dans la petite auberge, l'ambiance était à la joie. Pour fêter son retour et le septième mois de grossesse de Juliette, Nour avait préparé un festin. Sur la grande table en bois, des dizaines d'assiettes et de plats remplis de mets colorés invitaient à la gourmandise.

Paulette avait été autorisée à sortir de l'hôpital pour l'occasion. Élégante, elle profitait de ces retrouvailles avec un plaisir non dissimulé. Elle jetait de temps à autre un coup d'œil à monsieur Georges, juste pour le crépitement que cela occasionnait au creux de son ventre. Le vieil homme, quant à lui, un nœud papillon autour du cou, la couvait d'un regard tendre.

— Je ne sais pas quelle tradition on célèbre, mais ça me plaît ! s'exclama Marceline, la bouche pleine. Nour, ces beignets sont divins !

Nour se chargea de faire passer le plat pour qu'elle puisse se servir de nouveau.

— C'est la fête du septième mois. En l'honneur de Juliette et de son bébé. Et d'ailleurs, messieurs, vous n'êtes pas censés être là !

— Mais qu'auriez-vous fait de toute cette nourriture ? demanda monsieur Yvon, l'œil rieur.

— Et pourquoi sept mois ? demanda monsieur Georges, intrigué.

— La croyance veut que si le bébé atteint sept mois de grossesse, il a beaucoup de chances de voir le jour et de vivre normalement, répondit Nour.

Elle embrassa la main de Fatma pendue à son cou avant de toucher le ventre de Juliette.

— *Inch'Allah*... Je vous parle d'un temps où les couveuses n'existaient pas, bien sûr, ajouta-t-elle. Monsieur Yvon, reprenez un peu de ce poulet au citron. J'ai l'impression que vous avez maigri. Et toi, Hippolyte, va donc me chercher la *khamoussa*.

— Oui, tout de suite, amie.

Hippolyte se leva et disparut à la cuisine sous le regard intrigué des habitants. Tout à coup, Paulette eut un flash. Elle revit le petit appartement parisien où elle habitait cinquante ans plus tôt. Leur voisine était marocaine, elle s'appelait Asma. Paulette et elle avaient donné naissance à leurs petits garçons à quelques jours d'intervalle, scellant une amitié solide. À cet instant, Paulette la revit sermonnant son fils alors qu'il dévorait un petit sac de bonbons.

— Pas grave, *'ami* ! avait balbutié le petit garçon.

— Ta maman n'est pas ton amie ! s'était exclamée Paulette, pleine de tendresse pour le petit gourmand.

Asma avait ri avant de lui expliquer le sens du mot *'ami*. Paulette hocha la tête. Tout s'éclairait enfin.

Hippolyte revint bien vite et déposa un bracelet dans la main de Nour. La cuisinière se leva et l'offrit en cadeau à Juliette avant de le passer à son poignet. La main de la future maman était couverte de motifs compliqués, d'arabesques, de points et de symboles, dessinés au henné par la cuisinière quelques heures plus tôt.

— C'est un porte-bonheur pour toi et ton bébé, dit Nour. Avec le *chebba our harmel* dedans.

— C'est quoi ? demanda Marceline.

— La *harmel* est une graine séchée, et le *chebba* c'est de l'alun, ils te protégeront du mauvais œil.

Puis Nour se mit à chanter dans sa langue magique, sous l'œil mi-fasciné, mi-amusé des habitants de l'auberge.

— Et mes limaces, vous ne pouvez pas leur jeter un sort avec vos gris-gris ? demanda monsieur Yvon.

— Votre gri-gri s'appelle Séverin, rétorqua Nour. Et au vu du raffut qu'il fait la nuit sous nos fenêtres, j'en déduis qu'il est aussi efficace qu'un marabout !

Nour tendit un nouveau cadeau à Juliette. Marceline, monsieur Georges et Hippolyte firent de même. Juliette, émue, ne sut comment les remercier. Elle brandit devant elle une petite barboteuse à peine plus grande qu'une poupée.

— Oh, Marceline, c'est superbe ! Mais ça paraît tellement petit !

Monsieur Yvon, qui jusque-là semblait plutôt amusé par ce cérémonial, se sentit soudain un peu ébranlé. C'est vrai que c'était petit. Et carrément adorable. Son cœur s'ouvrit un peu plus à la vue de la minuscule paire de chaussons offerte par Paulette. Son regard ému n'échappa pas à Nour.

— Je sens que monsieur Yvon sera un grand-père gaga !

Le patron se composa un visage sérieux et nia en bloc. Le petit avait intérêt à aimer les frites, c'était tout ce qu'il avait à dire ! La table éclata de rire. Léon miaula. Et lui alors ? Qu'allait-il devenir ?

— T'en fais pas, mon Léon, personne ne te remplacera aux fourneaux, le rassura Juliette.

— Et maintenant, musique ! lança Nour. La tradition veut qu'on danse en l'honneur du futur bébé ! Alors ce soir, je vous préviens, pas de Cluedo ! D'ailleurs, monsieur Georges vous a préparé une surprise, histoire d'éliminer un peu après ce festin !

Monsieur Georges sourit et lui fit un clin d'œil. Il disparut dans la salle de restaurant attenante et ferma la porte. Il avait besoin d'un peu de préparation. Nour partit vers ses fourneaux, des assiettes plein les bras et Paulette sur ses talons. Marceline en profita pour cuisiner Juliette :

— Alors, les amours ? demanda-t-elle, la bouche en cœur.

Marceline considérait qu'elle avait joué un rôle crucial dans l'histoire du petit carnet. Elle avait aidé

335

à en identifier le propriétaire et se sentait de fait comme la fée bienfaisante du nouveau couple de tourtereaux. Juliette rougit.

— Eh bien, on s'est revus quelquefois…

Marceline lui fit des gros yeux pour l'encourager à parler. Elle mourait d'envie d'avoir des détails.

— Que voulez-vous que je vous dise ? fit Juliette, timide. On apprend à se connaître, pour de vrai je veux dire, sans carnet, avec de vrais rendez-vous… On va au cinéma, au restaurant… On prend notre temps, on verra où tout cela nous mène, ajouta-t-elle, un sourire aux lèvres.

Ses yeux brillaient d'une lumière nouvelle. Marceline la trouva changée.

— Je vois bien que vous êtes amoureuse ! lança-t-elle, ravie et jalouse à la fois. Eh bien, c'est l'auberge de l'amour ici ! Il n'y aura bientôt plus que moi et monsieur Yvon à caser, hein, monsieur Yvon ?

Elle lui donna un coup de coude. Ce dernier écoutait avec attention le récit d'Hippolyte qui lui expliquait comment il avait appris à Séverin à compter jusqu'à cinq.

Dans la cuisine, Nour vidait les assiettes dans la poubelle et rangeait les restes au frigo. On aurait à manger pour les trois prochaines semaines.

— Je vous fais un petit tupperware madame Paulette ?

— Oh non, non, je vous remercie, j'ai tout ce qu'il me faut là-bas. Le chef n'est pas extraordinaire et l'assaisonnement approximatif, mais bon, que voulez-vous…

Nour sourit et entreprit de disposer des pâtes de fruits sur une assiette.

— On voit que vous vous y connaissez en traditions, dit Paulette.

Nour acquiesça :

— Oui ! C'est sympa, vous ne trouvez pas ? Manque plus que les youyous, mais on garde ça pour la naissance !

— Et on prépare aussi un festin pour l'accouchement ? demanda Paulette.

Nour lui raconta comment il était recommandé de s'occuper de la future maman lors des premières contractions. On vidait la maison de ses hommes, on donnait un bain à la jeune femme et on lui faisait boire une décoction épicée. Puis on lui faisait monter les escaliers pour accélérer le travail.

— Ah ça, je connais ! répondit Paulette. Avant que Philippe ne naisse, ma belle-mère m'a fait faire les vitres de son appartement en disant que cela me rendrait service !

Nour éclata de rire. Un bruit de microphone et d'enceintes qu'on branchait leur parvint depuis la salle voisine.

— Ah ! Monsieur Georges sera bientôt prêt… dit Nour, malicieuse.

— Et vous, votre accouchement, c'était comment ? demanda soudain Paulette.

Nour, qui essuyait ses mains sur un torchon, s'interrompit brusquement. Son visage changea d'expression. Elle était livide. Elle connaissait assez la vieille dame pour savoir que sa question n'était pas innocente. Elle déglutit et posa son torchon sur le plan de travail. Un silence lourd emplit la petite cuisine.

— J'ai besoin que cela reste entre nous, dit Nour, la voix grave. Pour sa sécurité. Personne ne doit savoir…

Paulette hocha la tête lentement. Elle se rappela l'antipathie que lui avait inspirée la cuisinière après qu'elle eut mis au jour sa prétendue folie douce. Quelle aventure encore ! Et puis les liens s'étaient tissés entre elles deux au fil des mois. Paulette vouait à présent une admiration toute particulière à cette femme aux yeux sombres et au rire contagieux. Elle aussi avait eu son lot de déceptions et de chagrins dans sa vie amoureuse. Parfois même au péril de sa vie. Nour veillait à présent sur la maisonnée avec courage et bienveillance. Mais, et Paulette en comprenait aujourd'hui la raison, la cuisinière veillait sur l'un des pensionnaires plus que sur n'importe quel autre. Celui que Nour couvait de son regard le plus tendre, celui qu'elle protégerait quel qu'en soit le prix, celui qu'elle venait embrasser le soir une fois la maison endormie, celui qui faisait partie d'elle comme les étoiles font partie du ciel, ce pensionnaire-là, c'était Hippolyte.

Paulette se dirigea vers la porte. Sur le seuil, elle se retourna.

— C'est un jeune homme épatant. Vous pouvez être fière d'avoir un garçon comme lui.

Elle lui sourit doucement. Nour poussa un soupir et, les larmes aux yeux, la suivit du regard alors qu'elle disparaissait dans le salon. Derrière elle, Hippolyte lui fit un petit signe de la main, ravi qu'on se décide enfin à servir son dessert favori.

44

Monsieur Georges frappa dans ses mains.

Les habitants de l'auberge, qui en avaient profité pour se changer après ce dîner réjouissant, se réunirent dans le restaurant.

Une semaine plus tôt, monsieur Yvon, las qu'on lui rebatte les oreilles de ses pommes de terre frites, avait consenti à mettre la salle du fond à disposition pour un cours d'aérobic, à condition qu'on ne lui demande pas de nettoyer derrière et encore moins de participer.

Les événements de ces derniers mois avaient un peu retardé la chose, mais monsieur Georges l'avait promis : il donnerait bientôt un cours de gym en musique à l'auberge. Il avait fallu lui laisser un peu de temps pour préparer cela au mieux : le vieux monsieur ne voulait rien laisser au hasard. Entre ses visites à l'hôpital, on le voyait parfois tendre l'oreille vers la radio de monsieur Yvon et rembobiner des cassettes audio avec son crayon de bois. Juliette et Marceline se lançaient des regards interrogateurs sans oser poser la moindre question.

Et puis, le jour de la fête des sept mois, monsieur Georges annonça que le cours aurait lieu le soir même. Il recommanda à chacun de porter une tenue confortable et de le rejoindre dans la salle du fond. Débarrassée de ses tables et de ses chaises, la pièce en question, que surplombaient de larges miroirs, avait tout d'une salle de danse.

À présent, tous les regards étaient tournés vers lui. Sauf celui de monsieur Yvon, occupé à essuyer ses verres derrière le bar. La musique et lui, c'était de l'histoire ancienne et, en ce qui le concernait, il n'avait rien à reprocher à ses pommes de terre frites.

— Bienvenue dans votre premier cours de groove ! lança monsieur Georges avec entrain.

Il l'avait ainsi nommé sur les bons conseils de Paolo. Et l'avait sous-titré : « Exercices de bonne humeur pour les réticents aux courgettes ».

Tous les pensionnaires étaient au rendez-vous, intrigués par les mystères qui avaient accompagné la préparation de cet événement. Marceline avait investi pour l'occasion dans des guêtres en laine rose qui se mariaient à merveille avec son justaucorps. Une façon de signifier son soutien à monsieur Georges – certes l'aquagym et le jogging n'avaient pas été un succès, mais cette fois-ci, elle le sentait, on avait touché juste ! Les habitants de l'auberge étaient à l'aube d'une vie plus saine, à l'image de ces retraités rayonnants – short blanc, socquettes et raquette de tennis – qu'on voyait dans les prospectus pour les assurances vie.

Monsieur Georges tamisa les lumières. Il enjoignit chacun de se débarrasser de ses chaussures et se répartir dans la salle. Les participants s'exécutèrent, amusés. Ils prirent ensemble une grande inspiration.

— La règle de ce cours est simple : il n'y a pas de règles. Tout ce qu'il faut faire, c'est ressentir la musique et se laisser aller.

Paulette, assise dans un fauteuil au fond de la salle, leva un sourcil, intriguée. Marceline, quant à elle, commença à douter. Tout cela ne semblait pas très professionnel. Elle attendait des consignes claires et exigeantes, des assouplissements, de la difficulté, de la douleur enfin ! Qu'est-ce que c'était que ce cours de hippie ?

Pour toute réponse, monsieur Georges appuya sur le bouton *Play* de son lecteur de cassettes raccordé à une enceinte dernier cri grâce aux bons soins de Paolo. Un synthétiseur fit entendre ses premières notes. Monsieur Georges les invita à échauffer leur corps doucement. Marceline, Nour, Juliette et Hippolyte se mirent sagement en ligne avant d'enrouler leur dos, la tête penchée vers le miroir.

Soudain, un chanteur à la voix aiguë illumina la pièce :

I want to break free
I want to break freeeeee

Les participants se regardèrent, étonnés. Hippolyte jeta un coup d'œil à Nour. Elle lui fit une grimace en louchant, les narines ouvertes. Hippolyte gloussa, un sourire jusqu'aux oreilles. Alors qu'ils étendaient leurs jambes et étiraient leurs bras, une chaleur douce se répandit dans leurs corps. Monsieur Georges frappa dans ses mains :

— Maintenant, répartissez-vous dans la salle. Occupez l'espace et saluez-vous. Allez-y, souriez-vous ! Marchez comme marchent ceux qui sont heureux. Voilà, c'est ça ! Vous êtes porteurs d'une incroyable nouvelle… Marchez, sautillez… On est partis ! À ceux qui aiment la musique et veulent se faire du bien, vous êtes ici chez vous. Laissez parler votre corps !

Monsieur Georges était méconnaissable. Lui, d'habitude si réservé, semblait transformé par la musique. Juliette sourit. La deuxième chanson de la compilation entama son refrain légendaire. Un James Brown survolté prit possession des lieux :

Ouaou ! I feel good !
Tadadadada…
I knew that I would !
Tadadadada…
I feeeel goood ! I knew that I would !
SO GOOD ! SO GOOD !
I got you !
Ouaou !

Une énergie communicative s'empara alors de monsieur Georges. Dans un survêtement que Marceline décrirait plus tard comme très seyant, il se mit à onduler des hanches, enchaînant avec naturel des petits pas souples et parfaitement rythmés, embrassant les envolées du chanteur et les sursauts des percussions enflammées.

Sa joie de vivre eut tôt fait de se propager parmi les locataires, d'abord gênés de se montrer ainsi à ceux qu'ils côtoyaient pourtant depuis plusieurs années. Peu à peu, Juliette commença à twister, Marceline leva les bras en l'air en remuant des fesses. Même Paulette, plutôt sceptique, commença à hocher de la tête en rythme en tapant sa canne sur le sol.

James Brown laissa la place à un autre morceau vitaminé. Monsieur Georges les invita à l'imiter avec des mouvements renouvelés. Ils sautillaient à travers la salle, de plus en plus libres de leurs mouvements, portés par la musique et galvanisés par la *playlist* irrésistible. Monsieur Georges, décidément, connaissait son affaire. Il les encouragea :

— Dansez ! Lâchez tout !

Juliette, malgré ses rondeurs maintenant bien affirmées, ne s'était jamais sentie aussi légère. Un groupe enthousiaste entama un couplet euphorisant. Monsieur Georges en profita pour entraîner Nour dans un twist endiablé.

— Plus bas ! On déverrouille ces genoux et ces hanches. Montrez-moi de quoi vous êtes capable !

Et Nour, qui n'avait rien perdu de son déhanché de jeune fille, se redécouvrait féminine et sensuelle, sautillant à droite et à gauche.

Un hit remplaçait le suivant, accompagné de cris de joie en direction des enceintes. Quand Wham ! s'invita dans la salle avec son tube légendaire, Marceline, Hippolyte, Juliette et Nour étaient déjà en sueur.

Wake me up before you go-go

Le visage rouge, ils levèrent les bras et se mirent à chanter en chœur. Dans leur bouche, ça ressemblait plus à du yaourt qu'à de l'anglais. Juliette remarqua sans grande surprise que monsieur Georges avait un accent impeccable. Ils se mirent à plier les genoux, à claquer des doigts en marchant latéralement.

Monsieur Yvon, sous prétexte de vérifier que tout se passait avec sérieux, et très intrigué par les cris qui accompagnaient chaque nouvelle chanson, passa une tête par la porte. Une chose était sûre : il ne s'attendait pas à ça ! Georges avait un sacré sens du rythme ! Contrairement à Marceline – mais il fallait bien admettre que cela n'avait pas la moindre importance. Tous ses locataires avaient un sourire jusqu'aux oreilles. Ils prenaient un plaisir non dissimulé à sauter comme des cabris et à mouliner des poignets, la bouche en cœur, transpirants et heureux. Même Paulette s'était levée et ondulait du bassin en rythme.

Monsieur Yvon avait d'abord affiché un air circonspect avant de se mettre à taper du pied.

— *Wake me up before you go-go...* fredonna-t-il en sourdine.

Cette chanson le ramenait en 1984. Mauvaise année pour le bordeaux, mais pour le reste... quelle année ! Les débuts de Canal+, Peter et Sloane et puis Laurent Fignon au Tour de France avec son bandeau sur le front !

— Allez, monsieur Yvon ! Déchaussez-vous et joignez-vous à nous ! l'invita monsieur Georges en criant par-dessus la musique pour se faire entendre.

Monsieur Yvon, encouragé par le vent de bonne humeur qui soufflait dans la salle, ôta ses bottes et se glissa parmi les sportifs du jour. L'ambiance était à son comble et la fête – il fallait bien admettre que cela ressemblait davantage à une fête qu'à un cours d'aérobic – battait son plein.

Le synthétiseur des Jackson Five entama ses premières notes mythiques : *ta dada ta ta, ta dada ta ta...* Marceline entra en transe :

— Les Jackson Five ! 1971 ! Toute ma jeunesse !

Et elle se mit à chanter encore plus fort qu'elle ne l'avait fait jusqu'alors :

Ooh ooh baby
I want you back
Yeah yeah yeah yeah
I want you back
Na na na na...

Alignés face au grand miroir, les danseurs suivaient attentivement les mouvements de monsieur Georges.

— Un pied en avant, et en arrière. Encore ! Un pied en avant, et en arrière. Une dernière fois ! Un pied en avant, et en arrière ! Maintenant, on tourne en écartant les bras ! Super ! Vous y êtes ! On recommence ! Un pied en avant, et en arrière…

Le résultat était plutôt cocasse, la large silhouette de monsieur Yvon à côté de la petite taille de Nour, le ventre arrondi de Juliette et les mouvements à contretemps de Marceline. Hippolyte semblait vivre le meilleur moment de sa vie. Quant à la Paulette, on ne l'avait jamais vue aussi radieuse. Dans le miroir, elle fit un clin d'œil à monsieur Yvon.

— Profitez ! lui cria-t-elle.

Tout à sa chorégraphie, monsieur Yvon ne vit pas le trentenaire à casquette qui se glissait sans bruit dans la salle, son carnet à la main.

La musique diminua doucement et monsieur Georges encouragea chacun à s'hydrater avant la prochaine chanson. C'est là que monsieur Yvon le vit. Le jeune homme applaudit, tout sourires.

— Bravo ! Bravo !

Puis en lui tendant la main :

— Gauthier Lebrun, des Auberges de France. Enchanté !

— Hum, enchanté, appelez-moi Yvon.

— Je suis un peu en avance, pardonnez-moi.

— En avance ? s'étonna monsieur Yvon. Mais nous ne servons que le midi ! Et on vous attendait la semaine dernière !

Gauthier consulta sa fiche.

— Ah, j'ai été mal renseigné. Mince ! Vous pensez que je peux quand même goûter quelque chose ?

— Eh bien... euh, bien sûr ! Venez, je vais vous installer.

Monsieur Yvon, toujours en chaussettes, entraîna le critique hors de la salle.

— Tenez, voilà le menu. Je vous en prie. Voulez-vous boire quelque chose ?

Derrière la porte, la musique reprit à plein volume. Earth, Wind and Fire entamaient un « Boogie Wonderland » survolté. Gauthier Lebrun hocha la tête en rythme.

— Je vais prendre l'andouillette de Troyes grillée à la moutarde de Meaux. Et, en dessert, l'un de vos babas aux trois rhums.

— Très bon choix, se contenta de répondre monsieur Yvon.

Il enfila un tablier et se précipita en cuisine pour s'occuper lui-même de l'andouillette du critique. Par chance, c'était sa spécialité.

Quand il revint, une dizaine de minutes plus tard, une montagne de pommes de terre frites à la main, le journaliste avait disparu. La porte de la salle du fond était entrouverte. Monsieur Yvon ne mit pas longtemps à comprendre. Il s'épongea le front et rejoignit son hôte.

— Votre andouillette est servie, lui glissa monsieur Yvon à l'oreille.

— Pouvez-vous me la garder au chaud cinq minutes ?

Et, ce disant, Gauthier Lebrun ôta ses chaussures pour se joindre au groupe.

— Ça ne vous dérange pas ? cria-t-il à monsieur Georges.

Ce dernier jeta un regard interrogateur à monsieur Yvon qui leva les mains en signe d'impuissance. Une trompette fit vibrer les enceintes. Les Blues Brothers entrèrent en scène sous les cris de joie du petit public de l'auberge. Marceline prit le journaliste par le bras et l'entraîna dans un rock endiablé.

I need you, you, you
I need you, you, you

Monsieur Yvon se dirigea vers le bar et se servit un whisky bien tassé. Au point où il en était...

Gauthier Lebrun réapparut un quart d'heure plus tard, éreinté, les joues rouges, mais visiblement enchanté.

— Ah, monsieur Yvon, je vous félicite ! C'est pas tous les jours qu'on découvre un petit bijou d'auberge comme la vôtre ! Je peux vous prendre un verre d'eau ?

Monsieur Yvon se demanda s'il devait y mettre une rondelle de citron et un parasol en papier. Il se contenta de l'eau fraîche du robinet. Le journaliste vida son verre d'un trait et se hissa sur un tabouret.

— Vous donnez ces cours de danse régulièrement ?

— Non, enfin… ça dépend ce que vous entendez par régulièrement…

— Eh bien, c'est une sacrée bonne idée !

Le regard de Gauthier Lebrun glissa sur la table où son assiette couverte l'attendait. Il se toucha le ventre.

— Monsieur Yvon, je suis sûr que votre andouillette est aussi bonne que votre *playlist*… Mais j'ai encore une auberge à visiter et leur spécialité, c'est la raclette… Ça vous embête si je repasse un autre jour pour l'andouillette ?

Monsieur Yvon le mit à l'aise et l'invita à revenir quand il le souhaitait. Le vendredi, souvent, c'était couscous, et il se murmurait que c'était le meilleur de toute la région. Le critique, conquis, récupéra son chapeau et son carnet puis, après un temps d'hésitation, serra monsieur Yvon dans ses bras.

— Merci ! Merci ! Que c'est bon d'être vivant !

Avant de passer la porte, il se retourna et ajouta dans un sourire :

— Je reviendrai ! Mais en client cette fois !

Nour émergea de l'arrière-salle où le cours venait de prendre fin. Elle ouvrit de grands yeux inquiets, pressée de savoir ce qu'avait pensé le journaliste. C'est qu'on l'attendait pas du tout ce soir ! Avec le cours de danse, en plus ! On courait tout droit à la catastrophe !

— Je crois que les Auberges de France nous ont à la bonne ! l'interrompit monsieur Yvon, réjoui. Et tout ça avec un verre d'eau du robinet !

Et il partit dans un grand éclat de rire avant de croquer dans l'andouillette encore chaude qui trônait sur la table.

45

Quelques semaines plus tard...

On toqua à la porte.

Paulette se redressa dans son lit, monsieur Georges lâcha sa main. La Paulette n'aimait pas être prise en flagrant délit d'amourette. Nour passa une tête.

— Est-ce qu'on peut entrer ?

Hippolyte se précipita dans la chambre sans attendre de réponse, un immense bouquet de mimosa dans les bras.

— Les acacias sont déjà en fleur ? s'étonna Paulette, ravie de cette intrusion odorante qui apportait un peu de couleur dans la chambre d'hôpital.

— Tout juste ! s'exclama fièrement monsieur Yvon de son demi-visage immobile.

— Y a plus d'saisons, hein ma bonne dame ! s'amusa Marceline.

— Et le plus beau fruit du jardin, le voilà ! s'exclama Juliette en entrant à pas feutrés dans la chambre.

Elle s'approcha doucement du lit de Paulette. Emmitouflé dans une couverture, un nourrisson suçait son pouce. Il était rose, avec un nez retroussé et de longs cils noirs. Sa petite main accrochée au doigt de sa mère. Juliette le glissa dans les bras de la vieille dame. Celle-ci tressaillit, effrayée sans doute par cet être minuscule à l'apparence si fragile. Elle n'avait pas souvenir que ce fût si petit.

— Bonjour, mon petit bonhomme… souffla Paulette.

— Il s'appelle Paul… lui dit Juliette.

Paulette leva la tête, surprise. Ses yeux brillèrent. Un silence attendri tomba sur la petite chambre.

— Eh bien, j'espère que le prénom ne fera pas le caractère ! s'exclama monsieur Yvon, taquin.

— À quel âge on peut commencer à lui apprendre les règles du Cluedo ? demanda Nour.

— Ça dépend qui les lui enseigne ! rétorqua Marceline en glissant un regard suspicieux à monsieur Yvon.

— En tout cas, ça nous fera un participant de plus au Jeu de la Bienveillance ! lança Nour en souriant. Et quelque chose me dit que ce bébé est bien parti pour faire des heureux…

Hippolyte observa le nouveau-né avec attention, surpris qu'un être si petit puisse constituer un adversaire de taille. De toute façon, monsieur Yvon avait déjà rassuré Hippolyte sur le fait qu'il était en tête. Le déjeuner gourmet organisé pour Paulette quelques semaines plus tôt lui avait sans aucun doute rapporté beaucoup de points-bonheur.

Paulette murmura à l'oreille du petit homme. Telle une fée se penchant sur le berceau d'un prince, elle lui donna du bout de sa baguette l'intelligence, le courage et l'humour. Elle lui souhaita une vie longue et pleine d'amour, d'aventures et de découvertes. Elle se souhaita à elle-même quelques mois de sursis – osa-t-elle parler d'années ? – pour le voir grandir. Elle posa délicatement ses lèvres sur son front et huma la peau parfumée du tout-petit. L'enfant lui sourit en retour, fasciné par les couleurs du foulard qui entourait la tête de la vieille dame.

Lorsqu'elle se décida à le sortir de son chaud giron, le bébé se mit à crier.

— Je crois qu'il a faim, dit Juliette en le prenant dans ses bras.

— Mais non ! C'est monsieur Yvon qui lui fait peur avec sa grosse voix ! s'exclama Marceline.

— Foutaises ! Ce bébé a tout compris : il associe déjà ma voix à l'heure du repas ! se félicita monsieur Yvon. Attendez voir qu'il goûte mes frites !

L'ambiance était à la fête. Cette naissance apportait un souffle d'espoir et de légèreté ; les habitants de la petite auberge feraient bientôt leur mascotte du chérubin. Marceline et Nour avaient décoré la chambre, monsieur Yvon avait quant à lui fourni le berceau – une petite merveille de bois ajouré recouvert de dentelle. Nour décrivit à Paulette comment monsieur Yvon s'était résolu à transformer les combles en nurserie et combien la petite chambre était charmante. Hippolyte, quant à lui, fabriquait des jouets en bois et inventait des histoires ayant pour héros des chats, des limaces et des hérissons.

Une douce lumière d'hiver filtrait par la fenêtre. Paulette, les joues creuses, semblait bien fragile dans son grand lit blanc. Mais la déliquescence de son corps démissionnaire n'entamait pas son sourire.

— Je me sens de mieux en mieux ! dit-elle d'une voix dont le filet fragile démentait les propos. Je vous parie que bientôt le médecin me suppliera de lui donner mon secret ! Il est grand temps que je revienne à l'auberge ! Quel ennui ce doit être pour vous depuis que je ne suis plus là ! ironisa-t-elle.

Juliette acquiesça.

— Il faut bien admettre que j'apportais un peu de cachet à cet établissement... lâcha-t-elle en relevant le menton.

Monsieur Yvon feignit de s'indigner. Le bruit de succion du bébé sur son biberon répondit à l'enthousiasme de Paulette. Tous les visiteurs du jour l'observaient avec tendresse, apaisés par la vision de ce bébé épanoui.

Paulette, elle, ne pouvait détacher ses yeux de Juliette. La jeune femme était rayonnante. Elle avait gardé les joues pleines de sa grossesse et cela lui allait bien. Paulette se demanda où elle en était de sa drôle de romance littéraire. Comment s'appelait-il déjà ? Antoine ! Monsieur Georges lui avait raconté s'être retrouvé nez à nez avec le jeune homme dans les couloirs de l'auberge un soir d'insomnie. Le vieil homme se félicitait du visage réjoui de Juliette chaque fois

que son prétendant venait la chercher pour une soirée en tête à tête. Cette histoire rendait monsieur
Georges heureux. Il aimait la jeune femme tout
autant que les *happy ends* des romans à l'eau de rose
qu'il lisait l'après-midi au chevet de Paulette.

Le regard de Juliette croisa celui de la vieille dame.
Elle lui sourit avec douceur. Paulette se revit, cinquante ans plus tôt, dans une chambre similaire
à celle-ci. Elle se rappelait avec précision le berceau transparent à roulettes et, à l'intérieur, l'enfant
minuscule qui s'éveillait doucement au monde. Et
elle, le cœur rivé sur ce nouveau bébé, incapable
de détacher ses yeux de ce visage parfait. La finesse
de son oreille, la délicatesse de ses lèvres, les petites
veines bleues courant sur son front. Tout lui appa-
raissait comme un miracle de la nature. L'idée qu'elle
ait pu être l'agent d'un système si complexe et pourtant si abouti l'avait laissée perplexe.

Marceline coupa court à la nostalgie ambiante :

— Paulette, est-ce que monsieur Georges vous a
dit qu'on parlait de lui dans le journal ?

Monsieur Georges rougit.

— Mais non voyons, ne l'écoutez pas…

— Bien sûr que si ! Une équipe télé est venue
faire un reportage sur les cours de groove de monsieur Georges ! Il a même été interviewé !

Paulette le regarda :

— Dites donc, Georges, voilà que vous me faites
des cachotteries ?

Elle sourit. Monsieur Georges se retint de la
prendre dans ses bras.

— Figurez-vous que monsieur Yvon s'est même décidé à ouvrir le restaurant les soirs de groove, ajouta Marceline. Avec un menu spécial, et tout ! Dites-lui, vous, monsieur Yvon ! l'encouragea-t-elle.

— C'est tout à fait vrai ! Il se murmure même qu'une agence de voyages internationale a mis notre auberge et son cours de groove dans ses brochures ! ironisa-t-il. Les gens vont bientôt venir du monde entier en autocar pour admirer notre danseur !

Marceline lui décocha un coup de coude dans les côtes ; la chambre éclata de rire. Monsieur Georges, gêné de tant de flatteries, se faisait tout petit. Le bébé, qui entre-temps avait fini son repas, se mit à chouiner. Nour le saisit et plissa le nez.

— Monsieur Yvon, vous a-t-on déjà montré comment changer une couche ? demanda la cuisinière.

Monsieur Yvon feignit de ne pas entendre, plongé dans l'observation du bouquet de mimosa. Hippolyte secoua un hochet à grelots devant son nez pour lui signifier qu'on réclamait son aide.

— Allez, madame Paulette, on va vous laisser vous reposer avant que l'odeur de rose embaume toute votre chambre ! dit Juliette en riant.

Puis, lui prenant la main :

— Vous nous manquez…

— Oh ! Arrêtez donc avec vos fadaises ! la rabroua Paulette qui commençait à avoir le cœur gros. Attendez que je revienne vous secouer les puces pendant le service et on verra si je vous manque tant que ça ! Ouste ! Fichez-moi le camp !

La chambre se vida doucement. Hippolyte sortit le dernier et souffla des baisers à Paulette.

Quelques instants plus tard, monsieur Yvon réapparut, essoufflé. On avait oublié les couches du bébé ! Il avisa le sac sur le meuble face à lui. Prêt à repartir, il se pencha vers Paulette et l'embrassa sur le front. La vieille dame sourit et lui glissa à l'oreille :

— Monsieur Yvon, vous vous souvenez, dans la 4L ? Ce jour-là nous étions immortels.

Monsieur Yvon sourit, triste et heureux à la fois. Il posa sa main sur le bras frêle et le serra doucement, ses yeux plongés dans ceux de Paulette. Puis il quitta la chambre de son pas d'ogre qu'il voulait délicat.

La porte à peine refermée, monsieur Georges s'installa sur le lit de la vieille dame. Il tira un paquet de l'intérieur de sa veste.

— Oh, Georges, voyons ! s'exclama Paulette. Encore un cadeau ? Que fêtons-nous cette fois ?

Monsieur Georges lui tendit un petit pavé coloré. Glissée dans le paquet cadeau, une enveloppe au papier épais invitait à la lecture. Paulette tendit le bras pour saisir ses lunettes. Elle lut à haute voix :

À ma chère et tendre compagne de route, qui depuis quatre mois illumine ma vie. Je nous souhaite que le temps qu'il nous reste soit rempli d'amour et de rires. Et puis, s'il nous est permis de rêver encore davantage, qu'il nous soit accordé de faire un dernier voyage. Le cœur léger, et le pied marin, voilà

où je vous emmènerais, portés par les vents et la ten-
dresse, nourris du seul bonheur d'être à deux.
  Le cœur battant,
  Georges

Elle reposa la carte sur le drap et évita le regard
ému de son auteur. Elle arracha le papier de ses
doigts anguleux. À l'intérieur figurait un carnet,
rendu épais par son contenu. Paulette l'ouvrit délicatement, intriguée. Sur la première page figurait
une photo d'eux deux, prise par une infirmière lors
d'une promenade dans le parc. On y voyait monsieur
Georges, joyeux et lumineux, et Paulette, à ses côtés,
le dos droit et un sourire discret au coin des lèvres.
Elle, accrochée à son bras, lui une main sur la sienne.

Sur la page suivante, monsieur Georges avait tracé
un plan. D'un trait un peu tremblant, l'encre bleue
dessinait les contours d'une île. Dessous, à l'aquarelle, le vieil homme avait peint leurs silhouettes.
Deux petits personnages assis sur un banc face à des
gratte-ciel et un soleil couchant. NEW YORK s'étalait en lettres multicolores au-dessus du dessin.

Page après page, Paulette découvrit un itinéraire
minutieusement préparé pour eux deux. Agrémenté
de dessins et d'anecdotes, de petits schémas et de
croquis, le carnet de voyage détaillait pas à pas leur
périple dans la grande ville. En rédigeant ce guide
attentionné, monsieur Georges avait en tête le goût
de Paulette pour les paysages, sa gourmandise à lui, et
le rythme lent de leurs promenades. C'était un séjour
doux et à leur image qu'avait préparé monsieur

Georges. Loin des marathons courus par les touristes, ce programme donnait à voir le New York que monsieur Georges avait connu, rêvé et aimé. Il y avait ce jardin minuscule, à l'angle de la Sixième Avenue, dont ils iraient respirer les roses odorantes. Et puis cette boutique de gâteaux colorés où ils dégusteraient quelque sucrerie sur une terrasse ignorée. Il y aurait ces ruelles arborées où dansaient les rayons du soleil, un pique-nique dans un coin secret de Central Park, une glace au coucher du soleil chez ce petit traiteur italien connu de lui seul. New York la secrète, New York la délicate, les attendait.

Une larme s'échappa de la paupière de la vieille dame et vint mourir dans l'aquarelle d'un dessin. Monsieur Georges s'approcha d'elle et la serra dans ses bras.

— On ira, vous verrez ! Vous allez vous remettre bien vite, hein ? C'est promis ?

Paulette savoura cette étreinte comme elle savourait à présent chaque bouchée de bonheur que lui octroyait la vie. « La promesse d'un voyage est déjà un voyage », songea-t-elle avec émotion. Puis, elle s'écarta de Georges et sortit à son tour une enveloppe de sa table de nuit. Monsieur Georges leva des sourcils étonnés.

Une infirmière frappa à la porte.

— Bonjour, monsieur Georges, comment allez-vous aujourd'hui ? Je vais devoir vous emprunter madame Paulette.

Monsieur Georges attrapa son chapeau et son écharpe et disparut dans le jardin.

Assis sur un banc, face au grand parc arboré, il observa la lettre. Au dos, Paulette avait écrit :

Me pardonnerez-vous ?

Monsieur Georges releva la tête, incertain du sens à donner à cette introduction. Qu'est-ce que cela pouvait bien vouloir dire ? Le vieil homme frissonna et resserra un peu plus son écharpe autour de son cou. Plus loin, dans la vallée, le soleil descendait doucement à l'horizon. Les jours raccourcissaient, comme un mauvais présage, les incitant à vivre leur histoire plus intensément. Un merle chanta dans un arbre. Monsieur Georges ouvrit l'enveloppe. À l'intérieur se trouvait un premier document rectangulaire et rigide. En le retournant, il découvrit un billet d'avion. Un aller simple pour New York à son nom. Son cœur se serra. Qu'avait en tête Paulette ? Le décalage avec le cadeau qu'il lui avait fait un peu plus tôt le décontenança. Il observa longuement le billet avant de se rappeler que l'enveloppe contenait aussi une lettre. Il la déplia lentement.

Depuis la fenêtre, emmitouflée dans une robe de chambre épaisse, son bras relié à un fil, Paulette contemplait monsieur Georges. Elle sourit à la vue de cette silhouette, si petite quand on l'apercevait d'en haut. Elle songea que si le paradis ressemblait à ça, elle s'en accommoderait volontiers. Elle aurait du plaisir à contempler monsieur Georges depuis le ciel, ses cheveux blancs glissés sous sa casquette. Paulette caressa la vitre du bout du doigt. Sa tête tournait déjà. Rassemblant ses dernières forces, elle s'accrocha au lit, soucieuse de rester debout pour l'observer encore un peu.

New York, le 1ᵉʳ novembre 2016

Chère madame Mercier,

Je vous écris le cœur plein d'espoir. J'espère que vous ne trouverez pas ma lettre déplacée et que vous aurez assez de bienveillance pour la transmettre à qui de droit, si vous le jugiez approprié.

Votre nom m'a été transmis par Jonathan C. Smith. Jon est un ami de longue date de notre famille et il m'a fait parvenir votre courrier, sans grande certitude que cela puisse m'intéresser. J'ai lu avec attention les lettres de monsieur Georges Neveu que vous avez eu la gentillesse de nous confier. Je les ai lues de nombreuses fois, d'abord avec curiosité, puis avec une profonde émotion. Aujourd'hui, elles ont, à mes yeux plus qu'à ceux de tout autre, une valeur inestimable.

Mon nom est Claire G. Abbott. Je suis la fille de Gloria Gabor et de Jeremy Abbott. Je suis née le 2 septembre 1953 dans le New Jersey, près de New York. Mon père nous a quittées quand j'avais dix ans. Un homme froid et solitaire qui ne m'a jamais témoigné beaucoup d'affection. Ma mère est décédée il y a six ans. Il m'a fallu du temps après sa mort avant de pouvoir entrer à nouveau dans son appartement. J'ai dû faire le vide dans ses affaires et c'est ainsi que j'ai découvert une lettre qu'elle avait laissée à mon intention.

Dans cette lettre, elle me disait combien elle m'avait aimée. Et que c'est cet amour que je devais garder en tête en lisant la suite de son message. Car à travers ces lignes, ma mère, Gloria Gabor, m'a dévoilé une partie de son passé. Jeune danseuse, elle tomba éperdument amoureuse d'un homme qui n'était pas celui qu'elle épousa ensuite. Leur relation avait été aussi brève que passionnelle. La vie a voulu qu'elle tombe enceinte de lui et qu'elle se rende compte de ma présence la veille du départ de cet homme. C'était une époque bien différente de la nôtre et, pour des raisons qu'elle n'avait pas besoin d'expliquer, elle a choisi d'épouser celui qui m'a ensuite élevée.

Elle ne m'a dit que peu de choses sur ce père biologique que je découvrais soudain. Tout juste qu'il était français et d'une douceur insensée. Elle m'a dit aussi qu'il était inutile, selon elle, de remuer le passé, qu'elle avait perdu tout contact avec cet homme. Elle soupçonnait son mari d'avoir gardé pour lui certaines informations – elle ne pouvait imaginer que celui qui l'avait autant aimée n'ait pas cherché à la retrouver. Pourtant, les années ont passé et elle a préféré me voir grandir dans la sécurité d'un mariage sans amour.

J'ai choisi de mettre tout cela de côté – à quoi bon vivre avec des fantômes ? Mais la lecture de votre lettre ne cesse depuis de me hanter.

Je repense à ces professeurs de français que ma mère payait, même lors des mois difficiles, pour m'apprendre la langue. Pour qui ? Pour quoi ? Je repense à cette mélancolie qui la saisissait parfois au détour d'une avenue. À la froideur de mon père. À ces yeux bleus qui sont les miens et qui ne ressemblent à nuls autres. Et puis à mon nom : l'initiale G. dissimule le prénom de Georgette.

Monsieur Georges laissa tomber la lettre. Celle-ci vola doucement avant de se poser sur ses souliers fatigués. Depuis sa fenêtre, Paulette devina les larmes qui affluaient sur le visage du vieil homme. La colère, le regret, la joie et la peur, réunis dans un chagrin silencieux.

Paulette s'allongea lentement sur son lit. Elle étendit ses jambes et rabattit sur elle la couverture épaisse. Elle frissonna. Un sourire ténu illuminait son visage. À présent, elle savait monsieur Georges heureux et entre de bonnes mains. Là-bas, au-delà des mers, quelqu'un l'attendait. Quelqu'un avec qui il pourrait redécouvrir la ville qu'il avait tant aimée, à travers les yeux de celle qui ressemblait le plus à son amour perdu.

La lune déjà haute dans le ciel répandait dans la chambre une lumière ouatée. Paulette se dit que celui ou celle qui tirait les fils de toute cette mascarade avait bien du mérite. L'envoyer, elle, trouver l'amour dans un petit village perdu, pour y savourer les derniers instants de sa vie, et permettre ainsi à cet homme de se découvrir père au crépuscule de la sienne, voilà un plan qu'elle n'aurait pu échafauder elle-même. Tout avait un sens, elle le comprenait à présent. Les êtres n'étaient que des marionnettes de papier, emportées par le vent dans une danse élaborée où il ne tenait qu'à eux de savourer l'instant. Elle soupira en pensant aux bonheurs qui attendaient encore le vieil homme. Et, tout en espérant en partager quelques-uns avec lui, ferma les yeux doucement.

Aux lecteurs,
juste un mot avant de partir

Ce livre est né dans l'auberge de mon père. Nous étions en 2016, j'habitais alors à New York avec mon mari et mes deux petits garçons. Par moments, la France, sa cuisine et sa campagne me manquaient. Quand je rentrais à Paris, je venais donner un coup de main au service dans cet hôtel-restaurant gentiment désuet où le patron avec son visage à moitié immobile supervisait une joyeuse troupe de pensionnaires. Quelques chambres louées au mois, un potager, des limaces, des locataires hauts en couleur et une cuisine généreuse... Ça sentait bon la France et ça me faisait du bien ! J'enfilais mon tablier et entre le plat du jour, le coup de feu de midi et les frites faites maison, je griffonnais quelques impressions sur mon carnet de commandes. Des bouts de phrases, des images, des bons mots. Je tentais de capturer cette ambiance si particulière : l'ardoise, les clients accoudés au comptoir, les anecdotes de mon père et de ses locataires... J'ai fait la connaissance d'une habituée, une vieille dame attachante qui déjeunait seule chaque midi. Elle avait sa table attitrée et se montrait toujours désagréable lorsque je prenais sa commande : le service était trop lent, les plats trop copieux... Un jour, cette vieille dame n'est plus venue. À présent, elle continue de vivre dans ce roman.

La générosité et la joie de vivre des personnages de ce livre m'ont accompagnée tout au long de son écriture. Quel bonheur que ces six mois passés en leur compagnie ! J'ai confié ce texte aux lecteurs en espérant humblement qu'ils prendraient plaisir à trinquer avec nous. Je ne m'attendais pas à un tel enthousiasme. Portée par un bouche-à-oreille bienveillant, Paulette s'est vu pousser des ailes. Marceline elle-même avait du mal à y croire ! Et voilà cette petite troupe qui aujourd'hui chante et rit à vos côtés… Quelle joie ! N'hésitez pas à inviter vos amis, le patron leur a réservé sa meilleure table. Plus on est de fous, plus on lit !

Monsieur Yvon et tous les pensionnaires se joignent à moi pour remercier ceux sans qui ce livre n'existerait pas :

Merci à mon père pour ses conseils avisés de jardinier et d'aubergiste. Merci à ceux qui se reconnaîtront dans les pensionnaires de l'Auberge de Bagneux et qui ont assisté avec bienveillance à mes premiers pas de serveuse.

Merci à Jean-Pierre Jeunet et à son Amélie qui, par leur talent à nous montrer la poésie du quotidien, ont grandement inspiré cette histoire. Toute ressemblance avec des personnages de ce film ne saurait être fortuite.

Merci aux blogueurs qui ont parlé de ce roman et soutenu cette formidable aventure. Merci aussi aux libraires, et en particulier à Sandrine, Karine et Philippe, Sylvie et bien d'autres, qui ont donné sa chance à la jeune auteure que je suis. Grâce à vous, Paulette et ses amis poursuivent leur voyage auprès des lecteurs. Et cela me fait quelque chose.

Merci à Véronique, à Audrey et à toute l'équipe du Livre de Poche de soutenir Paulette avec autant d'enthousiasme. Merci à Delphine pour sa précieuse relecture et à Bénédicte pour cette couverture à croquer.

Merci à Jules et Marius, mes soleils en culotte courte, qui ont accepté de partager leur maman avec ces personnages. Vous êtes ma plus belle histoire.

Merci à Matthieu sans qui cette aventure n'aurait pas lieu. Toute la tendresse et l'élégance de monsieur Georges, c'est lui. Que la vie nous offre encore de longues années ensemble.

Merci à vous qui lisez ces lignes. À ceux qui depuis le début font ce chemin à mes côtés. À ceux que je rencontrerai demain. Merci pour vos messages qui m'accompagnent au quotidien. Quel bonheur de vous connaître ! J'aime vous entendre parler des vieilles dames qui ont marqué votre vie. Vous me dites souvent que ce livre vous a fait passer du rire aux larmes. Dans les moments difficiles, je crois qu'il est bon parfois d'habiller son chagrin d'un sourire.

J'espère que vous aurez pris autant de plaisir à lire cette histoire que j'en ai eu à l'écrire. Que ce roman vous donnera envie d'aimer, de rire et de chanter à tue-tête ! Quant à moi, je vous dis à très vite.

Une bise aux vieilles dames au grand cœur, aux chats gourmands, aux danseurs du dimanche et aux lecteurs bienveillants.

Anne-Gaëlle
aghuon.auteur@gmail.com

LA PLAYLIST DU ROMAN

Gilbert Bécaud, *Le jour où la pluie viendra*, 1957
Michel Sardou, *La Java de Broadway*, 1977
Peter et Sloane, *Besoin de rien, envie de toi*, 1984
Léo Ferré, *Avec le temps*, 1970
Queen, *I Want To Break Free*, 1984
James Brown, *I Feel Good*, 1964
Wham!, *Wake Me Up Before You Go*, 1984
The Jackson Five, *I Want You Back*, 1969
The Blues Brothers, *Everybody Needs Somebody To Love*, 1980

Et si, vous aussi, vous rédigiez votre liste ?...

J'aime bien

_____

_____

_____

_____

_____

_____

_____

_____

_____

_____

_____

_____

J'aime pas

_____

_____

_____

_____

_____

_____

_____

_____

_____

_____

_____

_____

J'aime bien

_____

_____

_____

_____

_____

_____

_____

_____

_____

_____

_____

_____

J'aime pas

_____

_____

_____

_____

_____

_____

_____

_____

_____

_____

_____

_____

_____

J'aime bien

_____

_____

_____

_____

_____

_____

_____

_____

_____

_____

_____

_____

_____

J'aime pas

_____

_____

_____

_____

_____

_____

_____

_____

_____

_____

_____

_____

_____

J'aime bien

_____

_____

_____

_____

_____

_____

_____

_____

_____

_____

_____

_____

_____

Découvrez le nouveau livre d'Anne-Gaëlle Huon
aux éditions Albin Michel,
Même les méchants rêvent d'amour :

Jeannine, quatre-vingts ans passés, a la mémoire qui s'effiloche. Les jours sont comptés avant que ses souvenirs plient bagage. Alors Jeannine fait des listes, toutes sortes de listes. Et surtout, elle consigne dans un carnet ce qu'elle n'a jamais osé raconter. L'histoire d'un secret, d'une rencontre, d'un mensonge. Elle se confie à Julia, sa petite-fille. Quand celle-ci la rejoint en Provence, elle découvre une maison de retraite très animée. Tandis que Jeannine semble déjà partie bien loin, le précieux carnet s'offre à Julia comme un cadeau du destin. Entourée d'une bande de joyeux pensionnaires, la jeune femme va tenter de faire la lumière sur les zones d'ombre du récit. Et lever le voile sur l'histoire d'amour bouleversante qui a marqué la vie de sa grand-mère. Et s'il n'était pas trop tard pour réécrire le passé ?

Après *Le bonheur n'a pas de rides*, Anne-Gaëlle Huon nous entraîne dans un récit lumineux sur le bonheur, la tendresse, le pardon. Et sur les hasards, parfois heureux, de la vie.

Le Livre de Poche s'engage pour
l'environnement en réduisant
l'empreinte carbone de ses livres.
Celle de cet exemplaire est de :
350 g éq. CO_2
Rendez-vous sur
www.livredepoche-durable.fr

PAPIER À BASE DE
FIBRES CERTIFIÉES

Composition réalisée par PCA

———————————

Achevé d'imprimer en mars 2019, en France sur Presse Offset par
Maury Imprimeur – 45330 Malesherbes
N° d'imprimeur : 235032
Dépôt légal 1re publication : avril 2019
LIBRAIRIE GÉNÉRALE FRANÇAISE – 21, rue du Montparnasse – 75298 Paris Cedex 06